# 아르메니아 역사

시토미 유조 지음 | 정애영 옮김

AK

# 목차

# 제2장 신구세력의 교체와 문명의 변질
## —기원전 천 년기 말의 변동

# 제3장 오리엔트 세계의 삼극구조화
## —3세기의 변동과 그 후

# 제6장 침체와 혼미의 수백 년──중세 아라비아

# 제7장 유럽인의 내항과 오스만조의 지배 ──근세의 아라비아

# 제8장 독립과 번영——근현대의 아라비아

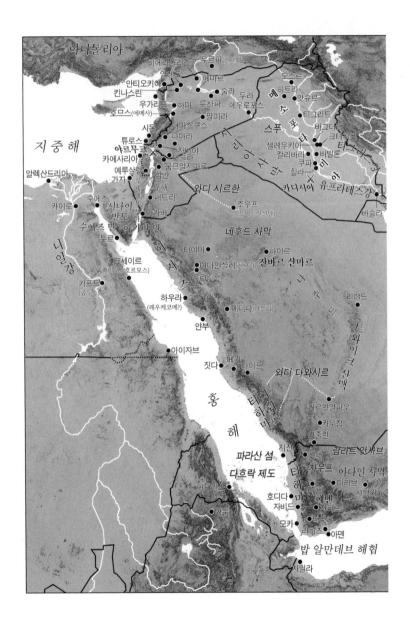

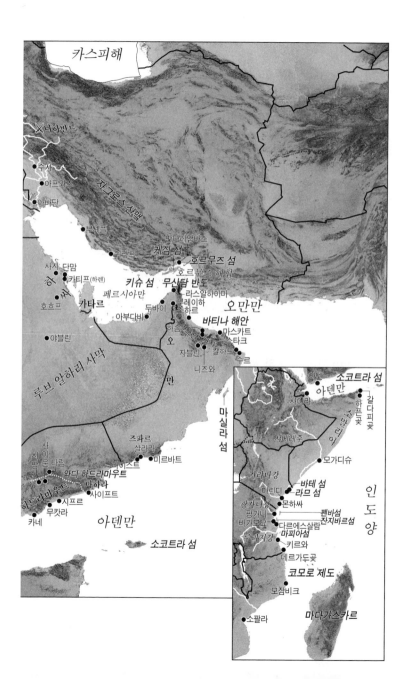

카스피해

×니하반드

수사
아프와즈
아바단

자그로스산맥

부세플
시라프
케슘섬
반다리압바즈
호르무즈 섬
호르무즈 해협

사지 담맘
카티프(하렌)
키슈 섬
무산담 반도
라스알하이마
후레이하
소하르

바레인
페르시아만
두바이
아부다비
오
호흐프
카타르
아블린
하슘질라
자블린
니즈와
칼하트
수르
마스카트
을산타크

오만만

바티나 해안

루브 알하리 사막

오
만
마
실
라
섬

사
밤
운
타림
즈파르
살라라
미르바트
레이스트
마하라
와디 하드라마우트
사이후트
시프르
하드라마우트
무캇라
카네

아덴만

소코트라 섬

아덴
소코트라 섬
아덴만
시에라
갈다피곶
소말리아
하푼곶

사베레주
기라나강
모가디슈

말린디
바테 섬
라므 섬
몬하싸
펜바섬
팡가니
바가모요
잔지바르섬
다르에스살람
마피아섬
룬피지강
키르와
데르가두곶
코모로 제도
모잠비크
소팔라
마다가스카르

인
도
양

## 머리말

### 아라비아란

아라비아 반도는 삼면이 바다로 둘러싸였고 북쪽으로는 시리아 사막과 이어져 있다. 이 시리아 사막도 아랍으로 불리는 사람들의 활동영역이고 지질상으로도 아라비아 고원의 연장이다. 반도 서쪽의 홍해를 따라 남북으로 이어지는 산맥은 남으로 가면서 고도가 높아져 예멘의 산들은 일본 알프스 정도의 표고를 자랑한다. 또 남부의 아덴만에 면한 하드라마우트 지방이나 마하라 지방에서도 해안선을 따라 상당히 높은 산들이 솟아 있다. 이들 산맥 너머의 내륙부는 북동 방향으로 완만한 경사를 이루며 페르시아만 연안의 하싸 지방으로 이어진다. 반도 중앙부에는 오아시스가 점재하는 나주드 고원이 펼쳐져 있다. 한편 반도 남동부의 오만 지방에는 지질적으로 이란의 자그로스 산맥으로 이어지는 아프달 산지의 고산이 있다.

계절풍 덕택에 정기적으로 비가 오는 예멘과 오만의

산악지대를 제외하면 아라비아의 대부분은 비가 거의 내리지 않는 건조지대이고 대체로 모래나 자갈로 덮인 황무지로 되어 있다. 단 반도의 사막 밑에는 물을 통과시키지 않는 암반층이 하싸 지방과 바다의 바레인 섬 방면 쪽으로 완만히 기울어져 있다. 그에 따라 반도의 지하수는 오랜 세월에 걸쳐 이 지방에 모이게 되었고, 예부터 아라비아 최대의 오아시스 발전을 이루었다.

위도가 낮아 전반적으로 고온이지만 내륙의 건조한 사막지대는 밤에는 상당히 온도가 내려가고 예멘의 고지대는 기온이 차서 겨울에 서리가 내리는 일도 있다. 그에 비해 페르시아만 연안과 홍해 연안의 티하마는 여름에는 고온다습하여 견디기 힘든 날씨가 된다.

그런데 우리가 현재 아라비아로 칭하는 이 지역을 누가 언제부터 이 이름으로 부르게 되었을까? 또 그곳에 사는 사람들이 자신들을 아랍으로 인식하고 넓은 의미의 동족으로 의식하게 된 것은 언제쯤부터일까. 아니면 원래 그들은 아라비아에 살아서 아랍이라 불리고 자신들도 그처럼 인식해왔던 것일까.

중근동의 지명 가운데에는 고대 그리스어 호칭이 라틴어를 거쳐 지금까지 계승되어온 것이 적지 않다. 예를 들면 메소포타미아에서는 고대 도시인 바빌론이나 앗수르를 중심으로 한 지방이 바빌로니아, 앗시리아로 불리고 지중해 동쪽 연안에서는 패자(貝紫, 그리스말로 포이닉스) 염색[1]을 생업으로 하는 사람들이 사는 땅을 페니키아(현재의 레바논)로, 또 페리시테인이 살던 곳은 팔레스티나로 불리게 되었다. 아라비아의 경우도 완전히 같다.

아라비아는 아랍이 사는 땅이라는 의미에서 그렇게 불리게 되었다. 즉 원래는 아라비아에 사는 사람이 아랍이 아니고 아랍에 살고 있기 때문에 그 지역이 아라비아로 불리게 되었던 것이다. 그렇다면 아랍이란 무엇인가.


**아랍이란**

'아랍'이란 호칭이 처음으로 등장하는 사료는 앗시리아 왕 샤를마네셸 3세의 비문이다. 그 비문 가운데 다마스쿠스 왕이나 이스라엘 왕을 상대로 기원전 853년의 칼카르

---

1) 패자는 조개에서 얻은 보라색 염료로 오리엔트문명 시대 동지중해 연안에서 교역활동을 했던 페니키아인들이 지중해산 조개를 사용하여 염색한 데서 유래하였다. 선명한 보라색 염료는 매우 희소가치가 높아 고대 이집트나 로마제국에서 황제나 귀족들의 권력을 상징하는 색으로 자주 사용되었다.

아랍을 토벌하는 앗시리아 병사를 그린 부조
(al-Ghabban *et al.,Routes d'Arabie,* 79쪽)

전투에서 '아랍'의 긴디브라는 수장이 앗시리아의 적인 시리아 연합군에 낙타를 제공했다고 새겨져 있다. 이처럼 아랍은 처음부터 낙타와 밀접하게 연결되어 있었다.

이후 앗시리아나 신바빌로니아의 기록에 아라비, 아라브, 아리비, 아르바와 같이 표기상으로는 다소 차이가 있으나 어떤 경우든 시리아 사막의 낙타 유목민을 가리키고 있었다. 즉 에스닉 그룹으로서의 '아랍인'이 아니고, 정주민 입장에서 민족 · 종족을 불문하고 낙타 유목민 일반을 불렀던 말이다. 나중에 이쪽이 일반적이 되는 아라비아어 기원의 '베두인'과 같은 말이다. 단 그 어원에 대해서는 여러 설이 분분하다.

여하튼 나중에 그것은 아케메네스 왕조 시대의 용법을 거쳐 그리스어 문헌이 되면 낙타 유목민에 한정되지 않고 시리아 사막에서 남쪽 반도에 걸친 주민 모두를 지칭하는 총칭이 되어 그들이 거주하고 활동하는 지역이 아라비아로 불리게 되었던 것이다.

이처럼 원래는 타칭이었던 아랍이라는 말도 그렇게 불리게 된 사람들이 그 명칭으로 자기인식하게 되면서 점차 자칭화되었던 듯하다.

## 낙타의 가축화

그런데 야생종인 단봉낙타는 언제 어디서 가축화된 것일까. 문헌사료가 도움이 되지 않아 확실한 것은 알 수 없으나 시기적으로는 기원전 3천년기(기원전 3000~기원전 2001년), 장소는 아라비아 반도 남동부로 추측되고 있다(기원전 14세기에 시리아 방면에서 일어났다는 설도 있다). 가축화라 해도 낙타에 짐을 싣거나 이를 타고 사막을 다닐 수 있게 되는 것은 아직 훨씬 나중의 일로, 처음엔 양이나 산양과 같이 젖이나 고기를 식용으로 하거나 털과 가죽을 이용하는 것이 주된 용도였다. 그러나 낙타 유목의 성립으로 양이나 산양을 키우던 목축민들이 발들일 수 없었던 광대한 사막지대가 처음으로 인류의 생활권의 일부가 되었던 것이다. 그런 의미에서 낙타의 가축화는 아라비아 반도 역사에 한 획을 긋는 사건이었다.

그 후 낙타 목축은 반도 각지, 나아가 시리아 사막으로 서서히 퍼져 갔다고 생각된다. 그럼에도 불구하고 기원전 9세기가 되기까지 아랍이라는 말이 사료에 등장하지 않는 것은 그 무렵까지는 유목민 부족 집단이 정주 사회의 위협이 되는 일이 거의 없었기 때문은 아닐까.

그렇지만 낙타는 기원전 12세기경 다시 아라비아의 역사를 가르는 중요한 역할을 하게 된다. 단봉낙타는 말에 비해 체구가 큰 데다 쌍봉낙타와 달리 등 가운데가 크게 솟아 있어 짐을 싣거나 사람이 타기에도 적합하지 않았다.

그런데 이 무렵이 되어 드디어 거기에도 짐을 실을 수 있는 안장이 고안되었던 것이다. 그로 인해 짐 운반 동물(bag animal)로서 당나귀나 노새를 부리는 것으로는 어려웠던 반도의 사막을 넘어 오가는 대상무역이 가능해졌다.

이제 지금부터 아라비아의 약 3천 년에 걸친 역사를 살펴보고자 한다. 단 시리아 사막에 대해서는 아랍의 낙타 유목민(베두인)이 역사적으로 중요한 역할을 담당한 이슬람 발흥 전 시대(선[先]이슬람기)에 한해 언급하고 이슬람기의 기술은 아라비아 반도를 중심으로 진행하겠다.

# 제1장
# 도시와 국가의
# 성립과 발전
## ―아라비아사의 여명

# 1 대상로의 개통에 따른 반도의 활성화

## 대상무역의 시작

아라비아 반도 내부의 정황에 대해 우리가 문자사료를 통해 꽤 상세한 것을 알 수 있게 된 것은 기원전 천 년기에 들어서이다. 그것은 앞서 언급했듯이 기원전 12세기경 단봉낙타에 짐을 실을 수 있는 안장이 고안된 결과, 기원전 2천 년기 말경부터 드디어 북방의 선진문명지대와 반도 각지, 특히 남부가 낙타를 운반수단으로 하는 대상무역으로 연결되었기 때문이다. 사막을 넘어 캬라반이 왕래하게 되자 대상로를 따라 역참이 발달하였고 교통의 요충지나 관개농업이 가능한 큰 오아시스에는 곧 도시가 생겨났다. 특히 힘 있는 도시 중에는 주변 도시나 오아시스를 지배하에 두고 소국가를 형성하는 것도 나타났다. 또한 사막의 유목민도 낙타를 공급하고 낙타 몰이나 호위 역할로 이에 참가하는 한편 때로는 도시를 습격하고 약탈을 하는 등 점차 그 활동이 다양해졌다. 그리고 남아라비아에서 지중해 동안이나 페르시아만 연안을 향하는 대상로는 주력상품인 남아라비아산 향료에서 연유한 '향료 길'로 불린다,

참고로 이 시기는 고대 오리엔트의 일대 변혁기와 맞물려 있다. 기원전 1200년 초엽 무렵에 아마 서북 방향에서 동지중해 해역으로 습격해온 '바다 사람'으로 불리는 혼성 이민 집단에 의해 이전 시대의 체제는 한꺼번에 무너졌다. 이집트가 간신히 이를 팔레스타인 방면으로 격퇴시킨 데 비해, 히타이트는 멸망하고 시리아도 우가리트, 에말을 비롯하여 많은 도시가 파괴되었다. 에게해에서 미케네 문명이 멸망한 것도 같은 원인이 아닐까라고 말해진다.

그러나 이 혼돈 속에서 후세에 큰 문화유산을 남기게 되는 아람, 페니키아, 이스라엘 등의 여러 민족이 대두한 것이다. 고고학상으로는 이 시대부터 오리엔트의 철기 시대가 시작된다.

지금까지 오리엔트 세계에서 일어난 이 대변동과 비슷한 시기에 아라비아 반도에서 일어난 변혁 사이에 구체적인 인과관계는 거론되지 않았다. 그렇지만 아라비아사의 여명기에 일어나 여러 움직임이 북방의 선진 문명 지대에서 일어난 제 사건과 연동되어 있었음은 충분히 예상할 수 있다. 신세력의 대두가 경제를 활성화시켜 아라비아 반도를 포함한 여러 지역 간의 교역활동에 끼친 큰 영향에, 새로운 낙타 안장의 개발이 먼 원인이 되었다고 생각된다. 앞으로 다룰 문자의 전파나 가설로 제기되고 있는 선진 문화를 지닌 집단의 아라비아 반도로의 이동도 위의 대변동의 일환으로 보면 이해하기 쉬울 것이다.


## 문자의 전파

남북 간에 사람들의 왕래가 빈번해짐에 따라 아라비아 반도 내의 사정이 서서히 알려지면서 그것이 설형문자의 각본(刻本)이나 '구약성서', 나아가 그리스어 문헌에 쓰여져 전해지고 있다. 지중해 동안에서 탄생한 남셈족계 알파벳이 대상로를 통해 남으로 전파되어 반도 각지에 현지인들이 남긴 문자판이나 비문이 출현한 것도 이 무렵부터이다. 남셈족계의 알파벳은 페니키아 문자로 대표되는 북서셈족계 알파벳과 거의 같은 무렵에 인접한 지역에서 만들어졌다. 북서셈족계와는 형제 같은 관계에 있는 다른 종류의 알파벳이다. 양자를 구성하는 문자의 반 정도는 형상에 유사성이 보여 가까운 관계를 보이고 번자(飜字) h l h m q w s² r b t s¹ k n b ṣ ³f ' ' d g d ǧ t z d y ẓ

모뉴멘탈체 Ƴ ꓮ ꟈ ꟼ ... (문자표 기호)

초서체 ... (문자표 기호)

1-1 고대 남아라비아 문자표(『언어학대사전 별권 세계문자사전(言語学 大辞典 別巻 世界文字辞典)』, 산세이도, 2001년, 428쪽, 표1)

있는데 알파벳 내의 문자 및 순서나 명칭은 명확히 달라 양자를 다른 종류로 판단하는 근거가 되고 있다.

남셈계 알파벳은 그 후 아라비아 반도로 전파되어 특히 도시문명이 번성한 남아라비아 여러 왕국에서 독자적인 발전을 이루었다. 그리고 점차 홍해를 넘어 아프리카로 전파되어 에티오피아 문자의 시초가 되었다. 아라비아에서는 7세기의 이슬람화 이후『코란(꾸란)』의 문자인 북서셈 계통의 아라비아 문자가 이전까지 사용되던 옛 타입의 문자를 구축했으나 에티오피아에서는 남셈계 문자가 전 세계에서 유일하게 지금도 사용되고 있다. 남셈계로 불리는 것은 남방으로 전파되어 아라비아 반도나 에티오피아 남서셈어파에 속하는 여러 언어를 표기하는 데 쓰였기 때문이다.

그 정도로 하고, 아라비아에 대해 주변 민족이 기록한 문헌이 많아져 아라비아 내부에서도 현지인이 각문이나 비문을 남기면서 이 시대 이후 드디어 그것을 사료로 하는 아라비아사의 본격적인 연구가 가능해졌다. 즉 그 이전 시대에는 페르시아만에 면한 바레인과 오만이 메소포타미아 기록에 디르문이나 마간(맛칸)이라는 지명으로 나오는 정도였다. 메소포타미아 경제권에 포함되어 있던 이들 지방이 아라비아 반도에서는 예외적으로 일찍 문명화된 것은 고고학적으로도 확인되고 있다. 모두 메소포타미아와 인더스 문명권을 잇는 해상교역 루트의 중요한 중계지였고 마간은 청동의 제조에 필수적인 동광석의 산출지로도 중요하였다.

### 왕국의 출현

여러 사료를 통해 남아라비아에서는 대체로 기원전 천년 중엽 안에 복수의 왕국이 연이어 출현했다고 생각되고 있다. 그중 최초의 왕국이 사바족이 중심이 되어 수립한 나라였다. 단 유의할 점은 기원전 2천 년대의 남아라비아에는 이미 청동기 문화와 관개농업을 영위하는 사람들이 있었음이 고고학 조사로 확인되고 있으나 적어도 최초의 왕국을 세운 것은 그들 토착민들이 아니라 기원전 2천 년대 말이나 기원전 천 년대 초엽에 문명의 선진 지대였던 북방에서 남하해온 집단일 것이라고 적지 않은 연구자들이 생각하고 있다는 점이다. 기원전 2천 년대 말에 이후 사바 왕국의 영역이 되는 지역의 유적에서 그때까지 없었던 새로운 형태의 토기가 출토되었고 토기편에 가장 오랜 형태의 남아라비아 문자가 새겨져 있는 것으로 보아 북방에 있던 사바족이 문자를 비롯한 선진 문화를 지니고 반도를 남하하여 정주한 것이 남아라비아의 신시대의 개막이 된 것으로 추측하고 있는 것이다.

그렇지만 사바족의 옛 땅이 어디였는지를 보여주는 토기나 문자 사료는 시리아·팔레스타인 근처나 아라비아 반도 북서부 지역에서는 발견되지 않고 있다. 또한 가령 사바나 그 외 여러 부족에 의한 남아라비아로의 이주가 있었다 해도 선주민을 내쫓고 이들을 대신할 정도의 대규모 침입이 아니고 파상적으로 소규모의 이주가 계속된 것은 아닐까 추측하는 정도이다. 그리고 앞서 말했듯이 이때의 이동은 '바다 사람'의 침입으로 시작되는 오리엔트 세계의 격동의 여파가 아라비아 반도 남부까지 영향을 미친 것으로 이해하는 편이 나을 듯하다.

## 2 사바 왕국의 성립

### 셰바의 여왕 전설

남아라비아 최초의 출현 왕국이 사바 왕국인 것에 연구자 간에 이견은 없다. 이 왕국의 초기 정황을 엿볼 수 있다고 말해지는 것이『구약성경』에 쓰여 있는 이스라엘 왕 솔로몬과 셰바의 여왕에 관한 전설이다. 이 여왕은 일본에서는 '시바의 여왕'으로 불리는 일이 많다. 그러나 헤브라이어의『구약성경』의 호칭은 셰바이다. 영어로는 이를 Sheba로 옮겨 시바로 발음되어 그것이 일본에 들어와 시바(シバ)로 발음, 표기되게 되었다. 아라비아어로 사바, 구미어에서는 영어를 제외하고 Saba로 표기되는 경우가 많다. 여기서는 익숙한 호칭을 배려하여 '셰바의 여왕'이라는 호칭을 쓰겠다.

『구약성경』,「열왕기 상」의 제10장, 및「역대지 하」의 제9장에 나오는 일화에 의하면 솔로몬의 명성을 들은 셰바의 여왕이 그 지혜를 시험하고자 향료나 금, 보석 등을 낙타에 싣고 예루살렘을 방문하였다. 그리고 준비해 온 질문을 던졌는데 솔로몬은 그 모든 것에 답하였다. 그의 깊은 지혜에 감탄하고 화려한 궁전이나 신전에 바쳐진 공물 등을 본 여왕은 숨 쉬기도 어려울 정도였다. 이에 여왕은 솔로몬을 왕위에 앉힌 이스라엘의 신을 찬양하며 지참한 공물을 왕에게 보냈다. 이에 솔로몬도 여왕에 대해 풍요로운 왕에 걸맞는 선물을 내리며 여왕이 원하는 것은 무엇이든지 하사했다고 한다.

그러나 이 전설의 신빙성에 대해 고대 남아라비아사 연구자들은 회의적이다. 후술하듯이 기원전 8세기 말부터 다음 세기 초에 걸쳐 사바의 두 수장이 앗시리아 왕에게 낙타나 향료를 헌상한 것을 전하는 앗시리아 사료보다 전에 남아라비아에 왕국이 존재했음을 확증할 사료는 발견되고 있지 않다. 그리하여 적어도 기원전 8세기까지 사바 왕국이 세워져 있다 해도 그것을 솔로몬이 재위한 기원전 10세기까지 거슬러 올리는 데는 주저하는 것이다. 게다가 사바뿐 아니라 고대 남아라비아 여러 왕국에서 여성이 왕위에 올랐다는 기록이 아직까지 한 예도 발견되지 않은 점도 세바의 여왕의 실재성을 부정하는 중요한 근거가 되고 있다.

## 사바의 등장

전설 이야기는 이 정도로 하고, 고 기록과 고고학 조사에 기초하여 사바 왕국의 초기 역사를 개관해보고자 한다. 사바라는 호칭은 약 기원전 8세기가 되어 설형문자로 기록된 메소포타미아 사료에 처음으로 등장한다. 우선 기원전 8세기 중엽에 유프라테스강 중류 유역에 위치한 스푸의 왕이 타이마와 사바의 대상을 습격하여 낙타 200마리와 실려 있던 상품을 약탈했다는 기록을 남기고 있다. 또한 같은 세기 후반에 앗시리아 왕 티크리트 피레셀 3세의 연대기에 복속하여 공납을 바친 여러 부족을 열거하면서 타이마에 이어 사바의 이름을 들고 있다. 타이마는 아라비아 반도 북서쪽 히자즈 지방 북부에 있는 오아시스 도시로 남아라비아와 시리아를 남북으로 잇는 루트에서 메소포타미아를 향한 루트로 나누어지는 지점 가까이에 위치하여 페르시아만 연안과 지중해 연안을 이어주는 루트와도 교차하는 아리비아 유수의 중계 거점으로 번영하고 있었다.

한편『구약성서』의「창세기」는 노아와 아브라함 자손의 이름을 들면서 2곳(제10장 제7절과 제25장 제3절)에서 셰바와 데단을 형제로 보고 있다. 데단은 타이마 남서에 위치하

26

며 현재도 히자스 북부의 오아시스 도시로 존속하고 있는 우라를 중심으로 기원전 천 년기 전반에서 중반 경에 걸쳐 대상 교역으로 번영했던 소왕국이었다. 이처럼 모두 아라비아 반도 북서부에 위치하는 타이마와 데단과의 깊은 관계를 보여주고 있는 사바/세바 사람들도 당연히 그 부근에서 대상교역에 종사하고 있었다고 추정된다.

덧붙여 앗시리아 왕 사르곤 2세의 연대기에 왕이 기원전 716/5년에 원정을 나갔을 때 이집트의 파라오, 아랍의 여왕 사무시, 사바인 이타아말로부터 공물을 받았다는 기사가 있는데 여기서 처음으로 사바 수장의 이름이 등장한다. 그리고 다음 세기로 넘어가 센나케리브 치세인 기원전 685년이 되면 앗슈르 시의 신년 제신전 건립을 기념하는 비문에 사바 왕 칼리빌이 보석 장식과 향료를 헌상하였다고 기록되어 있다. 단 이들 기사의 사바 수장에 대해서는 멀리 떨어진 아라비아 남부의 지배자라기보다 북서부에 있던 부족의 수장으로 생각하는 것이 무난하다고 주장하는 연구자가 근년까지 적지 않았다.

한편 남아라비아 여러 왕국과 달리 아라비아 북부나 중부의 여러 부족 사이에서는 여성 수장이 그리 드문 일이 아니었다. 앗시리아의 기록에는 사무시 이외에도 여

1-2 실와프의 알마카 신전터(W.Seipel(ed.), *Jemen*,Wien, 1998, 166쪽)

왕이라 불리는 아랍 부족이 몇몇 등장하고 기원후 시대
에도 3세기의 팔미라 여왕 제노비아나 4세기의 아랍 족
장 마비아처럼 로마에 대항한 여걸들이 활약하고 있다.
여기서 전설상의 셰바 여왕도 실은 히자즈 북부에 있던
부족의 수장으로 교역상의 교섭을 행하기 위해 예루살렘
을 방문했던 것이 솔로몬 시대의 서술에 투영된 것은 아
닌가 하는 해석도 나왔다.

　그러나 위의 앗시리아 사료에 등장하는 사바의 두 명
의 수장이 세웠다고 추정되는 2개의 석비가 사바 왕국의
고도 실와프의 알마카 신의 신전터에서 출토되면서 상
황은 크게 바뀌었다. 사바뿐 아니라 고대 남아라비아의

여러 왕국이 성립된 연대에 대해 막연하게나마 대체적인 전망을 이야기할 수 있게 되었던 것이다. 그리고 실와프는 마리브에 이은 사바 왕국 제2의 도시였는데 왕국의 패권 확립을 기념하는 석비가 마리브가 아닌 이곳 신전에 세워진 것으로 보아 적어도 초기에는 무엇인가의 이유로 마리브를 넘어서는 권위를 갖고 있었으리라. 또한 알마카는 사바의 국가신으로 각지에 이 신을 받드는 신전이 세워져 있었다.

### 실와프 왕비 공적비문

그런데 문제의 두 개의 석비 중 한쪽은 실은 19세기 말에 이미 발견되어 비문의 연구도 진행되고 있었다. 말발굽 형태의 높은 벽으로 둘러싸인 야외의 넓은 중정 중앙에 벽돌로 쌓은 기층이 세워져 있고 그 위에 폭 6.8미터나 되는 옆으로 긴 큰 돌이 두 개 겹쳐서 얹혀 있다. 이것이 석비로 되어 있어 상단에 12행, 하단에 8행, 모두 20행, 4천 자를 넘는 긴 비문이 좌우 대칭의 '고전적'이라 할 수 있는 아름다운 문자로 새겨져 있다. 그리고 상단 석비의 뒷면에는 같은 서체로 8행의 비문이 새겨져 있었다. 현재 이들 2개의 비문에는 각각 RES 3945와 RES 3946이라는 인식 약호가 붙여져 있다.

석비는 모두 사바 왕 칼리빌 와타르 시기의 공적비였다. RES 3945에는 그가 치세 중에 승리를 거두는 많은 전투가, 또 RES 3946에는 전승으로 획득한 도시의 방비나 농지의 관개를 위해 실시한 건축, 토목 공사들이 열거되어 있다. 양 비문의 모두에 칼리빌을 '무칼립'이라고 칭하고 있는데 이는 기원전 남아라비아의 넓은 지역과 여러 세력을 아우르는 왕만이 쓸 수 있는 칭호로 '통합자'로 번역할 수 있다. 원칙적으로 동시에 복수의 무칼립이 존재할 수 없는 것이 관례적으로 '왕'으로 번역되는 '말리크'와 다른 점이다. 칼리빌은 적대하는 말리크들을 물리치고 사방의 부족들을 자신의 지배하에 통합함으로써 최초의 무칼립이 되었고 이에 남아라비아의 사바 왕국의 패권이 확립되었다고 풀이된다.

여기서 이들 비문의 연대가 문제가 된다. 칼리빌을 앗시리아 왕에게 공물을 바친 사바 왕 칼리빌이라고 보고 비문에 적혀 있는 것은 기원전 8세기 말부터 다음 세기 초에 걸쳐 일어난 사건으로 해석하는 학설이 예전부터 있어왔다. 그러나 앞서 말했듯이 후자에 관해서는 아라비아 북서부의 족장이 아닐까라고 생각하는 사람들이 적지 않았고 고대 남아라비아 문자 서체학 권위자가 양 비문의 문자는 기원전 5세기의 서체라고 강하게 주장하였기 때문에 사바 왕국 초기 연대를 둘러싼 논쟁은 20세기 후반까지 해결되지 않은 상태였다.

그런 가운데 이 신전 유적을 조사하던 독일 팀이 2005년 12월에 또 하나의 석비를 발견하였다. 앞에서 언급한 석비 바로 가까이에 그와 대칭되듯이 큰 석비가 또 하나, 백 년 이상이나 알려지지 않은 채 모래 속에 묻혀 있었던 것이다. 발견자가 얼마나 놀라고 기뻤겠는가. 쓰러져 있던 비석을 세워보니 원래는 앞의 기념비와 서로 마주 보는 위치에, 자른 돌을 쌓은 기단 위에 폭 7미터쯤 되는 옆으로 긴 큰 돌이 얹혀 있고 RES 3945와 마주한 측 표면에 7줄 327 글자가 새겨져 있다.

읽어보니 무칼립인 이사아말 마탈의 공적비였다. 전반은 적대하는 여러 부족에 대한 원정과 전승의 기록이고 후반에는 획득한 도시, 영지와 영민이 열거되어 있다. 내용적으로 이들 석비가 칼리빌 석비보다 앞서 세워졌음은 분명하지만 문자의 서체로 볼 때 두 비석 간에 시간차는 크지 않다. 석비의 폭이나 비문의 구성이 거의 같은 것으로 보아 칼리빌은 이사아말의 공적비와 마주보며 그것을 모방하여 자신의 공을 현창하는 비를 세웠다고 생각된다. 앞으로 개요를 말하겠지만 사바 왕국의 패권은 이사아말과 칼리빌의 활약으로 확립되었다. 실와프 신전을 마주하여 세워진 두 개의 석비는 이 두 명의 무칼립이 창립기의 사바 왕국의 가장 걸출한 왕이었음을 여실히 보여주고 있다.

실와프의 공적비의 이사아말과 칼리빌을 앗시리아 비문의 이타아말과 칼리빌로 추정할 수 있는 가능성이 커졌다. 이로써 기원전 7백 년 전후에는 확고한 존재가 되었다고 생각되는 사바 왕국은 늦어도 기원전 8세기 안에는 성립되었을 것이고 비문 가운데 언급되어 있는 다른 여러 왕국들에 대해서도 마찬가지라고 추측할 수 있게 되었던 것이다.

# 3 제 왕국의 흥망

## 이사아말 와타르 전투

실와프의 두 공적비문을 통해 우리는 사바 왕국이 적대하는 여러 세력을 물리치고 남아라비아의 패권을 쥐게 된 경위에 대해 상당히 자세하게 알 수 있다.

우선 이사아말 와타르의 원정 전투부터 살펴보겠다. 사바 군의 최초의 목표는 남부의 카타반이었다. 당시 사바 왕국에 이 세력이 가장 위협적인 존재였다. 사바도 그렇듯이 특히 중기 이전 시대의 남아라비아 왕국들은 공통의 신(국가신)에 대한 숭배와 제의를 유대로 제 부족이 결집·연합하여 왕이 통솔하고 있었으나 카타반은 '안무(카타반의 국가신)의 아들들'로 불리는 제 부족의 연합체였다.

이 카타반의 남동에 이에 대항하는 아우산이라는 세력이 있어 이사아말은 당시는 열세였던 이 나라와 왕 편을 들어 카타반으로부터의 실지 회복을 돕고 있었다. 카타반을 평정한 사바 군대는 이어서 북방의 자우프 지방으로 향했다. 이 지역에는 서로 적대하는 복수의 도시가 분립하여 인접 도시를 지배하려는 움직임은 있어도 여

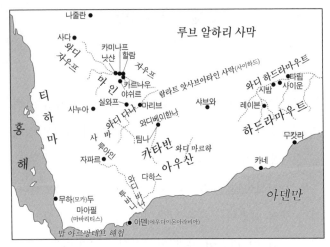

1-3 기원전의 남아라비아(필자 작성)

러 도시가 연합하여 광역국가가 만들어지는 정세는 아니었다. 이에 이사아말은 동맹 관계에 있던 낫샨 시를 도와 가미나프 시를 물리치고 가미나프에 약탈당하고 있던 낫샨의 수호신 알란야다의 신상을 탈환하였다.

그후 사바 군은 다시 남방으로 옮겨 고지대 부족들을 물리치고 많은 적들을 살육하였다. 적의 족장들은 각각 말리크로 불리고 있었다. 앞의 카타반과의 전투에서 죽인 적수가 3천 명이었던 데 비해 고지에 살던 다하스는 6천 명, 루아인에서 4천 명이나 전사자를 냈다는 것이 놀랍다.

아라비아 반도 남서부에는 여름철에 남서 방향에서 불어오는 계절풍이 산맥에 부딪혀 아라비아에서는 예외적으로 농업이 가능할 정도의 비를 뿌려준다. 고지대에는 산간 분지나 계단식 논에 이 빗물로 농사를 짓고 있었는데 이곳에서 고대 문명이 꽃피었던 것은 내륙의 산등성이에 점재하는 오아시스에서 전개되었던 관개농업 때문이었다. 우기에 와디(물 없는 계곡)를 흘러 내려오는 물을 제방으로 막아 댐을 만들고 그 물로 사막을 적신 오아시스가 산자락과 사막 끝 부분으로 이어져 있었다. 오아시스에서 전개된 관개농업은 고지의 천수답 농법에 비해 생산성이 높았고 초기의 대상로도 오아시스 중심으로 이어져 있었으므로 기원전의 남아라비아에서는 고지대나 해양부에 비해 내륙의 오아시스 지대 중 이 일대에 인구가 모이고 도시도 많이 만들어졌던 것으로 생각되고 있다. 사바도 카타반도 내륙 오아시스를 중심으로 성립·발전한 나라이고 사우프 지방의 도시들은 지방명과 같은 이름의 와디를 따라 세워져 있었다.

그런 만큼 다소의 과장은 있더라도 고지의 부족들과의 전투에서 살육한 적의 수가 카타반과의 전투의 전사자를 크게 웃돌고 있음은 의외이다. 이는 기원전 천 년 전반

단계에서 이미 고지대의 인구가 상당수에 이르렀음을 보여주며 특히 내륙 오아시스 지대에 중점을 두기 쉬운 이 시대의 역사 연구에 경종을 울리고 있다.


**칼리빌 와타르의 원정**

　한편 RES 3945에 기록된 갈리빌 와타르의 원성은 8번에 걸쳐 더 광범위하고 철저하게 이루어진 것이었다. 무엇보다 사바 왕국의 적과 아군이 이사아말 시대와는 역전되어 있다는 점이 눈길을 끈다. 남방에서는 이전 사바의 원조를 받아 옛 영토를 회복한 아우산 왕국이 동서 인접국인 하드라마우트 왕국과 카타반 왕국의 영토를 침략하였고 나아가 남아덴만 연안 지역까지 지배권을 넓혀 사바의 강력한 라이벌로 성장하였다. 아우산 왕이 무칼립이라 칭한 것은 아마 이 시기로 이는 사바 왕에 대한 중대한 도전이었다.

　이에 칼리빌은 열세에 몰려 있던 하드라마우트 왕, 카타반 왕과 동맹하여 아우산 군과 싸워 이를 물리쳤다. 아우산령의 많은 마을이 불타고 넓은 지역이 약탈당하였다. 살육한 적의 수가 1만 6천 명, 포로 4만으로 기록되어 있다. 또한 수도의 왕성과 신전의 모든 비문을 없애라는 명령이 내려졌다. 하드라마우트와 카타반이 점령한 곳은 각각의 나라로 돌려졌지만 그 외의 땅과 많은 주민들은 사바의 지배가 되었다.

또한 칼리빌은 아우산령의 서쪽으로 이어지는 고지대로 군대를 보내고 있다. 대상이 된 곳은 이사아말도 원정한 다하스와 그에 인접한 두바니, 반도 남서쪽 구석의 마아필 등으로 남방의 아덴만 방면뿐 아니라 서쪽의 홍해 방면 육지 끝까지 장악하려 한 듯하다.

칼리빌에게 남방의 아우산에 이어 중요했던 것은 북방 자우프 지방 여러 도시의 평정이었다. 북으로 가는 대상로의 입구에 위치한 이 지역을 영향하에 두는 것이 교역에의 경제적 의존도가 높았던 사바 왕국으로선 지상명령이었음이 틀림없다. 여기서는 낫샨과 카미나프의 사바와의 관계가 이사아말 시대와는 반대가 되어 있다. 즉 낫샨를 공격한 칼리빌은 이전 이사아말이 이 도시에 양도한 영토를 탈환했을 뿐 아니라 낫샨령의 일부를 할람의 왕과 카미나프 왕에게 주었다. 도시를 둘러싼 벽이나 왕성은 파괴되었지만 사바의 수호대를 상주시킬 정도의 조치로 끝난 것은 아우산에 대한 대우와 상당히 다른 점이 있다. 자우프 지방에 대해서는 분립하는 여러 도시가 서로 견제하는 상황이 사바가 바라는 바이므로 다른 도시를 규합하여 연합국가를 형성하려는 강력한 도시의 출현을 저지하는 것이 기본 정책이었을 것이다.

칼리빌 원정은 자우프 북방의 나줄란까지 이어졌다. 이곳은 현재 사우디아라비아 영토이나 역사적으로는 남아라비아와 더 관계가 깊다. 시리아에서 남으로 오는 루트와 페르시아만에서 오는 루트가 합쳐지는 첫 오아시스여서 예부터 아라비아 반도 유수의 교통과 교역의 요충지로 발전하였다. 이곳에서부터 자우프에 이르는 일대는 무하밀족과 아밀족이라는 북아랍계 언어를 쓰는 유목민이 지배하는 땅이었다. 칼리빌은 이 두 부족을 공격하여 5천 명을 살육하고 1만 2천 명의 포로와 낙타, 소, 당나귀, 양, 산양 등 20만 마리의 가축을 얻었다고 한다. 지금까지 열거한 것을 포함하여 모든 수치는 과장된 것이겠으나 그렇다 해도 대단한 전과이다. 그리고 이 두 부족은 북아랍계의 낙타 유목민이었으나 남아라비아 비문에는 '아랍'으로 부르지 않고 있다. 나중에 북방에서 말을 갖고 이동해온 '아랍'으로 불리는 그룹과는 다른 계통의 베두인이었다.

이처럼 칼리빌 원정은 북으로는 나줄란에서 남으로는 아덴만 연안까지 펼쳐졌다. 그 결과 하드라마우트와 카타반에는 사바 왕의 무칼립으로서의 권위를 따르는 조건으로 독립국으로서의 지위를 인정했던 것으로 보인다. 한편 자우프 지방의 여러 도시들은 사바의 위성국과 같은 처지가 되고 구 아우산령의 대부분은 사바로 병합되었다. 무하밀족은 나줄란의 오아시스를 빼앗긴 데다 공납까지 바쳐야 했다.

이렇게 기원전 7백 년 전후의 수십 년 사이에 이사아말과 칼리빌이 지휘한 전쟁을 통해 사바는 남아라비아의 패권을 잡는 데 성공하였다. 역대 사바 왕 가운데 메소포타미아까지 이름을 알린 사람은 단 두 명뿐인 것은 결코 우연이 아니다.


**사이하드 문명 왕국들**

지금까지 이름을 거론한 여러 세력 중 사바, 아우산, 카타반, 하드라마우트에 대해서는 비문 가운데 수장이

1-4 마리브댐 북 수문과 활모양으로 펼쳐지는 수로. 댐의 제방
은 수문에서 오른쪽 앞(사진에는 찍혀 있지 않다)으로 이어져 있었다.
(Fisher, *Arabs and Empires before Islam*, Pl,4)

'말리크'로 불리든 그렇지 않든 기원전 8세기 단계에 왕
국으로 성립해 있었다고 현재 많은 연구자들이 인정하
고 있다. 넓은 지역을 지배하는 정권이 아직 성립되지 않
았던 자우프 지방에서도 분립하는 도시들을 도시국가로,
그 수장을 왕으로 보는 것이 통설이다. 단 고고학자들은
왕국 성립 시기를 기원전 9세기까지 끌어올리려 하는 경
향이 강하다.

이들 왕국은 모두 아라비아 반도 남반부에 펼쳐진 대
사막 루브알하리의 남서쪽 구석에 돌기처럼 돌출한 람
라트 앗사브아타인 사막(중세에는 사이하드로 불렸다) 주변에

위치해 있다. 그 때문에 기원전 시대에 이들 왕국에서 꽃
핀 문명을 사이하드 문명이라 총칭하는 학자도 있다. 이
어서 각 왕국의 개요를 소개하겠다.


## 사바와 아우산

고대 남아라비아의 대명사적 존재인 사바는 역사가 가
장 오래될 뿐 아니라 3세기 후반까지 가장 길게 존속한
왕국이다. 수도 마리브는 와디 다나의 선상지에 입지하
여 총 길이 4.2킬로미터의 주벽으로 둘러싼 남아라비아
최대 도시로 향료길의 요충지이자 시의 서남서 8킬로미
터 지점에 세운 마리브 댐의 급수로 농업도 번성하였다.
이 댐은 와디를 계곡 출구에서 막은 것으로 그 시기의 제
방은 높이 15미터, 바닥 깊이가 96미터, 길이 650미터에
달하였다. 댐 호수의 남북 수문에서 끌어온 용수로 사막
을 관개한 농지는 『코란』 제34장에 '두개의 과수원'으로
불리며 등장할 정도로 명성이 자자하였다. 고고학자들
은 시 외벽의 기원이 기원전 8세기, 댐은 기원전 7세기로
거슬러 그 기원을 추측하고 있다.

기원전 천 년기 전반, 그것도 상당히 이른 시기에 사바에서 홍해 연안, 지금의 에리토리아에서 에티오피아 북부에 걸친 지역에 이민이 있었던 것으로 보이는 점도 언급할 필요가 있겠다. 초기 사바에서와 같은 양식의 신전이 건설되어 알마카 신을 받들고 사바와 거의 다름없는 언어와 문자로 기록된 비문이 남겨져 있다. 다마트로 불리는 정치체제의 지배자가 '다마트와 사바의 무칼립'으로 칭해지고 있는 것으로 보아 현지민과 이민 양쪽을 아우른 왕국이 존재했던 것은 아닐까 생각한다.

이처럼 남아라비아에 그치지 않고 밖의 세계까지 영향력을 미친 사바 왕국은 기원전 6세기경을 지나면서 약체화되는 징후를 보인다. 사바 왕을 대신하여 다른 왕국의 수장이 무칼립으로 칭해지게 된 것이다.

한때 아우산 왕이 이 칭호를 썼으나 칼리빌의 공격을 받아 멸망하였음은 이미 언급하였다. 아우산에 대해서는 와디 마르하 유역이 왕국의 중심이었던 것은 밝혀져 있으나 왕성이나 신전의 비문이 없어진 탓인지 수도 이름을 비롯하여 모르는 점이 많다. 하드라마우트에서 카타반으로 가는 대상로의 중계지였음은 확실하나 그것만으로 이 왕국이 사바에 대항하는 세력으로 발전한 이유를 설명할 수 없다. 아마도 다음 시대의 카타반이나 그 후의 힘야르의 번영과 같이 남부 고원산악지대로 판도를 확대한 점에 의문을 풀어줄 단서가 있을 듯하다.

앞서 살펴보았듯이 고지대의 인구가 예상외로 많았다는 것은 당시의 산간부의 농업이 천수답이 아닌 관개시설도 이용한 생산성 높은 것이었음을 암시하고 있다. 유향(남아라비아와 소말리아 특산의 수지성 훈향료)은 나지 않으나 몰약(남아라비아와 소말리아 특산의 수지성 향료, 약재)을 비롯한 각종 향료나 약재의 산지였을 가능성이 높다. 또한 고지 저편의 아덴만 연안항에는 인도나 아프리카 산물을 실은 배가 내항하였을 것이다. 기원전 옛 시대의 고지대나 연안부에 대해서는 현재 사료가 불충분하여 확실히 말할 수 없으나 정황 증거로 추측컨대 상당히 풍요로운 지역이었을 것으로 보인다.


## 하드라마우트와 카타반

기원전 6세기 이후의 남아라비아에서는 하드라마우트의 세 명의 왕과 카타반의 여러 명의 왕을 무칼립으로 칭한 일이 알려져 있다. 비문의 서체로 보아 이름을 알 수 있는 카타반의 무칼립의 재위 연대는 기원전 6세기부터 기원전 1세기 사이에 걸쳐 있는 듯하다. 하드라마우트의 무칼립 중 두 명은 카타반의 가장 오래된 무칼립보다 더 먼저여서 대개 동시대로 추측하지만 세 번째는 훨씬 후대, 대개 기원전후에 재위한 것으로 생각된다. 기원전 시대에 대해서는 비문사료의 절대수가 원체 적은 탓에 왕국 성립 후의 역사가 긴 것치고는 확인되는 왕의 수가 적다. 또한 어느 나라나 복수의 같은 이름의 왕이 존재하므로 사료에 등장하는 개별 왕의 같고 다름을 판별하여 연표상에 정확히 위치지우기는 쉽지 않다.

하드라마우트 왕국은 남아라비아 최동부의 지금도 같은 이름으로 불리는 지역에 세워졌다. 해안을 따라 동서로 달리는 산지 북쪽을 흐르는 와디 하드라마우트 계곡이 왕국의 중심이었고 수도인 샤브와가 그곳으로부터 크게 떨어진 서쪽 국경 가까이 있는 것은 아마 그곳이 북으로 가는 대상로의 출발점이었기 때문일 것이다.

현재 동쪽은 오만령 즈파르 지방이 유향 특산지이고 역대 하드라마우트 왕은 이곳을 영유하여 유향을 독점판매하여 얻은 이익을 재정 기반으로 삼았던 듯하다. 또한 아덴만 연안까지 영토가 확대되어 해외 상선과 거래하는 항구를 갖고 있었던 것이 이후 이 왕국의 강점이 되었다. 그런 기원전 6세기에 왕이 무칼립으로 칭해질 수 있을 정도로 국력이 증진된 원인이나 바로 인국 카타반에게 주역 자리를 빼앗긴 경위 등은 아직도 전혀 밝혀지지 않고 있다.

수도 샤브와나 레이븐 등 폐허가 된 유적에 대한 조사가 행해지고 있는 도시가 있는 반면 와디 하드라마우트를 따라 이어지는 시밤, 사이운, 탈림 등 고대부터 있었던 곳이 지금도 도시로 존속하고 있는 것은 주목할 만하다. 왜냐하면 다음 장에서 상세히 설명하겠지만 사이하드 사막 주변에 번성했던 오아시스 도시의 대부분이 기원전후에 소멸하고 현재는 사막화되었기 때문이다.

개인적인 일이지만 1990년에 남북 예멘이 통합된 직후 나는 도쿄 외국어대학 아시아 아프리카 언어문화 연구소 교수였던 지금은 타개하신 나카노 아키오(中野曉雄) 씨와 동행하여 하드라마우트, 마할라, 소코트라 섬을 방문하여 조사할 기회를 얻었다. 아덴만에 임한 무캇라에서 건조한 사막을 북으로 달리던 차가 갑자기 언덕을 내려가자 그곳이 와디 하드라마우트였고 주위의 광경이 일변하

1-5 시밤. 시외에 면한 저층에 창문도 문도 없는 고층 건물을 밀착시켜 시 외벽을 대신하고 있다. 오른쪽에 보이는 흰 벽의 건물이 시내로 통하는 유일한 출입구이다. (필자 촬영)

며 대추나 야자나무 숲과 밭이 펼쳐진 별세계가 나타났다. 그곳에서 서쪽부터 순서대로 사막의 맨하탄이라는 별명을 가진 벽돌 고층건물이 솟아 있는 지밤, 옛 술탄의 궁전이나 동남아시아로 일하러 가서 재물을 모아 금의환향한 사람들의 저택 등이 즐비한 사이운, 이슬람 교학의 센터로 동남아시아로부터의 유학생도 많은 탈림 등 특색 있는 도시가 이어져 있었다. 고대 비문에 나오는 도시가 모두 지금도 남아 있는 것이다. 고대의 사적이나 유적에 관심이 있는 나는 고대에는 전혀 관심이 없고 현대 사

람들의 언어 조사를 목적으로 온 나카노 교수와 조사장
소나 한정된 조사 시간의 배분을 둘러싸고 자주 충돌하
기도 했는데 지금 돌이켜보니 그것도 그리운 추억이기도
하다.

　기원전 천 년기 후반이 되면 카타반 왕국이 가장 강세
를 보였던 것 같다. 정확한 연대는 특정할 수 없으나 사
바 왕국 측 비문에서 카타반과의 사이에 전투가 있었음
이 확인된다. 아마 이 전투에서 승리한 결과로 카타반 왕
은 구 아우산 영토를 획득했을 뿐 아니라 남으로는 아덴
만, 서로는 홍해에 이르는 고지 일대를 점령하고 사바나
하드라마우트 왕을 대신하여 무칼립으로 칭할 만한 광대
한 영역을 지배하에 두었던 것으로 추측된다.
　로마 제정 초기에 활동한 그리스인 지리학자 스트라본
이 기원전 3세기의 에라토스테네스전에 기록한 바에 따
르면 당시 남아라비아에는 북쪽에서부터 순서대로 미나
이오이, 사바이오이, 캇타바네이스, 동쪽으로는 카트라
모티타이의 네 부족이 거주하고 있었다. 말할 것도 없이
세 번째 캇타바네이스는 카타반 왕국을 가리키고 있는데
그 영토는 해협과 아라비아만 횡단 항로까지 넓어졌다

고 한다. 해협이란 바브 알만데브 해협, 아라비아만은 홍해를 말하며 이 왕국의 강성함이 프톨레마이오스 왕조의 수도 알렉산드리아까지 닿아 있었음을 엿볼 수 있다.

에라토스테네스가 열거하는 다른 세 부족 중 사바이오이는 사바로, 카트라모티타이는 하드라마우트로 비정된다. 남은 미나이오이는 이사아말이나 칼리빌 원정의 기록에 나오지 않았던 자우프 지방의 신흥 세력으로 카르나우를 수도로 하는 마인 왕국을 말한다.

### 상업왕국 마인

마인은 기원전 7세기 말경의 비문에 처음으로 등장한다. 연구자들 사이에는 그 출자에 대해 자우프 지방의 토착세력설과 외래세력설이 있고 후자의 경우에는 출신지를 둘러싸고 나줄란 설과 시나이 반도설이 대립하고 있다. 신흥세력이었지만 얼마 안 가 이 지방의 많은 도시를 거느리는 왕국으로 발전하여 남쪽 이웃나라 사바에게는 큰 위협적 존재가 되었던 것이다. 왜냐하면 마인은 대상교역에 특화되었다고 할 정도의 나라였으므로 그 발전은 바로 사바 상인의 이익이 크게 저해되는 것을 의미하기 때문이었다. 기원전 6세기 전반의 것으로 생각되는 사바의 청동문서에는 사바가 마인인의 대상을 습격한 일이 기록되어 있어 이 시기 양자가 '향료길' 교역의 주도권을 놓고 격하게 대립하고 있었음을 엿볼 수 있다.

이 세기를 경계로 사바의 패권이 동요하고 무칼립 칭호를 하드라마우트나 카타반 왕에게 빼앗겼다는 것은 위의 싸움에서 마인 측이 승리했음을 암시한다. 그렇지만 마인 왕은 정치적인 야심은 없었는지 남아라비아 제국의 수장 가운데 유일하게 무칼립 호칭을 쓰지 않고 있다. 마인인의 관심은 오직 경제활동에 있었고 기원전 천 년기 후반에는 '향료길' 교역의 주도권은 거의 그들 손에 있었다.

플리니우스가 『박물지』에서 유향의 채취와 수송을 맡았다고 쓴 미나에이족이 이 마인인이다. 1세기 반경 저술된 인도양 교역 사료 『엘류트라해 안내기』에는 유향의 채취는 노예나 죄수가 행한다고 쓰여 있을 정도로 가혹한 노동이었으므로 실제로 마인인들이 이에 종사하고 있었다고 보기는 어렵다. 그러나 유향 수출국인 하드라마우트와 마인이 향료 교역의 파트너로서 상인 차원에 그치지 않고 국가 차원에서도 친밀한 관계에 있었음은 다음에 언급할 비문의 기사로 보아 의심할 여지가 없다.

바라키슈(고대의 야실)의 한 비문에 의하면 하드라마우트 국내 특히 수도인 샤브와에는 마인인들이 머물고 있었다. 아마 유향의 집하와 수송을 위해서였으리라. 또한 지중해의 델로스 섬에서 나온 마인인의 봉헌 비분은 그들의 넓은 상권을 보여주는 사료로 자주 인용되는데, 이 섬에 하드라마우트인도 봉헌비문을 남겼음은 그다지 알려져 있지 않다. 그러나 이는 마인 상인과 동행하여 먼 지중해까지 유향을 운반한 하드라마우트 상인이 있었음을 보여주는 귀중한 사료가 아니겠는가. 그리고 수도인 카르나우의 시 벽에 남겨진 각문에는 이 도시의 동문을 지키는 망루가 하드라마우트 왕에 의해 세워졌다고 기록되어 있어 양국이 방위 면에서도 협력 관계에 있었음을 추측할 수 있다.

마인 상인의 활동범위는 이집트, 시리아, 메소포타미아, 그리고 위에 언급했듯이 지중해 도서지역까지 아울렀다. 특히 지중해 동안의 항구도시와 관계가 깊었던 듯, 비문에는 페니키아의 시돈과 튜로스, 가자 같은 지명이 등장한다. 장거리 교역의 편의를 도모하기 위해 대상로

1-6 데단의 암굴묘를 지키는 사자상. 두 마리 사자 사이의 벽면에 마인어로 묘지명이 새겨져 있다. (필자 촬영)

의 요충지에는 그들의 거류지가 세워져 있었다. 남아라비아에서는 샤브와 외에 카타반 왕국의 수도 티무나, 중앙 아라비아에서는 페르시아 만안으로 통하는 루트에 면한 카르야에 마인인 거류민이 있었음이 확인된다.

그러나 가장 많은 마인인들이 정착해 있던 곳은 히자즈 지방의 데단이었다. 나중에 설명하듯이 이 오아시스 도시에는 토착의 소왕국이 있어 많은 주민이 대상교역을 생업으로 삼으며 마인 상인과는 우호적인 협조 관계에 있었던 듯하다. 국외에서 발견된 마인어 비문은 데단에 남겨져 있는 것이 가장 많고 특히 바위산의 벽을 뚫어 만

들어진 묘실 벽면에 새겨진 무덤을 지키는 두 마리 사자
상 사이의 묘지(墓誌)가 인상적이다. 같은 벽면에 현지인
과 마인인의 묘가 혼재하고 있는 것으로 보아 그들이 현
지사회에 융합되어 살고 있었음을 알 수 있다.


## 데단과 타이마

지금까지는 전적으로 남아라비아에서 번성했던 여러
왕국에 대해 서술하면서 아라비아 반도의 다른 지역은
등한시한 감이 있으나 이는 바로 연구 사료의 편재 때문
이다. 남아라비아와 비교하면 다른 지역에 남겨져 있는
문자사료, 특히 역사연구에 쓰일 만한 내용이 기록된 비
문이나 각문은 압도적으로 적다. 최근 고고학 조사가 각
지역에서 진행되고 있지만 위와 같은 문자사료가 없는
상태에서는 정치사적인 서술을 하는 것이 매우 어렵다.

그 가운데 옛날부터 히자즈 지방에서 오아시스 도시로
서 번성했던 데단(지금의 우라)과 타이마에 대해서는 이미
살펴보았듯이 메소포타미아의 사료나 『구약성경』에 관
련 기사가 있을 뿐 아니라 데단은 자신의 언어와 문자로

얼마 안 되지만 기록을 남기고 있어 어느 정도 그 역사를 엿볼 수 있다.

데단에서는 기원전 천 년대 전반기에 여러 명의 왕이 재위했음이 알려져 있고 그 시대를 데단 왕국으로 부르고 있다. 같은 천 년기 후반이 되면 동일한 오아시스 도시를 중심으로 리프얀으로 불리는 다른 왕국이 지배하였다. 데단어와 리프얀어는 조금 다르지만 모두 남서셈어파의 북아라비아어에 속해 있다. 이 언어는 같은 어파이지만 남아라비아 여러 왕국에서 사용된 남아라비아어와는 달라 나중에 이슬람 세계의 공통어가 되는 고전 아라비아어에 가깝다. 그러나 모두 표기는 남셈계 알파벳을 쓰고 있어 그 점에서 아라비아어를 표기하는 아라비아문자가 북서셈계의 아람 문자 계통인 것과는 다르다.

시리아로 통하는 향료길의 요충이었던 데단에는 방문하는 외국 상인들이 많았던 듯하다. 이미 살펴본 마인인 외에 리프얀 왕국시대에는 북으로부터 나바테아(다음 장 참조)의 상인도 있었는지 나바테아어 비문도 남겨져 있다.

그에 대해 옛 시대의 타이마의 역사에 관해서는 사바 상인과 손을 잡고 메소포타미아 방면으로 대상을 보내고 있었던 것 외에는 잘 알려져 있지 않다. 데단과 달리 토착 왕국이 존재했는지의 여부도 확실치 않다. 그럼에도 불구하고 고대 오리엔트 사상 이 오아시스 도시의 이름이 데단 이상으로 잘 알려져 있는 큰 이유는 기원전 6세기에 신바빌로니아 왕국의 마지막 지배자인 나보니도스가 수도 바빌론을 떠나 이곳에 장기 체재한 데 있다.

신바빌로니아 왕국은 아람계라고 추정되는 칼데아인이 중심이 되어 기원전 626년에 성립되어 초대 왕 나보포랏사르가 메디아와 손을 잡고 앗시리아를 멸망시키면서 메소포타미아의 지배를 확립하였다. 유대 왕국을 멸망시키고 많은 주민을 바빌로니아로 강제 이주시킨 것으로 유명한 네브카드네짜르 2세가 사망한 뒤 연이어 왕이 바뀌는 혼란상태를 수습하고 왕위에 오른 이가 나보니드스(재위 기원전 555~기원전 539)였다.

즉위 후에는 소아시아, 시리아, 아라비아 반도 북부 등으로 원정하여 교역 루트의 확보를 꾀하는 한편 바빌로니아 본국에서는 신관들의 세력 증대를 막기 위해 신전의 인사나 경제를 왕의 통제하에 두려 하였다. 또한 바빌로니아의 주신 말두크보다도 달의 신 숭배를 중시하였다. 그 나보니도스가 기원전 552년경 타이마로 원정한 뒤 무려 10년 전후에 걸쳐 그 땅에 체류했다는 것이다.

본국 통치를 황태자에게 맡기고 재위기간의 3분의 2에 가까운 시간을 아라비아의 오아시스 도시에서 보낸 이유는 무엇일까. 대상교역으로부터 세금을 징수할 목적이나 월신숭배에 대한 바빌로니아인의 반감이 원인이라고 말해지지만 정확한 것은 알려져 있지 않다.

여하튼 타이마에 바빌로니아 왕이 눌러 앉아 비록 10년 정도라고는 하나 향료길을 쳐다보고 있었던 것이 오랜 동안 이곳과 통상 파트너 관계에 있었던 사바에게는 큰 타격이 되어 기원전 6세기경에 이 나라의 세력이 쇠퇴하게 된 원인의 하나가 되었다고 충분히 추측할 수 있다.

# 제2장
# 신구세력의 교체와
# 문명의 변질
## ─기원전 천 년기 말의 변동

# 1 헬레니즘 시대의 아라비아

**알렉산드로스 대왕의 동방원정**

기원전 4세기 후반에 진행된 알렉산드로스 대왕의 동방원정과 그에 이은 그리스계 왕국들의 지배는 고대 오리엔트의 눈부신 역사에 종지부를 찍었다고 해도 과언이 아닐 것이다. 대왕 사후 제국의 동방 영토를 계승한 셀레우코스 왕조의 지배는 오래가지 못하고 얼마 후 파르티아(알사케스조), 사산조와 같은 이란계 왕조가 정권을 탈환했지만 문명의 질적인 면에서 과거의 영광을 부활시키지 못했다는 인상이 강한 편이다. 한편 프톨레마이오스조를 이어 로마의 지배를 받게 된 이집트는 실로 천 년 가까이 그리스 로마 문화에 노출된 데다 그 후 아랍·이슬람군의 정복을 받으면서 과거 문명의 유산을 거의 잃어버렸다. 이렇게 세계 역사의 여명기를 리드했던 한 지역의 시대가 막을 내렸던 것이다.

그렇다면 아라비아는 문명의 스승이자 상업상의 중요 고객이기도 했던 북방세계의 이 큰 변동으로 어떠한 영향을 받았을까. 인도 원정에서 돌아온 알렉산드로스가 다음으로 남아라비아로 원정할 계획이었음은 잘 알려져 있다. 각종 향료를 생산하는 동화 속 낙원으로 지중해 세계에 선전되어 있던 이 지역을 정복하여 향료 산지를 손에 넣는 것이 대왕의 숙원이었다. 이 계획을 실행에 옮기기 위해 그는 페르시아만과 홍해 양쪽에서 배를 보내 남아라비아에 이르는 항로를 조사시켰다. 그러나 페르시아만과 홍해의 출구 주변까지 조사가 진척되었을 시점에 대왕이 돌연 사망하여 그 후 왕의 후계 다툼이 발발하면서 원정계획은 좌절되었다. 아라비아는 아슬아슬하게 정복을 면했지만 주변세계의 상황이 일변하면서 아라비아 역사에 어떻게 작용했는지 사료로 엿볼 수 있는 범위에서 살펴보겠다.

## 셀레우코스조와 프톨레마이오스조의 남방정책

알렉산드로스의 명으로 행해진 페르시아만 연안조사의 성과와 그가 정복을 위해 편제를 추진한 함대는 셀레우코스가 계승했음이 틀림없다. 이를 활용하여 연안 특히 아라비아만 방면을 정복하거나 인도와의 교역 진흥을 도모했다고 추측된다. 그런데 아케메네스조의 영역을 계승한 셀레우코스조는 문자기록을 그다지 남기지 않은 이란 문명의 전통에 빠져 있었는지 프톨레마이오스조와는 대조적으로 연구 사료가 될 만한 기록이 거의 남겨져 있지 않다. 다음에 언급할 당시 아라비아에 관한 정보도 실은 로마 학자의 저작에 의한 것이다.

기원전 2세기의 역사가 폴리비우스가 전하는 바에 의하면 셀레우코스조의 안티우코스 3세(재위 기원전 223~기원전 187년)는 동아라비아의 하싸 지방에 있었던 항구 도시 겟라에 이어 대안의 바레인 섬으로 원정을 나갔다. 나중에 언급하겠지만 겟라는 헬레니즘기에는 인도와 메소포타미아를 잇는 해상교역로의, 페르시아만의 최대 중계지면서 아라비아 반도 내 대상로의 중요한 결절점이기도 하였다.

한편 플리니우스의 『박물지』에는 안티우코스 왕에 의해 메세네 총독에 임명되어 있던 누케니우스가 무산담 반도(아라비아 측에서 호르무즈 해협으로 돌출한 반도) 근해에서 페르시아인과의 해전에서 승리하였고 썰물 후에는 기병을 이끌고 다시 승리를 거뒀다고 쓰고 있다. 안티우코스의 어느 시대 사건인지 단서는 없지만 3세의 페르시아만 정책의 일환일 것이라는 해석이 우세하다. 메세네는 페르시아만 끝의, 나중에 칼라케네 왕국령이 된 지역으로 당시는 사트랍이 통치하는 엘류트라해주가 들어서 있었다. 따라서 메세네 총독은 엘류트라해주의 사트랍일 것이다.

한편 프톨레마이오스조는 고대 이집트와 그리스 학문의 전통을 잘 이어받아 수도 알렉산드리아는 헬레니즘 세계의 지적활동의 중심이 되었다. 알렉산드로스 탐험대의 성과뿐 아니라 프톨레마이오스조의 여러 왕들에 의해 파견된 조사대의 보고도 알렉산드리아 도서관 등에 집적된 결과 홍해에서 아덴만에 걸친 해역 연안에 대해서는 지리 정보뿐 아니라 민족지에 관련된 데이터도 전해지고 있다.

이 왕조의 초기 남방정책의 특징은 교역과 함께 코끼리 사냥을 위한 기지 건설이라는 군사상의 목적이 홍해로의 진출에 큰 동기가 되었다는 점이다. 시리아 남부의 영유를 둘러싸고 셀레우코스조와 여러 차례 전투를 한 프톨레마이오스조의 왕들은 인도코끼리로 편제된 셀레우코스조의 부대와 대항하기 위해 동아프리카산 코끼리를 절실히 필요로 하였다.

그러나 아프리카 코끼리 부대의 전투 상황은 기대를

2-1 기원전후의 아라비아. (필자 작성)

완전히 저버린 것으로 제5차 시리아 전쟁에서 패배를 맛
보고 가자를 비롯한 시리아 남부를 잃은 왕들은 코끼리
부대 편제의 의욕을 잃게 되어 코끼리 사냥을 목적으로

한 선단 파견은 잦아들었다. 이집트 입장에서는 가자 항을 잃음으로서 향료길로 운반해 오는 인도나 아라비아 물산을 수입하는 루트가 막혀버린 것은 심각한 문제가 되었다. 이후 프톨레마이오스조의 왕들은 대체 루트의 개척에 힘을 쏟았다. 그 결과 기원전 2세기 이후는 코끼리 사냥보다도 교역을 주목적으로 이집트로부터 많은 배가 남쪽 바다를 향하게 되었다. 그리고 이것이 나중에 아라비아 향료길에 타격을 주어 경제적으로 이 루트에 교역활동을 의존하고 있던 여러 나라들의 쇠퇴를 초래하는 결과가 되었던 것이다.

## 새로운 교역 거점의 성립

셀레우코스조에도 프톨레마이오스조에도 아라비아 반도 내부의 대상 도시나 향료산지에 대해 야심을 갖는 지배자는 나타나지 않았다. 따라서 알렉산드로스 대왕 사후의 오리엔트 세계의 변동이 정치적·군사적인 면에서 아라비아에 그다지 영향을 끼치지 않았다고 할 수 있다.

그러나 헬레니즘기의 아라비아의 지도를 살펴보면 기원전 3세기경 각지에 장거리 교역의 거점이 되는 대상도시나 항구도시가 새롭게 출현하고 있음을 알 수 있을 것이다. 페르시아만의 항구도시 겟라, 남아라비아와 페르시아만을 잇는 반도 횡단 루트의 중계지인 카르야, 오만만과 페르시아만을 잇는 무산담 반도를 넘는 루트의 중계지 무레이하, 즈파르 지방의 향료의 출하항인 모스카, 사막의 대상도시 페트라 등이 그것이다. 각각이 처한 지리적 환경이나 맡은 역할은 달라도 오리엔트의 신질서가 나름대로 안정되고 경제의 활성화가 발전의 계기가 된 점은 공통되어 있다. 이하 이들 교역 거점의 입지나 기능에 대해 순차적으로 살펴보겠다.

## 겟라

겟라는 아라비아 반도 동부의 하싸 지방에서 페르시아 만의 교역 센터가 된 항구도시이다. 항구도시이지만 스트라본에 의하면 바다에서 약 36킬로미터나 떨어져 있었다. 항구도시가 바다에 면한 외항과는 달리 거주에 적합한 내륙에 있는 경우는 드물지 않다. 단 카티프, 호흐프, 사지 등에 후보가 될 몇 개의 유적이 있어 조사가 진행 중이지만 소재지를 특정할 만한 증거는 아직 발견되지 않고 있다.

스트라본은 겟라의 주민이 바빌론에서 망명해온 칼데아인으로 기록하고 있다. 그러나 이 시기의 비문(대부분은 묘지[墓誌])이 북아라비아어의 일종인 하싸어로 기록되어 있는 것을 보면 겟라 시민의 중심은 아랍계로 판단해도 좋을 듯하다. 흥미로운 것은 같은 북아라비아어에 속하는 데단어나 리프얀어를 표기한 북아라비아 문자뿐 아니라 남아라비아 문자가 사용되고 있는 점이다. 기원전 2세기의 이집트 학자 아가달키데스는 아마 기원전 3세기의 사료에 기초하여 겟라와 마인의 상인이 유향을 비롯한 향료를 페트라로 가져갔다고 기록하고 있다. 앞장에서 썼듯이 마인인이 카르야에 거주지를 둔 것은 그들이 페르시아만 연안의 교역지를 빈번하게 드나들고 있었음을 의미한다. 그리고 겟라와 마인의 상인이 페트라와 거래를 하고 있던 것으로 보아 겟라가 페르시아만과 한편으로는 지중해를 다른 한편으로는 남아라비아를 잇는 대상로의 결절점이었음을 알 수 있다.

이 시기에 아라비아 동부에서 주조 발행된 것으로 보이는 화폐에 할리사트, 아브야사 아비엘이라는 인명이 새겨져 있고 그중에서도 남아라비아 문자로 쓰여진 '하갈의 왕 할리사트'라는 새김자가 이목을 끈다. 하갈 왕국이 어디에 있었는지, 다른 여러 문제들처럼 주장은 분분하지만 겟라가 그 중심이었다고 생각하는 사람들은 적지 않다. 그리스어인 겟라라는 지명 자체가 하갈의 아람어 형인 하가라가 어원이라는 설까지 있다.

**카락스 스파시누**

겟라를 거론한 이상 여기서 카락스 스파시누('휴스파오 시네스의 책루'의 의미)를 언급하지 않을 수 없겠다. 아라비아가 아닌 페르시아만 끝의 메세네 지방의 항구 도시이지만 파하렌이나 오만, 나중에는 팔미라와 깊은 관계를 맺었다.

이 지역의 기원은 알렉산드로스 대왕이 이곳에 세운 알렉산드리아이다. 그것이 먼저 홍수로 파괴된 뒤 안티우코스 4세(재위 기원전 175~기원전 164년)가 재건하여 안티오키아로 명명하였다. 이어서 엘류트라해주의 사트랍으로 임명된 아랍인 휴스파오시네스가 대규모 제방을 쌓아 개수한 결과 이후 이곳은 그의 이름을 따서 불리게 되었던 것이다. 이 시기(기원전 2세기 후반)는 셀레우코스조가 약체화하는 한편 이를 대신할 만한 파르티아의 영향력도 아직 불안정한 상태였다. 그 같은 정세를 틈타 휴스파오시네스는 자립하여 이 도시를 수도로 하는 칼라케네 왕국을 성립하였고 파하렌 섬까지 세력이 미칠 정도였다.

그 후 정치적으로는 파르티아의 종주권하에서 반 독립적 지위을 감수해야 할 처지가 되었지만 경제적으로는 페르시아만을 잇는 교역의 중심으로 크게 번성하였다. 그런데 2세기 초에 트라야누스 황제가 메소포타미아로 원정했을 때 칼라케네 왕은 이에 공납을 바치고 신종하였다. 그 때문에 로마군이 물러난 후 이 왕국은 파르티아의 지배하에 들어갔고 파르티아 왕 일족이 왕위에 앉았다. 같은 세기의 제2사분기는 멜레다트라는 왕이 재위하였는데 바슬라 부근에서 다수 수집된 그의 이름을 새긴 화폐 중에 왕호가 '오만인의 왕'으로 되어 있는 것이 있어 주목을 끈다. 이 왕의 지배가 페르시아만 남부까지 이루어졌음을 엿볼 수 있기 때문이다.

그것을 방증하는 것이 서력 환산으로 131년 기년의 어느 팔미라 비문이다. 이는 팔미라·카락스 사이의 대상 교역에서 크게 활약한 얄하이라는 팔미라인을 현창한 비문으로 거기에 이 인물이 스파시누 카락스의 왕 멜레다트를 위해 파라헨 섬의 사트랍으로 근무했다고 기록되어 있다. 즉 이 전후 시기에 칼라케네 왕은 페르시아만 입구에서 바레인을 거쳐 호르무즈 해협 근처까지 페르시아만의 아라비아 반도 연안부를 넓게 지배하고 있었던 것이리라. 뒤에서 언급할 무산담 반도의 두르 유적에서 1세기에서 2세기 초에 걸쳐 칼라케네의 왕명을 새긴 화폐가 5점 수집되어 있는 것도 칼라케네 왕국과 오만과의 깊은 관계를 보여주고 있다.

**카르야**

남아라비아와 페르시아만 연안을 잇는 대상로는 나줄란의 북쪽에서 시리아르트에서 분기한 뒤 반도 중앙부를 활모양으로 달리는 트와이크 산지와 루브 알하리 사막의 접선상에 점재하는 오아시스를 지나 북으로 향하고 있었다. 그 루트 상의 카르얏 알파우의 유적을 리야드 대학이 중심이 되어 1972년부터 30년 정도 발굴 조사한 결과 이곳이 남아라비아 비문에 나오는 카르야·자트·카후르(카후르 마을)로 불리고 있는 대상도시의 유적임을 판명하였다. 카후르는 이 마을 주민이 숭배하던 신의 이름이다.

발굴을 지휘한 안사리는 이곳에 역참마을의 기초를 세운 것은 겟라에서 온 부족이라고 추측하였다. 그러나 기원전 3세기 중엽 이후 마인에서 온 상인들이 다수 거주하게 된 결과 이 역참은 대상도시로 발전하게 되었다. 시내에는 그들의 주신 왓드의 신전이 세워져 왓드를 비롯하여 마인인들이 숭배하는 신들에 대한 봉납이 행해졌다. 봉헌 비문이나 향로 등이 다수 출토되었고 이 도시를 경유하여 북으로 가던 마인 상인들이 페르시아만 연안의 교역지에 그치지 않고 더 나아가 티그리스 강변의 셀레우키아까지 도달해 있었음을 기록한 청동문서는 특히 귀중하다.

봉납비문과 함께 사료로 중요한 것이 이 땅에서 사망하여 매장된 사람들의 묘비이다. 그 묘비로부터 이 도시를 중계기지로 활동한 멀리서 온 상인들은 마인인뿐 아니라 데단의 리프얀 왕국에서도 다수의 상인들이 내방하고 있었음을 알 수 있다. 그리고 기원전 1세기가 되면 나바테아어의 묘비가 나타난다. 나바테아어 비문은 남아라비아 유적에서도 출토되어 셋나 마인의 상인이 나바테아 왕국의 수도 페트라를 방문하는 한편 나바테아 상인도 아라비아 반도의 내륙까지 진출해 있었음을 보여주고 있다.

이 대상도시는 4세기 초 무렵까지 존속하지만 기원전 1세기 말경을 경계로 주민 구성이나 이곳을 방문하는 상인의 면면에 큰 변화가 있었던 듯하다. 그러나 이것은 이 도시에 한정된 문제가 아니라 아라비아반도 전체에 일어난 변동의 일환을 이루고 있는 것으로 보이므로 뒤에서 다시 언급하기로 하겠다.

2-2 마인 상인이 셀레우키아까지 당도해 있었음을 증명하는 카르야 출토의 동판비문. (al-Ghabban et al, *Routes d'Arabie*, 325쪽)

## 무레이하

무산담 반도를 남북으로 달리는 산맥의 서쪽 산록과 사막 사이에 위치한 무레이하는 내륙에 있으면서 실은 인도와 메소포타미아를 잇는 해상교통로의 중계지로 발전하였다. 이는 풍력에 의지하는 배로 조류, 풍향에 해안선까지 복잡한 호르무즈 해협을 빠져 나가는 것보다 무산담 반도의 적당한 만으로 들어가 상륙한 뒤 산간의 고갯길을 넘어 반도의 반대 측 해안으로 나온 다음 다시 배를 타고 목적지로 향하는 것이 더 쉽다고 생각하여 이들 루트를 선택하는 사람들이 적지 않았기 때문이다. 무산담 반도에는 오만만과 페르시아만으로 산을 넘어 각기 면해 있는 동서 해안을 잇는 루트가 여러 개 존재하였다. 배에서 내린 짐을 반대 측 항구까지 옮기는 데는 낙타뿐 아니라 당나귀나 노새도 충분히 이용할 수 있는 자연조건을 갖춘 땅이다. 각 루트가 어느 시대에 자주 사용되었는지는 항구나 중계지 유적에서 출토되는 유물의 연대로 알 수 있다.

무레이하 유적에서는 지중해 세계로부터의 수입품을 포함하여 헬레니즘기에서 로마기에 이르는 유물이 다수 출토되고 있어, 유적 전체의 연대는 기원전 3세기 말에서 기원후 3세기 중엽 정도로 보고 있다. 페르시아만 연안 유적 중에는 현재까지 동시기의 유물이 출토된 것은 움 알카이와인 수장국인 두르뿐으로 『엘류트라해 안내기』 등의 사료에서 언급되고 있는 교역지의 오마나를 이곳으로 비정하는 설이 유력하다. 아마도 무레이하를 경유하여 동안의 항구와 서안의 두르를 잇는 루트가 존재했을 것이다.

또한 무레이하 유적에서는 앞서 언급한 아비엘이라는 이름이 쓰여진 화폐의 주형이 출토되었다. 즉 그의 화폐는 이곳에서 주조되었던 것이 된다. 그 결과 이 인물은 아라비아 북동부에 있었다고 추측되는 하갈 왕국의 지배자가 아닌 기원전 2세기에 무레이하를 중심으로 반도 남동부를 지배하고 있던 왕이었을 가능성이 커졌다. 이 유적의 지난날의 명칭은 알 수 없으나 프톨레마이오스가 저서인 『지리학』에 나오는 오만 내륙부에 있는 '라우아나 왕도'를 이곳으로 비정하는 설도 있다.

## 모스카

아덴만에 면한 즈파르 지방의 코르로리 유적은 전장 4
백 미터의 주벽 사이에 신전, 창고, 공방, 주거 등이 배치
되어 요새라기보다 소규모 항구도시의 모습을 보인다.
현재는 오만 영토이지만 고대에는 하드라마우트 왕국 영
토로 비문에는 스므흐람으로 부르고 있다. 『엘류트라해
안내기』에 나오는 모스카 항은 이곳으로 비정된다.

발굴조사의 결과에 의하면 창건은 기원전 3세기로 거
슬러 올라간다. 이 시기의 헬레니즘 왕국들을 중심으로
이 지방 특산인 유향에 대한 수요가 높아짐에 따라 그 유
향의 집하지이자 출하항으로서 건설되었을 것이다. 기
원전후에 일시적으로 쇠퇴한 듯했으나 그 후 바로 하드
라마우트 왕인 일리앗즈 얄트가 수도 샤브와로부터 이민
을 보내 재건하였다. 성문을 들어가 바로 있는 벽면에 그
사업을 기념한 각문을 볼 수 있다.

『엘류트라해 안내기』에 의하면 당시의 유향거래는 왕
국의 지정 교역항인 카네에서 이루어지는 것이 약속이었
으므로 모스카에 모여진 향료는 그곳까지 운송되었다.
단 인도 상선만은 모스카에서의 거래도 허락되었다고 한
다. 그러나 카네 항이 정비된 것은 1세기이므로 그 이전

에는 인도 배 외에도 모스카에서 유향을 사들이는 것이
일반적이었음이 틀림없다.


**나바테아 왕국**

　지금까지 기술한 것을 통해 이 시기 페르시아만 방면
의 교역거점을 중심으로 복수의 아랍 소왕국이 탄생한
모습을 알 수 있었다. 그러나 흥망의 경위나 상세한 국내
사정은 사료가 충분치 않아 자세하게는 알지 못한다. 그
에 비해 지금부터 언급할 나바테아 왕국은 주변국의 문
헌에서 종종 언급될 뿐 아니라 자신의 유적, 비문, 화폐
등을 풍부하게 남기고 있어 꽤 상세하게 그 역사를 구성
할 수 있다.

　나바테아인 중 최초로 언급된 사람은 헬레니즘 시대
초기의 역사가 칼디아(현재 튀르키예령인 겔리보르 반도에 있었
던 그리스인 폴리스)의 히에로뉴모스이다. 이 인물은 알렉산
드로스 대왕의 후계자 지위를 둘러싼 이른바 디아드코이
전쟁의 동시대사를 서술한 것으로 알려져 있는데 흩어졌
던 원저의 일부가 기원전 1세기 시칠리아의 디오드로스

의 저서에 인용되어 전해지고 있다. 그에 따르면 디아드코이의 한 사람이었던 안티고노스 1세가 기원전 312년에 나바테아인을 토벌하려다 실패에 그쳤다고 한다. 이 사건과 관련하여 히에로뉴모스가 기록한 것이 그들의 초기 역사의 중요한 사료가 되고 있다.

그들은 낙타와 양의 유목을 생업으로 삼는 한편 남아라비아에서 운반되어 오는 유향, 몰약을 비롯한 상품을 받아 이를 지중해 연인 항구로 중계하는 교역이나 사해에서 채취되는 천연 아스팔트(비추멘)의 수출로 소득을 얻고 있었다. 천막생활을 하는 비정주민이었을 때는 다른 베두인처럼 종종 주변의 제국군의 공격을 받기도 했으나 앗시리아, 메디아, 페르시아, 마케도니아 모두 그들을 정복하는 데 실패하였다. 왜냐하면 탁월한 저수기술을 가진 그들은 사막의 요소요소의 지하에 빗물을 모은 비밀의 동굴을 갖고 있었던 덕에 공격을 받아도 바로 사막 깊숙이 도주할 수 있었지만 공격하는 측은 음료수 부족으로 더 쫓아갈 수 없었다고 한다. 현재는 이스라엘령의 네케브 사막에서 실제로 그같이 정교하게 만들어진 지하저수조의 흔적이 몇 개나 발견되고 있다. 그들의 원주지에 대해서는 남아라비아, 북아라비아, 북동아라비아 등 여러 설이 있지만 통설이 될 만한 유력한 것은 없다. 단 나바테아의 인명이나 신 이름의 분포는 지역차가 보이기 때문에 이 부족이 원주지에서 각각 지역으로 이동·정착한 뒤 상당한 시간이 지났을 것으로 생각된다. 또한 다른 아랍 부족들에 비해 계보의식이 희박한 것도 그들의 특징으로 부족 조직의 해체가 상당히 진전되고 있었다는 증거로 보기도 한다. 즉 역사의 무대에 등장할 무렵엔 이미 상당히 긴 역사를 가진 집단이었음을 추측할 수 있는 셈이다.

**페트라**

사해와 아카베만 중간에 위치하며 바위산으로 둘러싸여 패인 지형에 그들이 페트라('바위'의 의미)로 불리는 거점을 세운 것이 기원전 3세기, 그 후 아라비아 유수의 대상도시로 발전하였고 더 나아가 이곳을 수도로 하는 나바테아 왕국이 성립하였다. 왕국 성립의 정확한 연대는 알 수 없지만 기록에 나오는 최초의 왕은 『구약성경』의 '마가서 2' 제5장 제8절의 기원전 169년경 기사에 아라비아의 독재왕으로 이름이 올려져 있는 알레타로 이는 가장 오래된 형태의 나바테아 문자로 기록된 비문에 등장하는 나바테아 왕 할레타르트(일반적으로 그리스어 이름 알레타스 1세로 적용)로 비정된다.

나바테아 문자를 언급하였기 때문에 여기서 이 전후 시대의 북아랍 제 부족의 문어체에 대해 살펴보겠다. 아랍의 일파인 나바테아인의 모어는 아라비아어의 일종이었으나 문어체로서는 당시 오리엔트의 공통어였던 아람어의 한 방언을 사용하고 이를 아람 문자의 계보를 잇는 문자로 표기하였다. 그 언어와 문자를 우리들은 편의적으로 나바테아어, 나바테아 문자로 부르고 있다. 후술할 팔미라인도 마찬가지로 그들 자신은 아랍이었지만 문어체와 문자는 아람계의 것을 사용하고 그것이 모어가 아님에도 불구하고 '팔미라'라는 이름으로 불리고 있다.

기원전 120년경에 즉위한 알레타스 2세 이후는 기원후 106년에 로마제국에 병합되어 왕국이 소멸하기까지 10명의 왕 이름과 재위 연대가 밝혀져 있다. 기원전 1세기가 이 왕국의 최전성기로 알레타스 3세(재위 기원전 87~기원전 62년) 치세에 시작된 은화 주조는 왕국이 멸망할 때까지 계속되었다.

2-3 페트라의 나바테아 왕묘. (필자 촬영)

이 무렵 왕국의 영역은 북으로는 포슬라(포스트라)를 중심으로 한 하울란 지방에서 남으로는 데단 근처의 헤글라(현재의 마다인 살레)까지, 동으로는 와디 시르한에서 서로는 시나이 반도 전역까지 넓혀져 있었다. 현재 페트라나 마다인 살레에서 볼 수 있는 암굴묘나 신전이 왕성하게 건조된 것도 기원전 1세기에서 다음 세기에 걸쳐서였다.

무정부상태에 가까운 혼란에 빠진 시리아에 기원전 64년 폼페이우스가 이끄는 로마군이 진주하여 셀레우코스 조는 멸망하고 시리아는 로마의 속주가 되었다. 유대도 일단은 시리아주 총독 관할하에 놓여졌지만 새로운 지배자를 교묘하게 포섭한 이두메아(에돔)인 헤롯이 기원전 37년에 로마의 원로원으로부터 '유대의 왕'으로 임명되면서 로마에 신속(臣屬)하는 헤롯의 지배가 시작되었다.

나바테아 왕국의 정치적 입장도 비슷한 것이었다. 기원전 1세기 후반 이후는 로마의 속국적인 지위를 감수하며 호경기로 흥청이는 지중해 세계와 남방을 잇는 중계교역으로 큰 이익을 얻기 시작하였다. 그런데 이 나바테아를 시험에 들게 한 사건이 일어났다. 등극한 지 얼마 되지 않은 아우구스투스 황제가 남아라비아 향료 산지의 정복을 기도하며 이 계획에 나바테아를 끌어들인 것이다.

## 2 기원전 천 년기 말의 변동

### 로마군의 남아라비아 원정

프톨레마이오스조를 멸망시킨 아우구스투스는 속령이 된 이집트의 총독으로 임명한 아엘리우스 갈루스에게 남아라비아 원정을 명령하였다. 이 원정의 전말에 대해서는 갈루스의 친구였던 스트라본이 자세하게 전하고 있어 여기서는 개요를 설명하겠다. 원정은 기원전 25~24년에 이루어졌다.

아라비아 지리에 익숙치 않은 로마군에 나바테아 왕국이 협력하게 되었다. 당시의 왕은 오보타스 3세로 길안내는 행정장관인 슈라이오스가 맡았다. 원정군은 총 만 명으로 여기에는 동맹군으로 유대에서 5백 명, 나바테아에서 천 명의 병사가 합류하였다.

이집트에서 아라비아 쪽으로 부대를 이동시키기 위해 갈루스는 수에즈 근처의 클레오파트리스 시에 다수의 배를 건조시켰다. 그리고 배 조종의 실수 등으로 많은 배와 병사들을 잃는 고난 끝에 드디어 15일 만에 레우케 코메에 상륙하였다. 그곳은 나바테아 영내의 큰 교역지로 수도인 페트라 사이를 낙타 대상들이 왕복하고 있었다. 그곳에서 로마군은 남쪽으로 이동했으나 슈라이오스에 속아 어려움에 봉착하여 남아라비아 땅에 도달하는 데 6개월이나 걸렸다. 거기서 몇 개의 도시는 쉽게 함락시키고 향료 산지에서 이틀 거리의 마르시아바 시까지 나아가 이를 6일에 걸쳐 포위공격 하였으나 물 부족으로 철수하지 않을 수 없었다.

속임에 빠진 것을 눈치챈 갈루스는 오는 길은 다른 길을 택하여 나바테아 영내의 바다에 면한 에그라 마을까지 60일 걸려 도착하였다. 로마군은 그곳에서 바다를 건너 건너편에 있는 미오스 호르모스에 상륙하여 육로로 코프토스까지 간 뒤 나일강을 따라 내려가 드디어 알렉산드리아로 생환하였다. 결국 이 원정은 목적을 달성하지 못한 채 실패로 끝났던 것이다.

마르시아바에 대해서는 사바 왕국의 수도 마리브로 비정하는 설이 유력하다. 그러나 마리브에서 향료 산지까지는 거리가 멀고 근처에 큰 댐이 있음을 생각하면 로마군이 물부족을 겪었다는 것도 이해되지 않는다. 로마군은 자우프 지방에서 사바로 가는 산자락 길로 가지 않고 하드라마우트로 직행하는 사막을 넘는 지름길을 택했을지 모른다.

이 원정은 남아라비아에 어떠한 타격을 주었을까. 실은 기원전 2세기부터 기원후 1세기에 걸친 남아라비아 왕국들의 역사는 혼돈에 싸여 있어 로마군의 침공의 영향도 가늠하기 힘든 것이 사실이다. 단 하나 연구자들이 모두 인정하고 있는 것은 로마군이 틀림없이 자우프 지방에 침입했음에도 불구하고 공격을 받은 세력 가운데 마인이나 카르나우의 이름이 보이지 않아 필시 이 왕국은 이미 멸망해 있었을 것이라는 점이다.

## 사이하드 문명의 종언

마인의 멸망연대에 대해서는 기원전 2세기 후반설이 유력하지만 1세기 정도 뒤로 보는 설도 있다. 여하튼 로마 원정대가 자우프를 공격했을 때는 이미 존재하고 있지 않았다. 다른 여러 도시들은 아직 존속하고 있었던 듯하나 얼마 안 가 모습을 감추었고 그 일대는 사막화하여 베두인의 활동영역이 되어 현재에 이르고 있다.

자우프는 예멘 정부의 통치력이 미치기 힘든 부족의 지배영역이어서 일부 유적을 빼고 조사는 그다지 진척되고 있지 않은 것이 실상이다. 따라서 카르나우를 비롯한 자우프의 여러 도시가 멸망한 연대에 대해서도 그들의 언어로 기록된 비문이 모습을 감추는 연대나 주변국 비문에서 그들에 대한 언급이 보이지 않게 된 연대를 기초로 추정하는 데 지나지 않는다. 사바 왕국에 대해서도 마찬가지여서 로마군이 포위공격한 곳이 과연 마리브였는가를 포함하여 기원전 천 년기 말의 정황은 잘 알려져 있지 않다. 아마 마리브를 중심으로 하는 내륙 오아시스 지대를 지배하는 부족의 세력이 약해진 결과이겠지만 정치적으로 큰 두 가지 변화가 일어난 것만은 확실하다.

우선 1세기 전반 무렵에 남부 고지대에 새롭게 발흥한 힘야르이라는 세력과 사바의 연합왕국이 결성되어 그것이 수십 년 동안 이어졌다. 『엘류트라해 안내기』가 저술된 것이 바로 이 시기로 호메리타이와 사바이오이라는 두 종족을 합법적인 왕 칼리바엘이 통치하고 사절이나 선물을 보내 로마 황제와도 친했다고 기록하고 있다.

두 번째로 힘야르와의 연합왕국이 1세기 말에 파탄난 뒤의 사바 왕위에는 종래의 지배 씨족 출신자가 아닌 서부 고지대에 세력을 지닌 부족의 수장이 즉위하였다. 마리브의 수도로서의 권위는 유지되었으나 사바 왕국의 중

2-4 아우산 왕 야스드퀴르의 설화석고로 제작된 조각상.
(*Yemen au pays de la reine de Saba'*, Paris, 1997, 201쪽)

심은 내륙 오아시스 지대에서 현재의 예멘의 수도 사누
아를 중심으로 한 서부 고지대로 이동하였다.

카타반 왕국의 지배영역에도 큰 변화가 일어나고 있었
다. 예전에 사바 왕 칼리빌 와타르의 공격을 받아 멸망
한 아우산 왕국이 일시적으로 부활한 징조가 보인다. 부
활의 경위나 왕국의 확대 등은 전혀 모르지만 적어도 3

대에 걸친 아우산 왕의 설화석고로 만든 조각상이 전해
지고 있어 왕명을 기록한 대좌의 문자체로 보아 서력 기
원전후의 것으로 추정하고 있다. 특히 3대 야스드쿼르의
그리스풍 의상이 주목을 끈다. 키트네스로 불리는 하의
위에 히마티온으로 불리는 장방형의 옷감을 부드럽게 걸
친 모습으로 파르티아 등에서도 보이는 그리스 문화 애
호 풍조가 남아라비아까지 퍼져 있었음을 보여주는 좋은
예이다.

아우산 왕국의 명맥은 얼마 안 가 끊어졌지만 카타반
령 안에서도 홍해와 아덴만에 면한 서남부의 고지대에서
발흥한 힘야르는 기원후의 남아라비아를 리드하는 세력
으로 성장하였다. 문헌 가운데 처음으로 이 세력을 언급
한 것은 플리니우스로 갈루스의 남아라비아 원정과 관련
하여 이 지방을 소개하면서 호메리타에족은 인구가 가장
많은 종족이라고 쓰고 있다. 현지 비문 중 기원전후의 것
으로 추정되는 하드라마우트 비문 가운데 해안에서부터
북상하여 하드라마우트령 서부로 진공하는 힘야르군에
대비하여 진로에 있는 와디에 방벽을 구축하였다는 기록
이 이 세력에 대한 최초의 언급 사례이다.

이들 기사에 더하여 힘야르가 자신의 기원을 언제로

잡는지를 보여주는 것이 일반적으로 힘야르 기원으로 불리는 기년법(달력)이다. 그때까지 남아라비아에서는 역법 중 명조(名祖)에 의한 방법('누구누구의 몇 년째' 같은 형태로 달력을 표시하는 방법. 사바 왕국에서는 유력 세 씨족의 대표가 7년 임기의 교대제로 명조를 맡았다. 단 그들의 본래 직무는 불명)을 쓰고 있었는데 힘야르는 서력이나 이슬람력과 같이 역사상의 중대 사건이 일어난 해를 기준으로 연대를 표기하는 방법을 쓰고 있었다. 힘야르력 원년(기원)에 대해서는 다년간의 논쟁을 거쳐 현재로는 기원전 110년으로 결정을 보았다. 또한 이 기원의 유래에 대해서는 힘야르 국가의 성립 년도로 보는 것이 통설이다.

기원전 2세기까지는 비문에도 고전사료에도 언급된 예가 전혀 없음에도 불구하고 기원전 1세기에 처음으로 등장했을 때는 이미 전통적 왕국들과 비견되는 존재였던 힘야르가 어떠한 세력인지에 대해서는 다음 절에서 다시 거론하겠다. 영내의 여러 부족이 차례차례로 이반해도 이를 저지할 수 없었던 카타반 세력은 일거에 쇠퇴하였다. 특히 해항으로 통하는 고지대를 잃고 내륙의 소국이 되어버린 것은 큰 타격이었다. 그 후에도 잠시 동안은 독립을 유지했던 듯하나 서서히 옆나라 하드라마우트의 영향력이 커지면서 2세기에는 결국 병합되면서 끝이 났다.

사바의 수도 마리브와 하드라마우트의 수도 샤브와는 이후에도 여전히 수세기 동안 살아남았으나 지금은 대부분이 사막에 파묻힌 폐허가 되어 있다.

이처럼 기원전 2세기 후반경부터 사이하드 문명으로 불리는 남아라비아의 고대문명을 주도해온 내륙 오아시스 지대는 쇠퇴하고 기원후 1세기 이후는 정치 경제 문화의 중심이 남서부의 고지대로 옮겨갔다. 그리고 그 형세는 지금까지 변함이 없다. 현재 예멘의 중심은 도시나 경지가 입지하는 고원지대와 항구가 점재하는 해안부로, 이전에 번영했던 내륙의 대부분은 인구가 희박한 사막이 되어 있다. 즉 남아라비아에 한정해 보면 기원전 천 년기 말에 일어난 변동이 이 지역의 역사를 양분하는 획기적인 것이었다고 할 수 있다. 그렇다면 무엇이 이 같은 대변동을 일으켰던 것일까. 교역 루트의 변화와 아랍 베드인의 공세가 주된 요인으로 생각된다.

## 그리스 상인의 인도양 진출에 의한 교역 루트의 변화

인도양 세계와 오리엔트 지중해 세계를 잇는 교역 루트에는 향료길로 불리는 육상 대상로 외에 홍해와 페르시아만을 경유하는 두 개의 해상 루트가 있었고, 이 세 개의 루트는 역사적으로 서로 경합 관계에 있었다.

앞서 본 바와 같이 기원전 2세기 초에 시리아 전쟁에서 패하여 동방 물산의 집산지였던 시리아로부터 최종적으로 쫓겨난 프톨레마이오스조는 이후 홍해 루트의 개척에 주력하였다. 그 결과 그리스계의 이집트 상인들은 아라비아의 남안이나 소말리아 해안의 항구에서 아라비아나 아프리카, 나아가 인도에서 운반되어온 상품을 구입할 수 있게 되었다. 아마 동남아시아나 중국의 물산도 운송되어왔을 것이다.

더 나아가 그들은 계절풍을 이용하여 인도양을 횡단 항해하는 방법을 터득하여 중계 상인의 손을 거치지 않고 자신들이 인도로 가서 인도의 산물을 직접 구입하기에 이르렀다. 이처럼 남해의 물산이 홍해와 이집트 경유로 이전보다 훨씬 싼 가격에 지중해 세계로 유입되자 당연히 그때까지 중계교역으로 이익을 얻던 대상 상인이나 경제적으로 이 교역에 의존하고 있던 아라비아의 오아시스 도시들은 큰 타격을 입게 되었다. 그와 대조적으로 홍해나 아덴만에 면한 항구를 지배하는 고원부의 도시들의 중요성이 커졌음이 틀림없다. 로마 제정기에 들어 인도양 교역의 규모가 폭발적으로 확대되자 상거래나 보급을 위해 남아라비아 항구들에 입항하는 상선수가 늘었을 뿐 아니라 아랍 상인들의 직접 해상활동도 이전보다 활발해졌다.

참고로 여기서 아랍선 승조원이나 상인들의 인도양에서의 활동에 대해 언급해보겠다. 예부터 활발했을 것으로 추측되지만 실은 확실한 사료가 별로 없어 가설의 대부분은 억측에 지나지 않는다. 아랍 이란계의 다우선(야자 섬유로 선체를 봉합한 점에 특징이 있는 인도양의 범선)은 2천 년 이상 전부터 큰 삼각돛을 올려 인도양을 항행하고 있었다는 설이 유력한데 사료적 근거는 거의 없는 것과 마찬가지이다. 근현대 다우선의 모습을 과거에 투영한 환상이라 해도 과언이 아니다. 남겨진 사료를 보는 한 대항해시대 이전 인도양에는 삼각돛을 펼친 배는 존재하지 않고 아랍 이란계 다우선이라 해도 인도계나 인도네시아계의 배와 같이 사각돛을 사용하고 있었을 가능성이 훨씬 크다(자세한 것은 시토미 유조『엘류트라해 안내기 2』227~248쪽 참조).

이미 몇 번이나 언급한 『엘류트라해 안내기』는 사료적 가치도 높은 아랍 해상활동에 관한 기록이다. 제16절에 서는 아프리카 동안의 라프타라는 교역지를 들어 "이곳 은 예로부터의 약속으로 아라비아에서 최초로 생긴 왕 국에 복속해 있고 마바리티스의 수장이 관할하고 있다. 그러나 무자 사람들이 공납하는 대신 왕으로부터 이곳 (과의 통상권)을 획득하여 그곳으로 배를 보낸다"라고 쓰여 있다. 라프타의 정확한 위치는 모르지만 탄자니아의 바 가모요, 다르에스살람이나 루피지강 하구 부근이 유력 한 후보이다. 마바리티스는 현재도 마아필로 불리는 예 멘의 최남서부 지방, 무자는 홍해 남안의 모카 부근으로 비정할 수 있다. 요컨대 기원전 오래된 시대부터 남아라 비아 왕국들이 현재의 스와힐리 해안의 항구에 지배권 을 갖고 있었고 아랍 상인들이 상거래를 주도하고 있었 던 것이다. 이 사료에는 또 남아라비아 상선이 인도 북서 부의 칸바트만의 교역지를 빈번히 방문하고 있었던 것이 기록되어 있다.

이야기를 아라비아 정치 상황으로 돌려보면 데단을 중 심으로 번성한 리프얀 왕국도 아마 마인과 전후하여 멸 망했는지 사료에서 모습을 감추고 있다. 이것만을 보면 향료길 교역의 쇠퇴가 방아쇠가 되었다고 생각되기도 하나 한편으로 나바테아 왕국이 기원전 1세기에 최성기를 맞이하고 있는 것을 보면 꼭 그렇다고 단언하기 힘들다. 긴 안목으로 보면 교역 루트의 변화가 대상 교역에 의존하고 있던 세력에 큰 타격이 되었음은 확신하나 그것만으로는 기원전 2세기 후반이라는 이른 시기에 마인 등의 오아시스가 멸망한 이유를 설명할 수 없는 것이다.

## 아랍 베두인의 공세

실은 기원전 2세기 후반에 아라비아의 남북에서 유목민의 활동이 활발해지고 있었다. 남아라비아의 자우프 지방에서는 이전 칼리빌 와타르의 공격을 당했던 아밀족을 비롯한 북아랍계 유목족들이 침입하여 이후 할람을 중심으로 출토되는 비문의 언어에 아라비아어적인 색채가 농후해졌다. 단 그들은 아랍으로 불리고 있지 않기 때문에 이전부터 사이하드 사막에서 유목하던 베두인이었을 것으로 생각된다. 오아시스 국가가 약체화되면서 주변 사막의 세력이 침입해왔든가 아니면 유목민의 침공에 맞서지 못해 도시가 쇠망했는지 인과관계의 판단이 쉽지 않다.

남아라비아 비문에 아랍으로 불리는 집단이 나타난 것은 기원후 1세기가 되어서이다. 아마 북방에서 이동해온 다른 계통의 베두인으로 아랍이라는 호칭도 그들과 함께 남아라비아로 들어왔다고 추측되고 있다. 기원전 2세기 후반에 아밀족 등의 자우프 침공이 현저해진 것은 남하하는 그들에 눌린 도미노 현상일지도 모른다. 당초 그들은 한편으로는 도적으로 다른 한편으로는 용병으로 비문 가운데 언급되고 있다.

북방으로 눈을 돌리면 메소포타미아의 「바빌론 천문 일지」라는 사료에는 기원전 130년~기원전 106년 사이에 종종 아랍에 대한 언급이 있어 그들의 활동이 바빌로니아 일대에서 맹렬하여 바빌론도 약탈당했음을 알 수 있다. 제국의 상비군도 이들을 막아낼 수 없는 정황이었다. 앗시리아의 기록에 처음으로 등장한 이래 바로 제국 군대의 토벌 대상이었던 베두인의 전투 능력이 이처럼 향상된 원인은 무엇일까?

낙타의 가축사 전문가는 안장의 개량을 지적한다. '서문'에서도 썼듯이 단봉낙타는 체구가 큰 데다 등의 혹 때

2-5 샤다드 안장.
(Bulliet, *The Camel and the Wheel*, 88쪽)

문에 사람이 걸터앉기 힘들다. 유목이나 대상 여행 도중
에 걷기에 지쳤을 때 타는 정도라면 모를까 기수가 낙타
를 타고 전투능력을 충분히 발휘하기 위해서는 혹 위에
서도 신체가 흔들리지 않는 안장이 필요하였다. 기마병
이나 보병에 대한 낙타 전사의 우위성은 무엇보다도 그
높이에 있다. 적진에 돌입하여 높은 위치에서 긴 창을 휘
두르거나 큰 칼을 내리치기 위해서는 낙타 안장의 개량
이 필수적이었다. 그 요구에 부응하는 안장이 이 무렵 시
리아 사막에서 등장했다고 한다. 샤다드라 불리는 이 안
장은 하부가 낙타의 혹을 전후좌우로 맞추게 되어 있고
상부는 기수의 자세를 안정시키는 전륜과 후륜을 갖추고
있었다.

다음으로 주목할 만한 것은 말의 도입이다. 아라비아 북부에서는 시리아나 메소포타미아 방면에서도 유목민들은 종종 정주민의 군대와 싸워서, 전력으로서의 말의 중요성은 일찍부터 알고 있었을 터이다. 낙타를 타고 아랍 베두인이 앗시리아 기마병의 공격을 받는 장면을 새긴 부조(13쪽 참조)는 우리들에게도 친숙하다. 그럼에도 불구하고 기원전 천 년기 말 무렵이 될 때까지 그들 자신은 말을 사용하지 않았다. 아니 사용할 수가 없었다. 그런 그들이 드디어 이 시기에 말을 도입하기에 이른 계기는 무엇일까. 아라비아 고대사를 이해하는 열쇠가 될 중요한 문제이지만 지금까지 답을 찾지 못하고 있다.

**아라비아의 말 도입**

스트라본은 기원전 3세기의 엘라투스테네스를 인용하여 아라비아에는 말, 노새, 돼지가 없다고 말하고 있다. 그렇다면 그가 살았던 시대는 어떠했는가 하면 남아라비아로 원정 간 갈루스가 가져온 정보 가운데 그곳에 말이나 기병이 있었음을 보여주는 기사는 없다. 또한 나바테아족의 가축에 대해서는 대체로 페트라에 거주한 적이 있는 지인 아테노드로스의 이야기에 기초하여 "양은 털이 희고 소는 크지만 이 지방에는 말은 키우지 않는다. 그리고 낙타가 말 역할을 한다"라고 쓰고 있다. 요컨대 스트라본을 읽는 한 기원전후 시대에는 현재의 요르단에서 예멘에 걸친 지역에서는 말은 아직 가축으로 사역되지 않고 있었다.

그런데 그 약 반세기 후 1세기 후반경에 서술된 『엘류트라해 안내기』에서는 이와 다른 정황을 포착할 수 있다. 힘야르·사바 연합왕국의 교역지 무자와 하드라마우트 왕국의 카네 항의 교역품을 열거하면서 각 왕국의 왕들에 바치는 헌상품으로 말을 언급하고 있는 것이다.

이 두 사료의 기사에서 남서아라비아의 왕국들에는 1세기 중엽경에 드디어 이집트에서 내항한 상인의 손을 거쳐 말이 들어왔음을 엿볼 수 있다. 단 이 단계에서 말은 통상의 교역품과는 구별된 지배자에게 바치는 헌상품으로 기재되어 있어 아직 귀중품이었을 것으로 추측된다.

한편 이 지방의 비문도 위의 사실을 방증해준다. 고대 남아라비아어에서는 같은 단어가 '말'과 '기사' 양쪽을 나타내어 그 말이 서력 100년 전후의 작품으로 추정되는 전쟁의 기록 가운데 처음으로 등장한다. 문맥에 따라 '기마대'로 번역되는 곳과 전리품으로 낙타나 당나귀와 함께 열거되는 '말'의 의미로 사용되는 부분이 있다. 여기서 『안내기』 이후 반세기 사이에 남서아라비아에서도 말이 상당히 보급되어 군대에 이미 기마병이 일정한 역할을 수행하고 있었음을 추측할 수 있다. 그 이후 전투 기록 속에 말이나 기마병이 언급되는 예가 증가하고 말의 수량(기병수)도 늘어갔다.

늘어난 말의 일부는 이집트에서 가져온 말을 기초로 현지에서 번식시킨 것이리라. 그러나 그것만으로는 단기간에 각지에 보급된 이유를 설명할 수 없다. 남아라비아 비문에 '말'이라는 말과 '아랍'이라는 말이 거의 동시에 출현한다는 사실에 착목하면 남아라비아 나라들에 보급된 말의 적어도 일부는 북방에서 이동해온 아랍 베두인이 가져왔다고 추측할 수 있다.

눈을 동쪽으로 돌려보면 남동아라비아에서는 무레이하 발굴조사에 의해 아라비아로의 말의 도입에 빛을 비춰주는 사료를 얻었다. 우선 주민의 묘지 가까이에 낙타를 매장한 많은 무덤을 발굴한 바 그중 두 개에 낙타와 함께 말이 한 필씩 매장되어 있는 데다 그중 한 필은 금

장식을 단 마구도 붙어 있는 것이 발견되었다. 이 무덤은 무덤 건조양식으로 보아 기원전 1세기부터 기원후 1세기 사이의 것으로 추정된다. 낙타에 관해 흥미로운 것은 그중에 3마리, 이른바 '단봉 반 낙타'가 있어 매장 정황으로 보아 다른 단봉낙타보다도 귀히 여겨지고 있었음을 알 수 있는 점이다. 중앙아시아산 수컷 쌍봉낙타와 아라비아산 암컷 단봉낙타를 교배하여 단봉 반 낙타를 낳게 한 기술은 파르티아 시대인 기원전 2세기에 티그리스, 유프라테스 두 강의 계곡지대에서 시작되었다고 전해지는데, 그것이 무레이하의 묘지에 매장되어 있다는 것은 같은 곳에 묻혀 있는 말의 내력을 생각할 때 시사적이라고 말할 수 있지 않을까. 단봉 반 낙타는 노새와 마찬가지로 부모보다 가축으로서 우수하나 번식능력이 없다.

무레이하로부터는 그 외에도 방패를 든 보병을 향해 창을 휘두르며 달려드는 기마병과 그 뒤를 잇는 낙타 기병이 새겨진 동항아리 파편이 출토되었다. 발굴자는 이를 기원전 3세기 말부터 기원전 2세기 초로 연대를 추정하고 있다. 주목할 만한 것은 기마병과 낙타기병의 차림새가 전혀 달라 전자는 투구를 쓰고 그리스 로마풍의 길이가 짧은 갑옷을 입고 있는 데 비해 후자는 머리를 터번으로 정리하고 상반신은 옷을 입지 않고 허리에는 천을 두르고 있는 듯이 보인다는 점이다. 이것을 보는 한 기마병은 그리스인, 낙타 기병은 아랍인을 나타내고 있다고 보지 않을 수 없다. 연대적으로 보아 아라비아만 연안에서 셀레우코스조의 영향력이 강했던 시대의 유물일 것이다.

이상의 출토품을 통해 남동아라비아로의 말의 도입은 대개 메소포타미아나 이란 방면으로부터 이루어졌을 것으로 추측된다. 도입된 시기는 남서아라비아보다는 백년 내지 더 일찍이라는 인상을 받는다.

유감스럽게도 중요한 시리아 사막의 베두인들 사이에 말이 도입된 시기를 명시하는 사료는 아직 발견되지 않고 있다. 그러나 위에서 살펴본 아라비아 반도 남부의 정황으로 미루어 기원전 2세기경에 아마 파르티아 기마병의 무기나 장비 등과 함께 도입된 것으로 추측된다. 그것이 안장의 개량에 의한 낙타 기병의 전투능력의 향상과 맞물려 베두인 군은 한정적인 국지전에서는 로마나 파르티아 군대와도 어느 정도 맞설 수 있는 능력을 갖추었을 것이다 그리고 반도를 남하하여 남아라비아로 침입해온 것도 이같은 이른바 군사상의 기술혁신을 거친 베두인이 아니었을까 생각해본다.

## 나바테아 왕국의 멸망

여기서 나바테아 왕국으로 이야기를 돌리겠다.

앞에서 언급했듯이 기원전 2세기 후반 이후 향료길의 대상교역으로 번영한 마인이나 리프얀이 역사의 무대에서 퇴장하는 한편 나바테아 왕국은 기원전 1세기에 최전성기를 맞이하여 그리스 문자로 왕명이 새겨진 은화의 주조도 시작되었다. 나바테아 상인들도 대상을 꾸려 향료길을 빈번하게 왕래하고 있었음은 남아라비아의 유적이나 카르야에서 출토되는 나바테아 문자의 비문이 말해주고 있다. 또한 최근의 연구로 그들의 활동이 아라비아 반도 안에 그치지 않고 에게해의 섬들이나 로마에까지 이르고 있었음이 밝혀지고 있다.

다른 한편으로 페트라의 남방 물산 수입은 해로를 통해서도 이루어졌다. 로마군의 상륙지점이 된 레우케 코메가 나바테아의 큰 거래지로 낙타 대상이 페트라 사이를 왕복하고 있다고 스트라본이 쓰고 있었음은 이미 살펴본 바이다. 또한 『엘류트라해 안내기』의 제19절에는 이곳이 남아라비아에서 내항하는 배의 교역지이고 싣고 온 물건에 대해 4분의 1세를 거두는 징수관과 부대를 이끄는 백 명의 대장이 파견된다고 쓰고 있다.

남아라비아에서 페트라로 수송되는 상품 중 육로와 해로의 비율을 알 수 있는 단서가 전무하므로 확실하게는 말하지 못하지만 인도양과 지중해를 잇는 교역의 메인 루트가 향료길에서 홍해 루트로 옮겨가고 있었던 것은 틀림없는 사실이다. 또한 앞으로 살펴보듯이 나바테아 왕국 주변에서도 베두인의 위협이 높아지고 있었음을 고려하면 보다 안전한 해상로를 선택하는 상인들이 많아졌을 것으로 생각한다.

이 왕국의 재정 상황이 1세기가 되어 급격히 악화된 것을 보여주는 흥미로운 연구가 있다. 그것은 발행 당초부터 왕국 멸망까지 나바테아 왕이 발행한 은화의 순도를 추적한 것이다. 그에 따르면 처음에 은의 함유량이 100퍼센트에 가까운 양화였다가 시간이 지나면서 점차 순도가 낮아졌다. 그래도 기원전 1세기 말 시점에서는 최소한 60% 전후를 유지했으나 기원후 시대가 되면 갑자기 40%로 급락하고 세기 중엽에는 20%까지 떨어졌고 그 후 일시적으로 40% 수준으로 복귀했지만 기본적으로는 순도 20%의 매우 질이 좋지 않은 상태로 끝이 났다.

나바테아 은화의 이 같은 순도 저하는 이 나라의 재정 상황의 악화를 보여주고 있다. 그 원인은 이 왕국의 경제의 중심인 교역활동의 부진에서 찾을 수 있고 교역 루트의 변화를 주요 원인으로 들 수 있겠다. 다만 나바테아 왕국을 쇠퇴에서 멸망으로 이끈 이유에 대해서는 경제적인 설명만으로는 충분치 않다. 나바테아사 전문가들은 1세기에 들어 현저해진 남으로부터의 베두인의 압력을 지적하고 있다.

이 무렵 관찰되는 시리아 사막의 사바어 각문, 반도 내부의 사바어 각문의 증가 현상은 모두 베두인이 남긴 것으로 생각되므로 1세기 이후 아라비아에서의 베두인의 움직임이 활발해진 증거로 보고 있다. 쇠퇴한 남아라비아 오아시스의 도시 주민들이 현재의 오만이나 아랍 수장국 연방으로 이주한 것은 잘 알려져 있는데 북으로 갔던 그룹도 당연히 있었을 것이다. 남아라비아에서 나온 이러한 인구 이동 압력이 반도 각지로 파급되어 북서부에 있던 집단이 압박에 눌려 나바테아 영내로 침입하게 되었다고 해석하면 이해가 쉬워진다.

여하튼 나바테아 왕국에서는 마지막 왕 라베르 2세 시대에 베드인의 압력에 견디지 못한 결과 수도를 페트라에서 북방의 보슬라로 옮겼다. 그리고 106년에는 로마 제국에 병합되어 독립국으로서의 나바테아 왕국은 소멸한다.

그러나 병합 때 양국 사이에 전투가 있었던 흔적은 전혀 없으므로 이는 로마에 의한 군사적 정복이 아니고 자력으로는 베두인의 침공에 대처할 수 없었던 나바테아가 스스로 로마의 지배를 자처한 것으로 추측된다. 이후 나바테아는 보슬라를 주도로 하는 로마의 아라비아주를 구성하게 되었고 나바테아의 낙타병은 로마군의 보조군대로 재편되어 사막의 국경지대의 경비를 담당하게 되었다.

## 3 신세력의 대두

### 페르시아만~시리아 루트의 번영

대체로 시리아로 인도나 아라비아 물산을 수송하는 주 교통로였던 페트라 경유의 남방 루트가 기능부전에 빠진 결과 1세기 이후 그를 대신하는 페르시아만 경유의 세 동방 루트가 번영하였다.

남쪽부터 차례로 열거하면 우선 페르시아만 서안의 바레인 하싸 지방의 항구에서 북서 방향으로 사막을 횡단하여 두마트 알잔다르로 가서 와디 시르한의 강바닥을 지나 보슬라에 이르는 루트로, 이 와디는 아라비아 반도의 베두인이 시리아를 침공할 때에도 자주 사용하였다. 다음으로는 페르시아만의 꼭대기부터 유프라테스강을 거슬러 도중 두라 에우로포스를 경유하여 술라까지 간 뒤 강을 벗어나 남서 방향으로 사막을 횡단하여 팔미라 경유로 에메사(지금의 호무스) 내지는 다마스쿠스로 가는 루트이다. 그리고 마지막으로 페르시아만에서 티그리스강을 거슬러 올라 크테시폰, 셀레우키아를 경유하여 모술 근처까지 간 후 강을 벗어나 사막을 서로 횡단하여 최근 유적 파괴가 보도된 페트라, 더 나아가 에데사를 지나 지중해 북부의 요충지인 안티오키아로 가는 루트가 그것이다. 유프라테스강과 티그리스강은 하류로 갈 때 배를 사용하기도 했으나 상류로 가는 경우에는 낙타 대열을 꾸려 강 옆길을 따라 올라가는 일이 많았던 듯하다.

시리아 사막에는 1세기에서 3세기에 걸쳐 이들 루트를 따라 많은 대상도시가 번영하였다. 그중에서도 국가로까지 발전한 페트라에 비견되는 도시유적을 자랑하는 팔미라, 두라 에우로포스, 하트라 등이 특히 유명하다. 앞에서 언급한 비문으로 남겨져 있는 언어나 문자는 아람계

의 지도 레이블들:

가파도키아
키리키아
바르바리소스
칼케미슈
에데사
니시비스
아르메니아
안티오키아
슐라
모술
니네베
시리아
루사파
하트라
키프로스섬
하마
에메사
팔미라
메소포타미아
하부르강
티그리스강
지중해
두라 에우로포스
유프라테스강
카르케강
팔미라
파르티아
다마스쿠스
크테시폰
셀레우키아
수사
보슬라
시리아 사막
볼로게시아?
바빌론
팔레스타인
예루살렘
사해
카룬강
가자
네게브
사막
페트라
와디 시르한
두마트 알산달
키락스
강
수에즈만
아카바만
카라 케네
페르시아만

2-6 기원후 1~3세기에 페르시아만과 지중해 사이에서 번영했던 여러 도시. (필자 제작)

이지만 주민의 대부분은 아랍계였다고 추측하고 있다.

다음으로 시리아 사막에서 번성한 대상도시의 대표로 팔미라 역사의 개요를 소개하겠다.

**팔미라**

팔미라는 그리스어 호칭으로 셈계 언어로는 다드몰로 불린다. 모두 '대추야자'라는 뜻이다. 오랜 문헌으로는 이미 기원전 19세기의 카파도키아 문서나 다음 세기의 마리 문서에 다드몰인에 대한 언급이 보인다. 또한 『구약성경』의 「열왕기 상」 제9장 및 「역대지 하」 제8장에는 솔로몬이 황야에 다드몰 도시를 세웠다는 전설이 기록되어 있다. 이들로 보아 이 도시가 예로부터 대추야자가 많이 나는 사막의 오아시스로 유명하고 주민들이 상인으로 활동하고 있었던 듯하다고 말할 수 있으나 그 후는 기원전 41년에 안토니우스가 파견한 로마 기병대가 이곳을 공격하기까지 사료에 기사가 나오지 않는다. 스트라본의 『지지(地誌)』에서는 전혀 언급되어 있지 않는 것을 보면 기원전 1세기 후반 시점에서는 대상도시로서 아직은 그리 두드러진 존재는 아니었을 것이다. 그런데 다음 세기 중반을 지나 저술된 플리니우스의 『박물지』에는 로마와 파르티아라는 동서의 양대 제국의 중간에 위치하며 서로 차지하고 싶어 하는 온천이 나오는 오아시스 도시로 기록되어 있어 반세기 남짓한 사이에 파르티아의 지정학적 중요성이 높아졌음을 알 수 있다.

한편 파르티아인들 손으로 자신들의 상업활동을 보여주는 비문이 드디어 나타난 것은 1세기 들어서이다. 다만 초기에는 셀레우키아나 비빌론에 거주지를 두고 있었던 듯하여 페르시아만으로부터 남쪽으로 인도양으로 가는 해상루트보다도 오히려 육로로 북쪽으로 가는 대상교역에 참가하였던 것으로 보인다. 그러나 같은 세기 중엽 이후는 페르시아만 끝의 카락스로 거점을 옮겼고 나아가 유프라테스강 중류 유역의 보로게시아에도 중요 거류지를 두어 페르시아만과 지중해를 잇는 유프라테스강 루트가 팔미라 상인의 주요 활동무대가 되었다. 앞서 보았듯이 2세기 전반에는 칼라케네 왕을 위해 바레인의 사트랍을 맡았던 팔미라인이 나오는 등 팔미라와 카락스의 관계는 매우 밀접하였다.

팔미라 주민은 주변 도시와 같이 처음엔 아람계가 중심이었다고 생각되나 점차 아랍계 주민의 비율이 높아졌다. 문어체나 문자는 아람인으로부터 빌린 것임을 비문에 쓰인 인명의 분석으로 알 수 있다. 카락스와 제휴하는 한편으로 아랍의 낙타 유목민과의 협력 관계를 조직화하여 육운과 수운을 적절히 섞은 교역루트를 만들어낸 것에 팔미라 발전의 열쇠가 있다.

2세기 중엽 무렵의 비문은 팔미라 상인이 해로로 쿠샨 왕조 지배하의 인도 북서부까지 도달해 있었음을 보여주고 있다. 또한 소코트라 섬 동부의 종유동에서 서력 258년이라고 기록된 팔미라어의 기원문이 발견되어 팔미라인이 인도 방면 해역뿐 아니라 아덴만에서도 활동하고 있었음이 밝혀졌다. 게다가 팔미라어 비문(묘비와 봉헌문)이 이집트, 이탈리아, 루마니아, 알제리, 영국 등에서도 발견되고 있어 팔미라인이 상인과 병사(궁병)로 로마제국 안에서 광범위하게 활동하고 있었음을 엿볼 수 있다.

상업의 발전을 배경으로 도시로서의 팔미라의 정비가 진척되어 1세기 안에 발샤민 신전이나 주신인 벨의 신전이 건설되었다. 또한 다음 세기에 걸쳐 지금도 많은 유적이 남아 있는 탑묘가 건립되고 2세기 후반 이후는 지하묘까지 건립되었다. 페트라의 암굴묘와 달리 팔미라의 탑묘나 지하묘에는 문 입구 상부에 건립자의 이름과 연대를 기록한 명문이 걸려 있기 때문에 역사연구에 매우 귀중한 사료가 되고 있다.

이같이 경제적으로는 번영을 구가한 팔미라였지만 정치적으로는 서쪽에 인접한 강국 로마의 영향을 받을 수밖에 없었다. 대체로 제2대 황제 티베리우스 시대에 제국에 병합되어 시리아 총독 지배에 복속하였다. 그 후 2세기 전반에 두 번에 걸쳐 이 도시를 방문한 하드리아누스 황제에 의해 자치권을 부여받아 자유도시가 되었고 칼리쿨라 황제가 212년에 내린 안토니우스 칙령으로 로마 시민권을 획득하였다.

타이마가 나포니도스의 이름 때문에 유명하듯이 팔미라 하면 일반적으로는 제노비아가 다스린 나라로 세상에 알려져 있는 게 아닐까. 이 여왕과 로마와의 전쟁에 대해서는 다음 장에서 자세히 살펴보겠다.


**힘야르**

눈을 남쪽으로 돌려보면 앞서 언급했듯이 남아라비아의 신시대를 리드한 것은 힘야르로 불리는 세력이었다. 기원전 천 년기 말에 갑자기 역사의 무대에 등장하여 바로 사바 왕국이나 하드라마우트 왕국에 비견되는 강국으로 성장하였다. 카타반 왕국의 지배하에 남서부 고지대의 여러 부족이 분리·독립하여 결성한 부족연합국가로 교역루트의 중심이 내륙에서 해상으로 이동한 혜택을 최대한 누리며 기원전후에 큰 세력으로 발전했을 것으로 생각된다. 남부 고원에 위치한 자파르를 수도로 삼았고 군주의 거성은 라이단으로 불렸다.

1세기에는 반세기 이상에 걸쳐 사바와 군주를 같이 하

는 연합왕국을 형성하고 있었음이 알려져 있다. 수도가 마리브가 아닌 자파르에 있었던 것이나 왕명을 새긴 은화 주조소가 라이단 성내에 있었던 것으로 보아 이 연합은 힘야르 측 주도로 이루어졌다고 판단할 수 있다.

그런데 이 힘야르라는 세력에 대해서는 알려져 있는 것이 많지 않다. 우선 '힘야르'라는 호칭이 수수께끼이다. 이것은 실은 자칭도 타칭도 아니다. 고대 남아라비아어는 다른 셈계 언어와 같이 모음을 표기하지 않기 때문에 명칭은 ḥmyr로 쓰지만 이를 힘야르로 읽는 통칭은 후세 아라비아어 발음으로 동시대 그리스어의 포메리타이, 라틴어의 호메리타에, 게에즈어(고대 에티오피아어)의 후메르라는 발음으로 보아 본래 호칭은 후마일이 아니었을까 한다. 그런데 그렇게 불리던 그 사람들이 자신들을 그렇게 부르고 있는 비문은 없다. 이 호칭이 기원전 1천 년기 비문에 전혀 등장하지 않는 것을 보면 자파르 부근에 있던 유력 부족의 명칭이라고는 생각되지 않는다. 그렇다면 이 말의 유래나 어원은 무엇일까 하는 의문이 생긴다. 더 이상하게도 이 집단의 수장은 결코 '말리크 힘야르(힘야르 왕)으로 불리지 않고 자신들을 그렇게 부르지도 않고 보통은 자신들이나 적대자들로부터 '즈라이단'(라이단 성주, 내지는 라이단 공)으로 불린다.

여기서부터는 사견이지만 힘야르라는 호칭은 이미 이사아말이나 칼리빌의 기공비에도 보이는 일종의 '맹약'을 가리키는 ḥmr이라는 말이 어형 변화하여 그와 같은 맹약으로 결성된 특정 부족연합을 가리키는 말이 되었던 것은 아닐까. 즉 당초엔 보통명사였으나 나중에 고유명사가 된 것으로 생각한다. 예를 들면 '연합왕국(United Kingdom)'이나 '합중국(United States)'가 영국이나 미국의 국호가 되었고 원래는 '단체'를 의미하는 보통명사였던 '한자(Hansa)'가 도시동맹의 명칭으로 고유명사화된 것과 같다.

그 새로운 집단의 수장이 말리크로 불리지 않았던 것은 힘야르라는 부족연합의 성격이 종래의 부족연합국가의 그것과 달랐거나 수장의 기능이 말리크로 부르기에 어울리지 않았던 것은 아닐까. 부족연합의 성격이라는 점에 대해서 말하자면 힘야르에는 사바의 알마카나 카타반의 안므와 같이 연합과 결속의 중심 역할을 하는 국가신은 보이지 않는다.

이처럼 힘야르라는 세력은 그때까지 없었던 새로운 형태의 부족연합이었음을 알 수 있다. 안타깝게도 현 단계에서는 사료의 제약으로 그 새로움의 구체적 내용까지 밝힐 수 없으나 이와 같은 새 세력이 대두하여 그 후의 남아라비아 역사를 주도한 점에서도 기원전 천 년기 말이 아라비아사의 중요한 전환기였다고 할 수 있는 것이다.

앞에서 나온 『엘류트라해 안내기』에 호메리타이와 사바이오이의 합법적 왕으로 기록되어 있던 칼리바엘은 1세기 중반부터 후반에 걸쳐 왕위에 있었던 칼리빌 와타르 유하님을 말하며 라이단 성에서 자신들의 이름을 새긴 은화를 주조 발행하고 있다. 그 은화의 규격이 로마 화폐를 따르고 있음을 보아도 교역을 통해 경제적으로 로마와 깊은 관계에 있었음을 알 수 있다. 로마 측에도 힘야르 측에도 직접적인 증거는 남아있지 않으나 『안내기』에 기록되어 있듯이 사절의 교환을 통한 외교 관계가 있었다 해도 이상하지 않다.

## 삼왕국 정립 형태

그러나 이 왕의 다음 대에 힘야르와 사바의 연합왕국

은 파국을 맞이하였고 3세기 말에 힘야르가 사바를 병합하기까지 약 2백 년간 양국은 대립하며 일진일퇴를 반복하게 되었다. 그 사이 힘야르의 수장은 일관되게, 또 많은 사바의 수장들도 '사바왕이자 라이단 공'을 자칭하고 있었는데 대부분의 경우 그것은 실태가 없는 가칭이었다.

앞서 말했듯이 사바에서는 서부의 고지대에 세력기반을 가진 유력부족의 족장이 왕위에 오르게 되어 있었다. 그러나 이 같은 부족은 복수 존재하였기 때문에 왕가는 난립하기 쉬웠고 3대까지 이어지지 못하는 왕조가 계속 교체되었으며 때로는 병립하는 모습이 비문사료에서도 보인다.

남아라비아 왕국들 중에서 가장 동쪽에 위치한 하드라마우트 왕국은 수도 자브와를 비롯하여 주요 도시는 내륙 오아시스 지대에 있었지만 향료산지와 해항을 영유하고 있어 신시대에 적응하여 살아남았을 뿐 아니라 오히려 번영을 구가하였던 듯하다. 쇠퇴하고 있던 서쪽 이웃 나라인 카타반 왕국을 2세기에 최종적으로 병합한 결과 2세기 후반 이후의 남아라비아에는 사바, 힘야르, 하드라마우트 세 왕국이 정립하는 형세가 되었다.

이와 같은 정세를 잘 이용하여 세력을 확대한 것이 2세기 말경부터 홍해를 건너 아라비아반도로 침입을 시도하던 에티오피아의 악숨 왕국이었다. 처음엔 힘야르의 세력이 가장 강했기 때문인 듯 사바와 하드라마우트 왕은 악숨의 왕과도 동맹을 맺어 이에 대항하고 있다. 그런데 나중에 사바가 세력을 키워 힘야르가 열세가 되자 악숨은 힘야르 편을 들어 사바군과 싸우게 되었다.

세기를 걸쳐 서력 200년 전후에 사바 왕의 지위에 있었던 샤일 아우달이 행한 사방을 향한 일련의 원정이 그 전기가 되었을 것으로 생각된다. 이는 3세기 이후에 두드러진 문제들과도 관련되는 것이므로 악숨 왕국의 발전 등은 다음 장에서 좀 더 상세히 다루겠다.

# 제3장
# 오리엔트 세계의
# 삼극구조화
## —3세기의 변동과 그 후

# 1 오리엔트 세계의 세 강국

## 마니의 증언

3세기에 사산조 영내에 나중에 마니교로 불리게 되는 신종교를 창시한 마니라는 인물을 아는 독자도 많으리라. 이 교조의 생전의 말을 모은 『케파라이아』라는 책 1절에 의하면 그는 그 당시 세계에는 4개의 제국이 있다고 하며 '바빌론과 페르시아제국'(즉 사산 왕조), '로마제국'에 이어 세 번째로 '악숨인들의 제국'을 들고 있다. 사본에 결손이 있기 때문에 네 번째 나라이름은 정확히 알 수 없으나 '중화제국'으로 보는 설이 강하다.

사산조, 로마, 중국과 나란히 에티오피아 왕국의 이름이 4대 제국의 하나로 열거되어 있는 것은 실로 놀랄 만하지만 사산 왕조 영내에서 활동하고 있던 마니의 눈에 악숨의 모습이 그만큼 거대하게 비췄다는 것은 당시 이 왕국의 세력이 그 본래의 영역을 넘어 특히 북방으로 크게 넓혀져 있었음을 추측케 한다.

이 형세가 이슬람 정복기까지 이어졌음을 보여주는 것이 세계문화유산으로도 지정되어 있는 쿠사이라 아므라로 불리는 유적의 벽화이다. 요르단의 수도 암만의 동방

약 80킬로미터 떨어진 사막에 대체로 우마이야 왕조의
왈리드 1세가 이궁으로 조영했다고 생각되는 시설이 있
고 그 알현실에 발흥기 이슬람 세력에 적대한 6명의 군
주가 프레스코화로 그려져 있다.

즉 3세기부터 7세기에 걸친 오리엔트 세계에는 실제
의 국력은 차치하고 일반적 통념으로 동으로 사산 왕조,
서로 로마(4세기 이후는 비잔틴), 그리고 남으로는 악숨의 세
강국이 정립하고 있다고 인식하고 있었던 것은 아닐까.
그리고 아라비아는 이 세 강국의 그야말로 틈새(라고 하기
에는 너무 넓을지도 모르지만)에 위치해 있었다. 이 지정학적
조건이 그 후 수세기 동안의 이 지역 역사에 크게 작용하
게 된다.

### 3세기 사산조와 로마제국

한편 사산조는 아케메네스조와 같이 이란 고원의 파루
스 지방에서 흥한 왕조이다. 224년에 파르티아를 멸망시
킨 알다실 1세가 창시하였고 이어 샤푸르 1세 시대에 걸
쳐 크게 발전하였다. 파르티아의 군주들이 그리스풍 문

화를 애호한 것과는 대조적으로 아케메네스조를 모범으로 하는 이란의 전통적 문화로의 회귀를 지향하는 경향이 강하고 조로아스터교를 국교로 하였다. 대외적으로는 매우 적극적인 정책을 취하여 아르메니아와 메소포타미아의 영유를 둘러싸고 로마와 종종 전쟁한 것은 파르티아와 다름없지만 아라비아에도 세력 확대를 꾀한 것은 이전 시대와 다른 점이다. 동방에서는 쿠샨 왕조가 멸망하여 실크로드의 시반부를 지배하에 두는 한편 페르시아만을 통한 인도양 교역의 진흥에도 힘을 쏟았다.

다른 한편의 로마제국에 있어 이 세기는 말 그대로 내우외환의 시기였다. 국내적으로는 군인황제시대를 맞이하여 정치, 경제 모두 크게 혼란하였다. 주위의 외적과의 싸움에서도 열세에 놓였고 특히 사산조와의 영토전쟁에서 패배를 거듭한 것이 시리아 지배의 불안정화를 초래하여 이후 언급할 제노비아 여왕 치하의 팔미라의 독립으로 로마의 동방 속주지배는 위기에 처하게 된다. 동방 물산에 대한 수요 감퇴도 맞물려 인도양 교역이 정체했을 것으로 추측된다. 그러나 홍해나 인도양 주변의 복수의 유적의 조사결과를 보면 이집트를 본거지로 하는 상인들의 남해에서의 활동은 벌써 2세기 안에 퇴조를 보이

게 되었던 듯하다. 그리고 이것이 에티오피아의 악숨 왕
국 발전의 큰 요인이 된 것으로 생각된다.


## 악숨 왕국의 발전

위에서 언급했듯이 로마는 3세기에 내우외환이 겹친
상태였고 외환의 하나로 이집트 남방에 있던 유목민인
브렌뮤에스가 3세기 중반에 크게 일어나 이집트 영내로
침입해온 것을 들 수 있다. 그 후 수십 년에 걸쳐 로마를
괴롭혔고 결국 세기말의 디오클레티아누스 대제에 이르
러 그때까지 3백년 이상 로마가 지배해온 영토를 버리고
국경선을 나일강 제1폭포까지 후퇴시켰던 것이다. 이 침
입은 유목민의 단순한 약탈행위 정도를 넘은 규모와 격
렬함을 갖고 있었다. 아마 그들은 더 남쪽에 있던 악숨
왕국 군대의 북진의 압박을 받아 북으로 이동했을 것으
로 보고 있다.

이 시기에 이 왕국이 큰 세력으로 성장한 것에 대해서
는 마니의 증언에서도 보았지만 그 외에도 예를 들면 같
은 3세기의 제4사분기부터 왕의 초상과 이름을 새긴 순

도 높은 금화 주조가 시작된 것이나 조금 뒤에 남아라비아 문자에서 독립한 에티오피아 문자의 서법이 확립된 것도 이 왕국의 발전과 번영이 확실한 것이었음을 방증하고 있다.

이 왕국의 기원은 고고학적으로는 기원전 1세기로 거슬러 올라간다. 제1장에서 언급한 다마트와의 관계는 잘 알려져 있지 않다. 문헌 가운데에는 1세기 중반경에 저술된『엘류드라해 안내기』에 언급되어 있는 것이 최초이다. 내륙 고원에 위치하는 악숨이라는 수도(이것이 국명의 기원)를 중심으로 현재의 에티오피아 북부에서 엘리토리아에 걸친 지역을 엘레아조스라는 이름의 왕이 다스리고 있었다. 이 무렵에는 이미 홍해에 면한 아드리스라는 항구도시로 내항하는 외국상인과 활발한 거래를 하고 있다. 왕은 그리스어를 잘 한다고까지 기록되어 있고 후대의 비문이나 화폐의 명문에도 그리스어, 그리스 문자를 쓰고 있는 것으로 보아 넓은 의미의 헬레니즘 문화권에 속하는 나라였음을 알 수 있다.

그후의 정세는 사료가 없어 잘 알 수 없지만 2세기 말이 되어 남아라비아 비문에 바다 건너 아라비아 반도로 침입을 꾀한 에티오피아인에 관한 기사가 보이고 다음 세기가 되면 남아라비아 왕국들과 악숨과의 전투나 교섭의 기사가 증가한다. 그것으로 보아 사료가 끊긴 백년 남짓한 사이에 이 왕국은 착실하게 국력을 키우고 있었음이 틀림없다.

2세기 말에 악숨군이 홍해를 건너 아라비아로 침공해 온 것은 바로 로마가 이 해역의 제해권을 잃은 결과이다. 비문사료에 의하면 악숨군은 남아라비아 연안부를 점령했을 뿐 아니라 매우 이른 시기에 내륙의 오아시스 도시인 나줄란으로도 진출을 꾀하고 있다. 이를 통해 악숨은 인도양과 지중해를 잇는 교역루트 중 홍해를 통해 이집트로 가는 해상루트뿐 아니라 시리아나 페르시아만 방면으로 가는 육상루트를 지배하에 두는 것을 초기 단계부터 목적으로 하고 있었을 것으로 추측할 수 있다.

실제로 이후 에티오피아 상인은 이집트에 본거를 두는 그리스계 로마 상인을 대신하여 홍해에서 인도양에 걸친 해역에서 행해지는 교역의 주역이 되어 사산조의 지원을 기대하며 인도양으로 들어오는 페르시아 상인과 경합하였다.

## 2 3세기의 남아라비아──통일을 향한 움직임

**샤알 아우탈의 원정**

2세기 말 부왕과 공동 통치시대의 샤알 아우탈은 '사바 왕'으로 칭해지고 있었다. 앞서 언급했듯이 사바 왕국이 하드라마우트 왕국이나 남아라비아로 진출해온 악숨 왕국과 동맹하여 힘야르에 대항한 것이 이 시기이다. 그런데 세기가 바뀌어 단독통치를 하게 된 시대의 비문에는 '사바 왕이자 라이단공'으로 불리고 있다. 치세 중에 여러 곳으로 원정을 계속한 기록이 남아 있고 이를 보면 남아라비아의 세력 관계가 이전 시대와는 완전히 달라진 데 놀라게 된다.

우선 힘야르와 사바의 역학 관계가 완전히 역전되었다. 사료적 제약으로 상세한 것은 모르고 추측이긴 하나 아무래도 힘야르가 왕위 계승을 둘러싼 형제 다툼으로 혼란에 빠졌고 그러는 와중에 한쪽 편을 들어 왕위에 즉위시키는 데 성공한 샤알이 힘야르의 종주적인 지위를 획득한 듯하다. 그의 왕호의 변화는 그 결과일 것이다.

조금 전까지는 맹약을 맺고 있던 하드라마우트에 대해 샤알이 공격으로 돌변한 경위는 분명치 않다. 다만 공격당하고 있는 하드라마우트 왕이 맹약의 상대와는 다른 왕통의 인물이므로 이쪽도 후계왕을 정하는 다툼이 맹약 파탄의 배경에 있을지 모른다.

연대적으로는 하드라마우트보다 이쪽이 먼저일지도 모르는 것이 북방으로의 원정이다. 먼저 향료길의 요충지 나줄란에서의 에티오피아군과의 전투가 기록으로 남아 있다. 앞에서도 이야기했듯이 이것으로 악숨 왕이 처음부터 내륙의 교통루트를 지배하기 위해 아라비아로 침공해갔다고 말할 수 있는 것이다. 사바군은 이후 더 나아가 페르시아만 연안으로 가는 루트를 진격하여 카르야자트 카후르를 공격하였다. 이 도시에 대해서는 기원전 시대에 마인, 리프얀, 나바테아 등의 왕국들에서 내방한 상인들로 북적였음을 앞장 제1절에서 다루었고, 이 때 사바군의 공격을 받은 것은 '킨다와 카프탄의 왕, 사울족의 무아위야의 아들 라비아'였다. 킨다는 이후 아라비아사에서 중요한 역할을 해내는 아랍계 부족으로 이것이 사료상 처음 나온 부분이다.

샤알의 북방원정은 아마 내륙의 교역루트의 장악을 주목적으로 방해가 되는 에티오피아나 아랍의 세력을 배제하기 위한 것으로 보인다. 그러나 그 시도는 성공하지 못

한 듯하지만 그에 이은 사바와 힘야르의 역대 왕들은 이
두 세력과의 전투나 교섭에 큰 에너지를 쓰고 있다.

샤알의 치세 끝 무렵에는 힘야르의 수도 자파르에서의
사바군과 악슘군의 공방전 기록이 있다. 그 후의 경위로
보아 앞서 추측한 힘야르의 왕위를 둘러싼 형제 다툼에
악슘은 샤알이 추대하는 인물과는 다른 후보자를 밀면서
개입한 듯하다.


**악슘 왕국의 세력 신장**

샤알의 원정에 대해 기록한 사바의 비문만을 보면 이
전의 칼리빌 와타르를 방불케 하는 활약상이어서 이로써
남아라비아 통일이 실현된 것은 아닐까 생각될 정도이
다. 그러나 실제로는 아마 그의 사후 3대가 이어졌던 그
의 왕통이 곧 끊어진 듯하고 사바의 왕위는 다른 씨족 차
지가 되어 일샤라트 야흐듭과 야즈일 바이인 형제에 의
한 공동 통치가 시작되었다.

한편 힘야르의 왕위에는 악슘 왕이 추대한 인물이 즉
위한 듯하다. 처음엔 가장 강력했던 힘야르에 대항하기

위해 사바와 하드라마우트와 손을 잡았고, 사바가 세력을 강화시켜 힘야르나 하드라마우트를 압도하는 형세가 되자 이번엔 힘야르를 도와 사바의 힘을 약화시키려 하였다. 이처럼 약소세력과 손잡고 최강세력에 대항함으로써 남아라비아의 세력유지를 꾀하는 것이 악숨의 기본 전략이었다.

3세기 중엽의 수십 년간 일샤라프 형제가 이끄는 사바군은 계속하여 힘야르군과 그 배후에 있는 악숨군과 싸웠다. 열세의 힘야르는 악숨의 지원을 받아 간신히 사바에 대항하고 있었던 것으로 보이나 힘야르와 악숨의 관계도 항상 좋았던 것만은 아니어서 사바와 손잡고 악숨에 대해 종속적인 입장에서 벗어나려 했던 것은 아닐까 생각되는 움직임도 엿보인다.

아라비아에 진출한 악숨은 반도 남서부 구석의 마아필 지방의 고원에 위치하는 사와를 본거지로 하여 이곳에 악숨의 왕이나 왕자가 머물며 남아라비아 왕국들과의 교섭이나 전투 지휘를 하고 있었다. 서쪽의 홍해, 남쪽의 아덴만 두 곳의 연해부도 그들이 영유하게 되어 아프리카 측으로부터 병사들뿐 아니라 일반 주민들도 넘어왔다. 이 시기 사바군의 서쪽으로의 원정은 홍해로 들어가는 와디를 따라 정착하고 있던 이주 에티오피아인들의 구축을 주 목적으로 하고 있었던 듯하다. 하드라마우트의 항구도시 카네의 유적조사에 의하면 5~7세기 유적층에서 대량의 에티오피아 일용 토기가 출토되어 이 시기에 에티오피아로부터 이곳으로 상당히 대규모의 인구유입이 있었음을 추측할 수 있다고 한다. 또한 앞서 샤알이 에티오피아 병사들과 싸운 내륙의 나줄란에는 악숨 왕의 관리가 파견되어 있었다.

이처럼 왕 스스로 남아라비아로 진주하여 점령지의 확대와 유지에 전념하고 있는 틈을 타 아프리카 본국에서 악숨 왕에 신종하고 있던 여러 부족이 한꺼번에 반란을 일으킨 것으로 보인다. 그것을 보여주는 것이 일반적으로 '아드리스기 공로비문'으로 불리는 대리석의 왕좌 모습을 한 석비이다. 대체로 3세기 중엽의 것으로 보는 이 기념비에 대해서는 다음 장에서 상세히 다루기로 하고 여기서는 이 절과 관계되는 기사에 대해서만 언급하겠다.

비문의 서두 부분이 잘려 있어 작자명은 알 수 없으나 내용으로 판단하건대 악숨 왕이었음에 틀림없다. 수도 악숨에서가 아니고 바다에 면한 아드리스에서 진군하고 있는 것은 갑자기 아라비아에서 군대를 이끌고 귀국하여

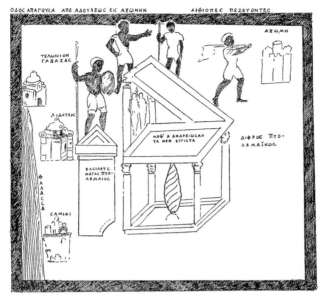

3-1 코스마스 저『크리스트교 세계지지』의 삽화에 그려진 왕좌의 모습을 한 공로비. 방위가 현재의 지도와는 반대로 남쪽이 위로 가 있고 좌측에 강으로 보이는 것이 홍해, 조금 내륙 쪽에 위치하는 중앙의 건물이 아드리스 도시를, 우측 구석(남서)의 건물이 수도인 악숨을 각각 가리키고 있다. (Cosmas Indicopleustes, *Topographie chrétienne*, Paris, 1968, t.l, 55쪽)

상륙지점의 항구에서 고원지대를 향하여 진격했음을 나타낸다. 각지를 전전하며 반란을 진정시키고 수단에서 소말리아의 아덴만 연안부 부족들을 정복한 뒤 왕은 부대의 일부를 건너편 아라비아 측으로 보내 북으로는 이전의 나바테아 왕국의 교역항 레우케 코메로부터 남으로는 사바 왕국의 경계에 이르는 홍해 연안부를 평정시켰다. 그리고 모든 전투가 끝난 뒤 전 부대를 아드리스로 집결시켜 승리의 축전을 올리며 이 석비를 신에게 바쳤다고 기록하고 있다.

수단 사막에 있던 유목민 브렌뮤에스가 로마령 이집트 남부로 침입한 것은 아마도 이때의 악숨군의 북진에 압박을 받은 결과로 생각된다. 또한 마니가 악숨을 세계 4대 제국의 하나로 든 것도 이 대원정의 결과 때문일 것이다.

악숨 왕이 아라비아의 홍해 연안부를 평정한 것은 영토적 야심이라기보다 해상 루트의 안전확보를 위해서였다. 『엘류트라해 안내기』에도 이 일대의 연안 항해는 위험하다고 경고하고 있고 대체로 1세기 후반의 어느 시기부터 약 1세기 사이 홍해 남부의 팔라산도에는 해적소탕을 위해 로마군의 분견대가 주둔하고 있었다. 또 악숨군이 수도로 개선하지 않고 아드리스로 결집한 것은 군대가 아프리카를 전전하고 있던 몇 년 사이에 아라비아에서의 힘야르 신왕의 이반에 대처하기 위한 목적이었을 것으로 보인다. 악숨 왕은 바로 군대를 이끌고 다시 바다를 건넜음에 틀림없다.

## 힘야르에 의한 남아라비아 통일

그런데 힘야르의 왕위에 오른 인물을 보면 악숨 왕이 배후에서 즉위시킨 왕으로부터 세 번째 대의 힘야르 왕은, 서로의 부자 관계를 인정받지 못해 왕위계승 과정이 명확치 않다. 추측컨대 종주적 입장에 있던 악숨 왕의 의향으로 옹립과 폐위가 행해져 왕위가 세습되지 못했던 것은 아닐까 생각한다.

악숨 왕의 아라비아 부재 중에 반기를 들었다고 생각되는 것은 3대 왕 야쉬르 유하님이다. 서력 270년 전후에 아덴의 지배를 놓고 악숨군과 격전을 계속한 것이 밝혀졌다. 단 그 사실을 전하는 마애 비문의 하부가 결락되어 판독불능인 탓에 안타깝게도 승패는 알 수 없다.

여하튼 악숨과의 화합과 전쟁에 관한 비문은 6세기 이전까지는 매우 적어진다. 특히 야쉬르의 아들로 아버지의 왕위를 이은 샨마르 유하르이슈 시대에는 악숨 관련 기록이 전혀 남아 있지 않다. 이 사태를 어떻게 이해하면 좋을까. 그 해석에 따라 그 후 2세기 남짓의 아라비아 역사상은 크게 달라지는데 그 점에 대해서는 후술하기로 하고 우선은 남아라비아의 삼왕국 정립시대의 마지막 장을 언급하겠다.

힘야르 왕 야쉬르는 악숨과 싸우는 한편 사바 왕국이나 하드라마우트 왕국의 지배자들과도 교류하고 있다. 그 후를 아들 샤마르가 뒤를 이었고 그에 대해 사바에서는 일샤라프 형제의 아들로 칭하는 나샤칼리브가 왕위에 올랐다. 이 왕 대의 사바 비문 수는 결코 적지 않아 에티오피아군과의 전투나 현재의 예멘 북서부에서 아쉬르 지방 남부에 걸친 원정의 기록은 남아있으나 동시대에 재위했을 샤마르와의 교섭을 보여주는 비문은 사바나 힘야르 측 모두 없기 때문에 3세기 말에서 4세기에 이르는 양국 관계에 대해 구체적인 것은 아무것도 밝혀지지 않은 상태이다.

그러나 결국 이 나샤칼리브를 마지막으로 사바 왕의 존재를 보여주는 사료는 자취를 감추고 있어 아마도 이 세기 말 무렵 샤마르의 손에 의해 사바는 힘야르에 병합되었을 것으로 보고 있다. 그 후의 경과로 보아 이때의 양국 통합은 1세기에 보인 동군연합왕국(同君聯合王國)의 결성과 같은 것이 아닌 힘야르 측이 주도하는 완전한 병합으로 생각한다.

한편 샤마르의 하드라마우트 원정에 대해서는 샤알 아우탈만큼 상세하지는 않지만 비문에 기록이 남아 있다.

그리고 3세기 말이나 다음 세기 초 무렵부터 샨마르는 그때까지의 사바와 힘야르의 지배자임을 의미하는 왕호에 하드라마우트를 더하여 그가 지배자임을 선언하게 되었다. 그리하여 이 무렵부터 비문에서 하드라마우트 왕의 모습이 사라지는 것을 감안하여 이 시점에서 하드라마우트 왕국은 힘야르에 정복되어 이에 남아라비아 역사상 처음으로 전체 통일이 실현되었다고 해석할 수 있다. 그렇지만 그 후에도 종종 힘야르군이 하드라마우트를 원정하고 있음을 보면 이 지방의 지배가 상당히 불안정했던 것으로 보인다.

샨마르는 3세기부터 4세기에 걸쳐 꽤 장기간 재위하였기에 치세 중의 비문이 다수 남아 있다. 이를 보면 앞서 언급했듯이 에티오피아군과의 교전 기록이 없는 것과는 대조적으로 나샤칼리브도 원정을 간 예멘 북서부에서 아쉬르 방면으로의 군대 파견이 두드러진다. 다른 한편으로 사산조의 왕도인 크테시폰과 셀레우키아로 사절을 보낸 기록(연대 미상)이 남아 있다. 또한 서력 311년에 해당하는 기년이 있는 미간행 비문에는 로마 측에도 사절을 보냈다고 기록되어 있다고 한다. 즉 군사나 외교의 동력이 북방으로 옮겨지고 있는 것이다. 이러한 경향은 4세

기 이후 더욱 현저해지고 이는 북방 세력들의 동향과 밀
접하게 관련되어 있으므로 나중에 다시 언급하기로 하겠
다.


## 3 후세에서 본 3세기의 남아라비아 ── 투바 왕조

### 투바 왕조의 창시

그런데 지금까지 기록해온 3세기 남아라비아사의 개
략은 바로 현지에 남겨진 비문의 기사에 바탕을 두고 있
다. 그런데 후세의 아라비아 문헌이 전하는 역사상은 그
것과 상당히 다르다. 도대체 어떻게 된 일일까.

수많은 무슬림의 전통학자나 역사학자들 가운데 선(先)
이슬람기의 남아라비아 관계의 전승에 대해 가장 권위를
인정받는 인물은 예멘 아랍의 함다니(893~945년)와 나슈
완(1178년 사망)이다. 이에 그들의 저작을 중심으로 살펴보
면 아랍의 많은 전승에는 힘야르 왕국은 3, 4세기부터 5
세기 혹은 6세기 초에 걸쳐 투바(복수형은 타바비아)로 불리

는 지배자가 다스리고 있었다. 그러나 이것이 타칭인지 자칭인지, 처음에 누가 이렇게 불렸는지(혹은 스스로 불렀는지) 또 엄밀히 누구와 누구를 이렇게 부를 수 있는지는 전승에 따라 주장이 나뉘고 있다. 이 호칭의 의미, 어원, 유래에 대해서도 마찬가지로 잘 모르는 편이다.

나슈완에 의하면 타바비아는 힘야르의 왕으로 모두 하리스 앗라이슈의 자손들이라 한다. 하리스에 의해 강력한 신왕조가 열린 감이 있다. 하리스로 거슬러 올라가는 힘야르 왕의 계보에는 비문사료에서 재위연대가 알려진 왕이 몇 명인가 있으므로 그로부터 역산하면 하리스의 치세는 서력 200년 전후에 위치하게 된다. 3세기는 비문이 가장 많이 남겨져 있는 덕택에 당시의 정치 상황이 비교적 잘 알려진 시대이다. 또한 이 시대 이후 옛 시대에 대해서는 사실성이 부족했던 아랍의 전승이 점차 신빙성을 띠게 되어 비문의 기사와의 비교가 어느 정도 가능해진다. 이에 양쪽의 사료를 대조하여 투바 왕조를 비문으로 알려져 있는 어느 왕조로 비정할지 시도한 사람도 있지만 성공하지 못했다.

기원전 1세기경부터 6세기까지 존속한 이 왕국의 역사 중 후세의 학자들 눈에 서력 200년 전후가 획기로 보인

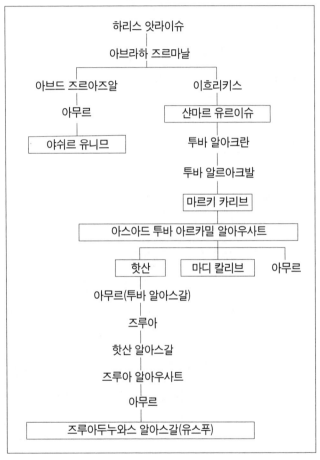

3-2 함다니가 전하는 힘야르 왕의 계보(필자 작성)

이유는 대체 무엇이었을까. 타바비아로 불리는 지배자들은 어떤 점에서 그 이전의 지배자들과 달랐는가. 비문에서는 지배자들은 말리크로 칭하고 있고 투바라는 호칭의 용례는 하나도 없다. 그럼에도 불구하고 왜 그들은 후세에 이렇게 불리었는가. 애초에 어떠한 유래와 의의를 가진 칭호인가.

여기서 그림 3-2를 봐보자. 이는 함다니가 전하는 힘야르 왕의 계보이다. 나슈완이 전하는 계보는 이와 약간 다르지만 중요한 부분은 일치한다. 이 계보도 가운데 사각으로 에워싼 7명은 비문에서 이름이 알려져 있는 힘야르 왕과 일치한다고 생각되는 왕이다. 그렇다면 그 이외의 지배자는 어떤 사람인가. 특히 샴마르에 앞선 3대 4명과 샴마르에 이은 투바로 불리는 2대 지배자는 이름도 별명도 나아가 전해지는 치적도 상당히 뚜렷하게 개성이 나타나 있어 후세에 날조된 단순한 허구라고는 생각되지 않는다. 역사상 실재 인물에 관한 조금 흐릿한 기억이 변형된 형태로 전해진 것은 아닐까 추측해본다. 그러나 샴마르 이전의 4명에 대해서는 3세기 힘야르뿐 아니라 동시대의 사바나 하드라마우트 왕의 이름이나 치적과 대조해 보아도 역시 비정하기는 어렵다.

그런데 이 계보도를 보면 샨마르의 아버지가 야쉬르가 아니고 이흐리키스(이프리키야, 즉 아프리카를 정복한 것이 이름의 유래라 한다)라는 아프리카와 인연이 깊은 인물로 되어 있는 것과 이흐리키스의 아버지인 아브라하라는 이름이 6세기에 메카로 원정하였다는 전승이 있는 에티오피아 계의 힘야르 왕을 상기시킨다는 것을 알게 된다. 즉 투바 왕조의 초기 왕은 아프리카적 요소가 짙었다고 생각된다. 이 점을 염두에 두고 샨마르 이후 악숨에 관한 기사가 남아라비아의 비문에서 거의 모습을 감춘 이유에 대해 다시 생각해보고자 한다.

## 악숨 지배의 계승을 보이는 사료들

많은 고대 남아라비아사 연구자들의 해석에 의하면 이는 야쉬르와 샨마르 부자가 악숨 세력을 아라비아반도로부터 일소하고 완전한 독립을 달성한 결과라 한다. 그러나 악숨의 지원을 받아 겨우 사바군의 공세를 막고 있던 것으로 보이는 힘야르가 갑자기 그만큼 강력해졌다고는 도저히 이해할 수 없다. 또한 여러 사료를 통해 3세기에 걸쳐 두드러지게 세력을 키운 것이 알려져 있는 악숨이 남해 교역의 이익이 걸린 홍해와 아덴만의 제해권의 회복을 꾀하지 않고 아라비아반도에서 쫓겨난 채로 있었다고는 믿기 어렵다. 다음 장에서 살펴볼 6세기 전반의 악숨군과 힘야르군의 전투의 귀추를 보아도 전자의 힘이 후자보다 강했음은 확실하므로 원래는 샨마르나 그 후계자들은 침입해오는 악숨군과의 전투에서 죽임을 당했을 것이다. 그러나 실제로는 반복해서 말했듯이 악숨군과의 전투 기록은 거의 모습을 감추고 힘야르의 왕들은 북방세력들과의 전투와 외교에 전적으로 힘을 쏟고 있다. 이 현상을 어떻게 설명해야 좋을 것인가.

남아라비아의 비문사료만을 바라보고 있다 해도 해결되지 않으므로 눈을 남아라비아 밖으로 돌려, 문제의 3세기 중엽 이후의 악숨 측의 사료나 숫자는 많지 않으나 그리스어와 라틴어 기록, 나아가 후대의 아라비아어 문헌 등을 조사해보면 통설과 달리 악숨이 남아라비아에 대해 여전히 강한 지배력을 유지하고 있었던 듯한 모습이 드러난다. 그런 추측을 뒷받침해주는 사실을 몇 가지 언급하겠다.

우선 이미 말했듯이 악숨에서는 3세기의 제4사분기부

터 왕의 초상과 이름을 새긴 순도 높은 금화 주조가 시작
되었다. 게다가 흥미롭게도 에자나 왕(이 왕 시대에 에티오피
아는 기독교를 수용)의 기독교 개종 후인 4세기 중엽 무렵부
터 6세기 초까지 주조된 악숨 금화는 그 대부분이 에티
오피아가 아닌 남아라비아 남부에서 출토되고 있다. 한
편 남아라비아 왕국들에서는 2세기경까지는 각각의 화
폐를 주조·발행하고 있었는데 그 이후는 통일왕국의 실
현에 성공한 샤마르의 치하에서조차도 독자의 화폐를 주
조하고 있지 않았다. 왕의 초상과 이름을 새긴 화폐의 발
행은 단순히 경제적인 관점에서만 이루어진 것이 아니라
정치적 선전의 강력한 수단이었다. 이 시기의 사산조와
로마는 물론 곧 살펴볼 팔미라에서도 로마로부터의 독립
을 달성한 제노비아 여왕은 당연한 듯이 자신의 초상을
넣은 화폐를 발행하고 있다. 그에 대해 힘야르가 독자의
화폐를 발행하고 있지 않는(혹은 할 수 없었던) 사실은 이 나
라가 독립된 주권국이 아니었던 확실한 증거가 아닐까.

4세기의 에자나 왕 이래 악숨 왕의 비문에 쓰여진 긴
왕호에는 힘야르와 사바의 이름이 포함되어 있어 악숨
왕이 이 두 지역의 지배자로 임하고 있었음을 보여주고
있다. 힘야르가 악숨을 남아라비아로부터 일소했다고

3-3 악숨 왕 에자나의 금화. 왼쪽은 개종 전이어서 맨 위에 초승
달과 원반(태양?)을 넣은 이교의 신의 상징이, 한편 오른쪽은 기
독교 개종 후로 상하좌우 네 곳에 십자가가 보인다. 왕명은 모두
그리스어로 HZANA ΣBAΣIΛEYΣ(에자나스바질레우스=에자나 왕)으
로 쓰여 있다.(Stuart Munro-Hay & Bent Juel-Jensen, *Aksumite Coinage*,
London, 1995, book jacket)

믿는 논자들은 악숨의 왕호는 단순한 참칭에 지나지 않
는다고 주장하고 있으나 과연 그러할까. 본래 남아라비
아의 비문에서 관련기사가 없어진다는 것 외에는 힘야르
가 악숨을 구축했다는 주장의 증거는 없다.

　4세기 중엽의 작품으로 말해지는『세계 제 민족 총람』
이라는 라틴어 문헌 제17절에 페르시아인의 침공을 받
은 아랍이 악숨에 지원을 요청했음을 시사하는 기사가
있다. 같은 세기 전반에 샤푸르 2세가 아랍 부족들을 토
벌하여 야스립(현 메디아) 근교까지 이르렀다는 전승으로

보아 어쩌면 이 기사는 아라비아 반도로 진출하고 있던 악숨 내지 그를 따르는 세력과 사산 왕조 사이에 충돌이 있었음을 보여주는 것일지 모른다.

같은 4세기 작품이 아닐까 생각되는 우라니오스의 『아라비아지』 가운데 아라비아의 아바세노이라는 종족에 대한 항목이 있다. 거기서 저자는 "사바인 다음으로는 하드라마우트인과 아바세노이가 있다"고 말한다. 이 아바세노이가 하바샤(아비시니아인)이므로 4세기에 사바의 남방 내지 동방에 다수의 에티오피아인이 거주하고 있었던 증거가 된다. 하드라마우트 항구도시 카네의 5~7세기 유적층에서 대량의 에티오피아 일용 토기가 출토되어 이 시기에 에티오피아로부터 이 지역으로 상당히 대규모의 인구유입이 있었음을 추측할 수 있다고 이미 언급한 바 있는데 우라니오스의 기사는 이를 뒷받침하고 있다.

4~5세기 사람으로 말해지는 아르키아누스의 『외해주항기(外海周航記)』(통칭 아라비아해 주항기)의 제1권 18절에 "힘야르인은 에티오피아인의 한 종족"으로 기록되어 있다. 이 또한 당시 힘야르가 악숨에 종속되어 있었음을 보여주고 있는 것이다.

6세기 전반에 저술된 『알레타스 순교록』은 다음 장에

서 상세하게 다룰 유대교도인 힘야르 왕에 의한 일련의 기독교도 박해의 클라이맥스를 이루는 523년의 나줄란 시에서의 박해 기록이다. 그 제1절 말미에 힘야르 왕은 에티오피아 왕에게 공납의 의무를 지고 있었다는 기록이 있다. 이것이 오랜 동안에 걸친 관행인지 아니면 이 시기에 한정된 것인지 확실치 않다는 어려움은 있으나 힘야르의 악숨에의 종속을 뒷받침하는 중요한 사료이다.

위의 나줄란 박해에 대해 베트 알샴의 주교 시메온이 썼다고 말해지는 이른바 『제1서간』은 몇 개의 이본이 전해오고 있는데 그중 하나에 남이라크의 힐라를 수도로 하는 나스르조(라훔조)의 왕 문디르 앞에 박해를 가한 힘야르 왕 두누와스가 보낸 서간을 펼치는 장면이 있다. 그 서간 서두에 두누와스는 영내의 기독교도 탄압을 결단한 이유를 설명하며 "크슈인들(여기서는 에티오피아인)이 우리나라에 옹립한 왕은 죽었다. 지금은 겨울이므로 크슈인들은 우리나라에 와서 여느 때처럼 기독교도의 왕을 세울 수 없다"고 쓰고 있다. 겨울에 홍해 남부의 바람은 남에서 북으로 불기 때문에 힘야르 쪽에서 보아 북쪽에 위치하는 악숨의 아두리스 항에서 배로 대군을 남방으로 파견하는 것은 어렵다. 만약 여기에 쓰여 있는 것이 사실이라면 힘야르가 오랜 기간에 걸쳐 악숨의 신속국이었음을 보여 주는 강력한 증거가 된다.


**투바조의 실체에 관한 가설**

앞서 언급하였듯이 샨마르에 앞선 4명과 그를 계승한 2명의 지배자를 당시의 남아라비아 왕국들의 모든 지배자들로 비정할 수는 없다. 또한 서력 2백 년 전후에 힘야르에 새롭고 강력한 왕조가 출현했다는 전승은 3세기에 들어 오히려 약체화된 힘야르 왕국의 실상에 비추어 보면 도무지 이해할 수가 없다. 마찬가지로 찾아본 바에 의하면 대체로 같은 시기에 전개된 남아라비아 왕국들과 에티오피아와의 전쟁과 평화 관계는 후세의 아라비아어 문헌 가운데 전혀라고 해도 좋을 정도로 언급이 없다는 점도 이해하기 어렵다. 이들 여러 문제를 풀고 당시의 역사과정을 가능한 한 정합적으로 설명하기 위해 이하의 가설을 주장하고자 한다.

즉 역사상 남아라비아의 왕들로 비정이 불가능한 지배자들은 실은 각각이 재위했다고 하는 시기에 힘야르에 대해 강한 영향력이나 종주권을 행사했던 악숨의 지배자는 아니었을까. 힘야르왕의 계보상에 원래는 게에즈어(고대 에티오피아어)였던 그들 이름이 아라비아어로 번안되어 출현하는 때는 약체화된 힘야르에 대한 악숨의 지배가 특히 더 강하게 느껴지는 시기였다고 생각된다. 샨마르 이전의 힘야르는 사바나 하드라마우트의 공격에 처하여 악숨의 지원을 받아 겨우 이를 버티고 있는 정황이었고 샨마르 치세 이후의 4세기에는 복수의 왕이 병립하여 어디에 권력의 중심이 있는지 알지 못하는 정황이었다.

그렇다면 실재하는 힘야르 왕에 비정할 수 있는 지배자들에 대해서는 어떻게 생각하면 좋을까. 그들은 악숨의 굴레에서 힘야르를 해방시키고 독립을 회복할 수 있었던 왕들이었을까. 나는 그렇게 생각하지 않는다. 적어도 5세기 전반까지의 힘야르의 지배자들이 하리스 앗라이슈로 이어지는 계보상에 위치하며 타바비아로 불리고 있는 것은 후세의 예멘인들의 눈으로 보아 이 사이의 힘야르에는 예를 들면 2백 년 전후의 투바조의 출현에 필적할 만한 정치상의 대변동이 없었음을 보여주고 있다. 또한 3세기 말부터 2백 년 남짓 되는 시간에 걸쳐 악숨을 언급한 남아라비아 비문이 거의 없는 것을 보아도 이

사이 악숨과 힘야르 사이에 큰 전투가 있었던 흔적은 보이지 않는다. 이 같은 점으로 볼 때 3세기 이후 힘야르는 기본적으로 종주인 악숨의 지배하에 놓여져 있었으나 그 사이 샤마르나 다음 장에서 언급할 아스아드 일족과 같이 실재의 힘야르 왕으로 비정할 수 있는 지배자의 이름이 계보상에 나타나는 시기는 이들 왕 밑에서 힘야르 국내의 정치상황이 안정되고 악숨과의 관계에서 상대적으로 독립성이 강했던 시기로 보아야 하지 않을까.

즉 투바조는 힘야르 역사상 실재한 왕조의 전설적 번안 같은 것이 아니고 3세기 이후의 남아라비아의 힘야르와 악숨의 정치적 관계를 후세의 학자가 전승을 기초로 의제적인 계보의 형태로 표현한 것은 아닐까.

다만 함다니나 나슈완에 의하면 주요한 지배자들은 부자 관계로 이어지는 하나의 왕조를 형성하고 있었으나 초기의 다른 전승에 의하면 왕조는 단일하지 않았고 악숨 왕족으로 구성되어 있었을 것으로 생각되는 하리스로 시작하는 왕조, 샤마르의 왕조, 나아가 아스아드 왕조 등 복수의 왕조가 이어서 일어나는 형태로 역사가 구성되어 있다. 확실히 이쪽이 사실을 바르게 전하고 있는 듯이 생각되지만 후세에 더욱 인위적인 부분이 더해져 함다니나 나슈완에서 보이듯이 원래는 별개의 왕조에 속했던 인물이 부자 관계로 이어진 듯한 형태로 정리된 것이다.


## 투바란 무엇이었는가

비문에 의하면 야쉬르 유하님의 아들이었던 샨마르 유하르이슈를 이흐리키스의 아들로 함으로써 힘야르 왕의 계보를 악숨 왕족의 그것에 이어붙인 점에 계보 정리의 큰 포인트가 있다. 앞서 말했듯이 악숨과 힘야르의 동맹 관계는 야쉬르 유하님 시대에 무너져 힘야르군과 악숨군의 전투가 기록되어 있다. 그리고 샨마르 시대의 비문에서는 악숨 관련의 기사가 완전히 자취를 감추고 있다. 만약 이것이 통설처럼 샨마르가 악숨의 세력을 아라비아로부터 일소했기 때문이라면 그것은 부왕 야쉬르의 사업을 계승하여 완성시켰음을 의미하므로 후세의 전승에서도 그는 야쉬르의 아들로 되어 있음에 틀림없고 야쉬르라는 인물도 더 중시되었을 것이다. 그러나 함다니나 나슈완은 야쉬르를 방계로 몰아내고 샨마르를 이흐리키스의 아들로 하고 있는 것이다. 이는 무엇을 의미하는가.

그 하나의 단서는 마스우디(956년 사망)의 저서 가운데서 발견할 수 있다. 그는 모든 예멘의 지도자를 투바로 칭했던 것은 아니고 이는 시프르와 하드라마우트의 주민까지를 지배하에 두었던 왕에 한정된 칭호라고 쓰고 있다. 시프르는 아덴만에 면한 아라비아 남해안의 항구도시이고 한편 하드라마우트는 와디 하드라마우트 유역의 내륙부를 가리키고 있다. 이 두 지역의 주민을 지배했다는 것은 해안부와 내륙부 모두 포함한 광의의 하드라마우트 지방을 지배하에 두었다는 의미로 힘야르의 왕으로는 샤마르 유하르이슈가 처음으로 이를 이뤄냈다. 그것을 계기로 그가 사용한 하드라마우트의 지배자임을 보여주는 왕호를 그에 이은 힘야르의 왕들도 사용하였다. 따라서 마스우디가 투바를 자칭했다는 지배자들은 실은 샤마르 이후의 힘야르 왕들임에 틀림없다. 누가 최초의 투바였는지는 전승이 많아 설이 분분함은 앞에서 언급했지만 샤마르가 최초의 투바였음을 의미하는 이 기사는 실로 시사하는 바가 크다.

왜냐하면 투바의 어원이 아닐까라고 생각되는 아라비아어의 동사 '타비아 tabia'의 뜻은 '뒤를 따르다, 잇다, 계속하다'이다. 이들 파생어 '아키브'와 '하리파'가 모두 '대리'라는 의미가 있음으로 보아 타비아의 파생어인 타바도 예전에는 같은 의미를 나타냈던 것은 아닐까. 즉 원래 이 말은 악숨 왕의 종주권 아래 놓여 있던 힘야르 왕의 악숨 왕의 대리인으로서의 기능을 가리키는 것은 아니었을까.

힘야르 왕의 이같은 입장을 보여주는 것으로 생각되는 사료로서 이스탄불의 고대오리엔트박물관 소장의 RES3904를 들어보겠다. 결손이 매우 많은 비문이지만 그 7~8째 줄에 "(힘야르 왕 스므야파 아슈와와 그의 일족은) 힘야르 사람들에 대해서는 왕으로서, 악숨 왕에 대해서는 대리인으로서 악숨 왕을 섬겼다"라고 쓰여 있어 힘야르 왕의 대내적 대외적인 이중의 기능을 엿볼 수 있다. 이 비문에는 '대리인'을 의미하는 말로 '아키브'가 사용되어 있는데 '투바'는 그 동의어라는 것이 나의 해석이다. 참고로 스므야파 아슈와는 두누와스를 물리친 악숨 왕에 의해 옹립된 기독교도의 왕이다.

투바의 본질을 이렇게 이해하면 샨마르와 악숨의 관계를 다음과 같이 해석할 수 있게 된다. 즉 구체적인 과정을 보이는 사료는 발견되지 않았지만 아마도 샨마르는 아버지 야쉬르의 정책을 바꾸어 악숨과 새로운 동맹 관계를 구축하는 길을 선택하였던 것이리라. 그 관계는 대등한 것은 아니었고 악숨 왕의 종주권을 인정하고 자신은 남아라비아에서 대리인으로서의 지위를 감수하는 구도였다고 추측된다. 그러나 그 대가로 샨마르는 힘야르 국내의 자치권을 보장받았을 뿐 아니라 사바와 하드라마우트를 병합하여 남아라비아를 통일할 정도의 군사적 지원을 획득한 것은 아닐까. 샨마르 이후의 힘야르의 왕들도 이같은 입장을 감수한 섯은 병합 후에도 반란이 끊이지 않는 하드라마우트와 나중에 언급할 북방으로부터의 위협에 대한 대처가 급선무였기 때문임에 틀림없다.

샨마르 시대의 악숨에 대해 언급한 비문이 발견되지 않는 것은 이같은 형태로 힘야르와 악숨과의 관계가 안정되고 남아라비아의 힘야르의 패권이 확립된 결과 악숨 왕은 남아라비아 지배를 샨마르에게 맡기고 자신들은 대부분의 군사를 이끌고 아라비아반도에서 철수하였기 때문일 것이다. 또한 함다니나 나슈완은 이같은 양자의 관계를 알고 있었기 때문에 일부러 샨마르를 야쉬르의 아들로 하지 않고 악숨 왕족의 계보에 연결시켰을 것이다. 그리고 샨마르의 이러한 정치적 결단과 그의 후계자들이 그 정책을 답습했다는 사실이, 투바라는 칭호는 그에게

서 시작된다는 마스우디 책에서 보이는 전승을 만들어낸
것은 아닐까. 참고로 샨마르의 아버지로 되어 있는 이흐
리키스에 해당하는 악숨 왕이야말로 앞서 살펴본 아드리
스 기공비문의 작자임에 틀림없다.

조금 장황해졌지만 이상이 타바비아의 실체와 그들이
활동했던 시대의 남아라비아의 역사에 관한 나의 가설이
다. 그렇다면 동 시대의 북아라비아의 정세는 어떠하였
을까.

## 4 3세기의 북아라비아——대상도시의 연이은 쇠망

### 하트라와 두라 에우로포스

사산조의 초대 군주 알다실 1세는 224년에 알다바노스
4세 치하의 파르티아를 멸망시켰고 226년에는 크테시폰
을 함락시키고 그곳에서 즉위하였다. 이 왕조의 창시 연
도에 대해 224년과 226년의 두 설이 퍼져 있는 것은 그
때문이다. 사산조는 파르티아에 비해 대외적으로는 보

다 적극적으로, 국내적으로는 보다 집권적인 정책을 취한 것이 특징으로 로마/비잔틴 제국과의 전쟁 초기 단계에서 이전 대에 중계무역으로 번영했던 시리아 사막의 많은 대상도시들이 두 대국의 전쟁의 영향으로 쇠퇴하거나 멸망하였다.

우선 시리아 사막의 팔미라와 제휴함으로써 번영을 구가해온 칼라케네 왕국이 사산조 성립 전인 222년에 알다실 1세에 의해 멸망당했다.

그래도 사산조 군의 공격을 받아 멸망한 도시 중 가장 중요한 것은 하트라이다. 이곳은 1세기 이후 정치적으로는 파르티아의 종주권 아래 성립한 아랍계 소왕국의 수도로서 경제적으로는 중앙아시아나 메소포타미아로부터의 대상로와 시리아나 아나톨리아로부터의 대상로의 중계지로서 그리고 군사적으로는 로마에 대치하는 파르티아의 최전선의 요새도시로 발전하였다.

117년에는 메소포타미아로 원정한 트라야누스 황제가, 그 80년 후에는 셉티미우스 세베르스 황제가, 나아가 216년에는 그 아들인 칼리쿨라 황제가 이 도시를 공략하여 모두 실패로 끝난 바 있다. 사막과 초원으로 둘러싸여 있는 입지와 견고한 이중구조의 벽, 이에 시내에 주둔해 있던 궁병을 위시한 강건한 병사들이 계속되는 로마군의 공격을 물리쳤던 것이다.

그런데 종주였던 파르티아가 사산조에 의해 멸망당한 것이 이 도시의 운명을 일그러뜨렸다. 이를 계기로 마지막 하트라 왕이 된 사나투르크 2세는 로마 편을 드는 길을 택하여 시내에는 로마 군대가 주둔하였다. 그러나 사산조가 이를 방관할 리가 없었다. 즉위 후 바로 이를 포위 공격했을 때는 성과 없이 철수했던 알다실 1세였으나 샤푸르 1세와 공동통치 기간이었던 240, 241년에 이 도시의 공략에 성공하면서 이에 사막의 대상도시로 페트라나 팔미라와 어깨를 나란히 했던 하트라는 멸망하였다.

함락 후 하트라는 재건되거나 사산조에 의해 요새화되는 일 없이 방치되었다. 363년에는 율리아누스 황제의 페르시아 원정에 종군한 안미아누스 알케리누스가 황제가 전사한 뒤 철수 길에 우연히 지나면서 목격한 이 도시의 폐허에 대해 보고하고 있다.

샤푸르 1세에 의해 멸망당한 도시 중 하트라와 함께 잘 알려져 있는 것이 두라 에우로포스이다. 하트라와 같이 셀레우코스조 시대에 도시의 기초가 갖추어져 파르티아의 지배하에 대상도시로 발전하였다. 지중해 북부 연안 안티오키아와 티그리스강에 면한 셀레우키아를 잇는 교역로가 유프라테스강과 교차하는 요충지에 위치해 있다. 사막을 넘어 서쪽에 있는 팔미라와의 교통도 번성하였다.

그러나 로마와 파르티아 국경에 있어 양 제국의 쟁탈 대상이 될 수밖에 없었다. 메소포타미아 원정을 가던 도중의 트라야누스 황제가 115, 116년에 이곳을 정복하고 개선문까지 세웠지만 로마의 지배는 오래 가지 못하고 121년에는 파르티아가 탈환에 성공하였다. 하지만 이 또한 얼마 안 가 164년에는 루키우스 베르스 황제의 원정으로 다시 로마령이 되었다. 셉티미우스 세베르스 황제가 195년에 시리아 코에레 속주에 편입시킨 이후 로마의 동부 국경의 군사거점으로 이 도시를 정비하였다. 시가지 대부분이 다시 세워지고 도시벽도 강화되었다. 시내에는 병영이나 군단사령부가 설치되었다. 211년에는 칼리쿨라 황제에 의해 콜로니아(식민지)로 승격되었다.

그러나 파르티아를 멸망시킨 로마와의 전쟁에도 적극적이었던 사산조는 로마군의 전선기지라 할 수 있는 이 도시의 존재를 묵인하지 않았다. 253년의 최초의 공격은 성공하지 못했지만 256년부터 이듬해에 걸쳐 샤푸르 1세가 이끄는 사산조 군의 공격은 철저하여 공병대가 두터운 도시벽 아래로 판 터널로 페르시아 병사들이 시내로 돌격하여 도시는 함락되었다.

그 후 하트라처럼 버려져 결국 폐허가 모래에 묻혀 소재를 찾지 못하다 제1차 세계대전 후인 1920년에 유럽세력으로부터 독립하려는 아랍부족의 습격에 대비하여 참호를 파고 있던 영국군의 인도병사들에 의해 우연히 발견되어 그 모습이 드러나게 되었다.

**에데사와 팔미라**

사산조 군이 이렇게 시리아 사막의 중요 도시를 계속해서 멸망시키던 그 시기에 한편으로 로마군도 국경지대의 유명한 나라나 도시를 멸망시켜 자국령으로 병합하고 있었다.

메소포타미아 북부 도시로 유프라테스강 동쪽 80킬로미터 떨어진 곳에 위치한 우르파는 역사적으로는 셀레우코스조 시대에 붙여진 에데사라는 이름으로 알려져 있다. 실크로드의 서쪽 끝에 접해 있을 뿐 아니라 메소포타미아와 아나톨리아를 잇는 루트의 중요 중계지이자 또한 기원전 2세기 후반에 기원을 둔다는 오슬로에네 왕국의 수도로 번영하였다. 이 왕국은 아라비아 북부 출신의 아랍인 또는 나바테아인이 세웠다고 여겨지며 많은 왕들이 사용한 즉위명을 따서 아브갈조로 불린다. 동방기독교 역사에서도 매우 중요한 도시이다.

왕국이지만 지정학적으로 보아 독립을 유지하기 어려워 주변 나라들의 역학 관계의 변동에 따라 동쪽의 파르티아, 북쪽의 아르메니아, 서쪽의 로마로 종주국이 빈번하게 바뀌었다. 트라야누스 황제의 메소포타미아 원정 때는 로마의 점령하에 놓였고 이를 계기로 로마의 영향력이 커졌다. 그후 아브갈조의 지배가 부활했지만 파르티아 쪽 시민들이 많아서였는지 제6차 파르티아 전쟁 때는 앞의 루키우스 베르스 황제에 의한 약탈을 당하고 있다.

그후 간신히 독립국의 체제는 지켰지만 칼리쿨라 황제 시대인 210년대 전반(212/214년)에 로마의 속령이 되었고 244년에는 결국 아브갈조의 왕통도 끊기며 완전히 로마에 병합되었다. 이 해는 사산조의 샤푸르 1세와의 전투에서 로마황제인 고르티아누스 3세가 전사한 해로 로마 측으로서는 사산조에 대한 전략 때문이라도 에데사를 중심으로 하는 오슬로에네를 직접 지배할 필요가 있었음이 틀림없다. 다만 적의 공격을 받아 함락·멸망한 하트라나 두라 에우로포스와 달리 에데사는 이후에도 역사상 중요 도시로 존속하였다.

3세기에 멸망한 대상도시로 가장 유명한 것은 팔미라이다. 단 멸망에 이르는 경위가 지금까지 보아온 다른 도시와는 상당히 다르다.

교역상 오랜 기간 파트너였던 칼라케네 왕국이 알다실 1세에 의해 멸망하게 된 것은 팔미라에게는 큰 충격이었다. 그 후에도 사산조에 의해 팔미라가 구 파르티아 영내에 갖고 있던 교역 거점을 차례차례로 빼앗기면서 대상 교역에 의존하던 팔미라의 경제는 큰 타격을 입었다. 또한 시리아에서 메소포타미아에 걸친 땅에서 사산조와 로마의 전투가 계속되면서 교통의 방해뿐 아니라 대상들이 유목민의 습격을 받을 위험성도 커졌다.

이같은 사태에 대응하기 위해 이 시대 이후 팔미라의 군비증강이 이루어졌을 것으로 보인다. 두라 에우로포스 유적에서 발견된 비문이나 벽화에서 궁병을 중심으로

한 팔미라인 부대가 로마인 사령관의 지휘하에 이 도시에 주둔하고 있었음을 엿볼 수 있다. 로마 동방의 대 사산조 전선에서 팔미라군의 존재는 점차 필수적인 것이 되고 있었다.

고르디아누스 3세의 후계자가 된 인물은 친위대장으로 종군하고 있던 필리브스 아라브스였다. 시리아 태생이었으나 조상이 아라비아 출신자인 것이 이름의 유래이다. 샤푸르 1세와의 교섭으로 북부 메소포타미아와 아르메니아를 사산조 측에 양보하고 나아가 거액의 배상금을 주는 대신 포로를 돌려받고 철수하였다. 혈통적으로 같은 아랍계여서 이 황제와 팔미라의 관계도 우호적이었다.

그러나 필리브스 아라브스 재위 중에는 로마와 사산조 사이에 큰 전투는 없었지만 발레리아누스가 황제가 된 253년 전후부터 양국은 다시 전투상태로 들어갔다. 이 해 바르바릿소스 전투에서 로마군을 물리친 페르시아군은 안티오키아까지 진군하였다. 이에 대해 256년에 안티오키아를 탈환한 발레리아누스 황제는 페르시아에 더 보복할 목적으로 7만이나 되는 군대를 이끌고 동방으로 향하였다. 그리고 결국 에데사 근교에서 양군이 격돌하였고 이 해가 260년이었다. 전투는 페르시아군의 대승으로 끝났고 발레리아누스 황제와 7만 로마군대의 대부분이 포로로 잡혀버렸다. 말을 탄 샤푸르 1세 앞에 무릎 끓고 항복하는 발레리아누스를 그린 나그세 로스탐의 마애벽 부조는 고등학교 세계사 교과서에도 실려 있을 정도로 유명하다.

여세를 몰아 샤푸르 1세는 다음 해에 카파도키아까지 진출하는 위세를 보였지만 의기양양하게 귀국길에 오른 참에 생각지도 못한 팔미라군의 배후 추격을 받아 많은 전리품도 버리고 크테시폰까지 패주하는 지경에 이르렀다. 262년의 일로 이때 팔미라군을 이끈 이가 셉티미우스 오다에나투스였다.


**오다에나투스**

오다에나투스는 발레리아누스 황제의 탈환에는 성공하지 못했지만 아들인 가트리에누스가 후계자로 황제에 즉위하는 것을 지원하여 사병을 이끌고 대립 후보를 물리칠 정도로 큰 공적을 세웠다. 그 때문에 가트리에누스 황제의 두터운 신임을 얻어 동방 주들의 방위를 일임받기에 이르렀다.

그의 사후에 작성된 것이지만 271년 8월자 팔미라 비문에서 '왕중의 왕으로 동방 전역의 총독'으로 부르고 있다. '왕중의 왕'이라는 이란풍의 칭호는 아마 262년의 샤푸르 1세에 대한 승리를 과시하여 자칭한 것이리라. 한편 '동방전역의 총독'은 같은 해에 가트리에누스 황제가 내린 칭호이다. '임페드럴(장군)', '렉스(왕)' 등으로 불린 것도 이들 동방 어러 지역의 지배를 로마황제로부터 인정받은 결과일 것이다. 오다에나투스와 가트리에누스 황제 이름이 같이 새겨진 화폐까지 발행되고 있다.

이렇게 스스로도 '왕'으로 칭한 오다에나투스였지만 로마 신속국의 지위를 벗어나 독립을 지향하는 징후는 보이지 않는다. 그렇지만 당시 로마제국은 북방 이민족의 침입이나 서방 속주들의 이반(갈리아 제국)으로 극도의 혼란상태였으므로 오다에나투스는 사실상 반독립 상태였다. 군인으로서뿐 아니라 정치가로서도 매우 유능하여 복종과 배반을 자주하는 베두인 족장들을 회유하는 한편 메소포타미아에서 시리아에 걸친 오아시스 도시들도 아군으로 만들어 사산조 군대와 대치하고 로마의 동방 국경을 잘 수비한 것은 로마 황제의 신뢰와 수여받은 칭호에 걸맞는 역할을 수행했다고 할 수 있을 것이다.

그러나 267년 카파도키아로 침입한 고트족을 물리치기 위해 에데사까지 출진했을 때 장남 헤로데스까지 조카인 마에오니우스(일찍 사망한 오다에나투스 형의 아들로 전해진다)와 그 일당에 의해 암살당해버렸다. 마에오니우스는 스스로 '왕'임을 선언했으나 오다에나투스의 왕비였던 제노비아의 신속한 행동으로 쿠데타가 바로 진압당하면서 이에 고대 오리엔트 사상 클레오파트라에 비견된다는 여왕 제노비아의 등장으로 이어지게 되었던 것이다.


## 제노비아

제노비아는 라틴어 호칭으로 팔미라어 비문에는 자트 잣바이(잣바이의 딸)로 불리고 있다. 아버지 잣바이는 시리아에 세력을 가진 아랍계 부족의 족장이고 어머니는 그리스인이었다는 설이 유력하다. 그러나 이집트어를 유창하게 하였을 뿐 아니라 클레오파트라나 프톨레마이오스 왕조의 후예라고 과시했다는 것으로 보아 이집트 출신이었다는 주장도 있다. 이집트어 외에 라틴어, 그 외 다른 외국어에도 능통하였고 측근으로 중용한 신 플라톤 학파의 철학자인 론기누스의 지도를 받아 학문에도 밝은 인재였던 반면 아랍 족장의 딸이라는 출생과 성장과정에서 어려서부터 승마나 수렵에도 익숙하여 아버지를 따라 크테시폰 원정에도 참가했다고 전해진다.

『히스토리아 아우구스타(로마 황제 군상)』라는 사료에 의하면 제노비아의 피부는 까무잡잡하고 눈동자는 검고 빛이 나며 이는 진주처럼 희고 목소리는 맑아 남자 같았다고 한다. 그리고 18세기 역사가 기번은 그의 저서『로마 제국 쇠망사』에서 그녀에 대해 미모로는 클레오파트라 못지않고 정절과 용기로는 훨씬 뛰어나 실로 오리엔트 세계 굴지의 여걸이라고 평하고 있다.

제노비아는 오다에나투스의 후처로 아버지와 함께 목숨을 잃은 헤로데스는 전처의 아들이었다. 그리고 이때 이미 제노비아와 오다에나투스 사이에는 바밧라투스라는 아들이 있었기 때문에 암살사건은 제노비아의 음모였다는 설도 퍼지고 있다. 자신의 아들을 왕위에 올리는 데 방해가 되는 헤로데스를 없애기 위해 숙부의 왕좌에 야심을 품고 있는 마에오니우스를 꼬드겨 범행을 저지르게 한 뒤 신속하게 그를 죽여 목적을 이뤘다는 것이다.

여하튼 제노비아는 그 후 바로 바밧라투스를 후계자로 왕위에 앉히고 자신은 어린 아들의 공동 통치자가 되어 권력을 잡고 일련의 혼란을 수습하는 데 성공하였다. 그 후 2년간의 팔미라의 정황에 관련된 사료가 없지만 로마에서는 268년에 가트리에누스 황제를 죽이고 제위를 찬탈한 클라우디우스 고티쿠스도 2년 후에 진중에서 병사하고 그 후계자 지위를 놓고 분쟁이 일어나고 있었다.

　이 혼란을 틈타 제노비아는 결국 이집트로 진격할 것을 결단하였다. 그녀가 초기 단계부터 로마의 동방 속주를 규합하여 분리·독립한 뒤 서방의 갈리아 제국에 필적하는 팔미라 제국을 수립할 의도를 갖고 있었는지의 여부는 분명치 않다. 그러나 앞서 말했듯이 당시의 팔미라 상인들은 그때까지의 교역 루트가 사산조 영토가 되어버렸기 때문에 마음대로 활동할 수 없어 고통 받고 있었다. 따라서 대체 루트로서 홍해에서 인도양으로 빠지는 해상 루트로의 진출이 필요했고 그를 위해서는 이 루트의 기점인 이집트를 지배하에 두어야 한다는 경제적 동기가 컸던 것은 부정할 수 없는 바이다.

　사산조 군의 침략으로부터 로마의 동방 속주를 지킨다는 명분으로 파견된 장군 자브다가 지휘하는 7만 대군은 이집트인 협력자도 얻어 로마군을 물리치고 알렉산드리아를 점령하는 데 성공하였다. 이집트는 로마에 있어 곡창인 동시에 인도양 교역의 요충지이기도 했다. 따라서 그곳을 팔미라에게 점령당했음을 알게 된 로마는 패닉상태에 빠졌다. 이야말로 이전 안토니우스와 결탁한 클레오파트라가 로마에 반기를 들었을 때와 비슷한 정황이 펼쳐졌던 것이다.

### 팔미라의 멸망

270년에 로마황제에 즉위한 아우렐리아누스는 곧장 반격에 나서지는 않았다. 게르만인 알라만니족이나 고트족과의 전투, 서방 속주가 분리·독립한 갈리아 제국에 대한 대응 등으로 여유가 없었던 것이다. 270년 후반부터 이듬해 초에 걸쳐 아우렐리아누스 황제와 바밧라투스, 실제로는 제노비아와의 사이에 어떤 형태의 일시적 타협이 있었음이 당시의 화폐 명문이나 파피루스 문서로 엿볼 수 있다. 바밧라투스와 아우렐리아누스의 이름과 흉상이 새겨진 이름이 합쳐진 화폐가 알렉산드리아나 안티오키아에서 발행되었고 파피루스 문서에는 "우리들의 주인, 로마인 중 가장 걸출하고 전능한 왕 셉티미오스 바밧라투스 아테노드로스"로 기록되어 있다.

그런데 271년 후반이 되면 바밧라투스의 흉상만을 새긴 화폐가 주조되게 되었고 그의 이름에 붙여진 칭호는 '카이사르', '아우구스투스'로 바뀌고 있다. 이는 로마에서 독립한 독자적 황제를 모시는 이른바 팔미라 제국의 수립을 선언한 것과 같다. 또 이 무렵이 되면 제노비아의 흉상을 새긴 화폐도 나타나고 있다. 팔미라 열주 도로에 세워진 석주의 장식대 비문에는 '여왕'이라 불리며 그녀 스스로 로마 황제의 비를 의미하는 '아우구스타'를 자칭하게 된다.

이 무렵이 팔미라의 전성기로 로마의 동방속주인 시리아, 팔레스타인, 아라비아 페트라에아, 이집트를 지배하에 두었다. 그리고 제노비아는 안티오키아로부터 수만의 군대를 보내 카파도키아의 안퀼라(현재의 앙카라)를 점령시켰다. 아나톨리아로의 진출은 흑해 교역에의 참가를 노린 것으로 말해진다. 그 목적은 달성하지 못했지만 이 시점에서 팔미라의 영토는 유프라테스강에서 이집트까지 확대되어 일시적이긴 하나 모든 동서교역로를 장악

3-4 팔미라의 열주 도로. 석주 중간에 설치된 장식대 위에 공적자의 흉상을 장식하고 옆면에는 기공비문이 새겨져 있었다. (필자 촬영)

한 대국으로까지 발전하였던 것이다.

일이 이 상황에 이르자 아우렐리아누스도 결국 팔미라 제압을 결의하였다. 우선 제국의 질서가 회복되자 272년 초에 장군 프로부스를 이집트로 파견하는 한편 자신은 아나톨리아로 진군하였다. 황제가 친히 원정을 한다는 소식을 접하자 이 지역의 많은 도시들은 싸우지 않고 성문을 열었다. 팔미라군과의 전투는 안티오키아와 에메사 근교에서 벌어져 모두 로마군의 승리로 끝났다. 바밧라투스는 이때의 전투에서 전사하였다고 한다.

제노비아는 팔미라로 퇴각하여 농성하며 사막 가운데의 장기전으로 적을 지치게 하는 작전을 폈지만 아우렐리아누스가 사막의 여러 부족들을 회유하여 아군으로 만들었고 또한 이집트를 제압한 프로부스 군이 지원군으로 보급로를 확보하여 결국 팔미라는 패배하였다. 패배를 눈치챈 제노비아는 팔미라를 탈출하여 페르시아로 도망가려 했지만 유프라테스강 강가에 이르렀을 때 로마군에 붙잡혀 이에 팔미라는 로마에 항복하였다. 272년 가을의 일이었다. 아우렐리아누스는 팔미라를 약탈도 파괴도 하지 않고 로마군의 수비대를 남기고 전리품과 개선식의 하이라이트가 될 제노비아를 데리고 돌아가는 길에 레스폰토스 부근에서 팔미라 반란의 소식을 듣고는 바로 다시 돌아가 이를 진압하였다. 벨 신전을 제외한 도시 모두를 파괴하고 병사들에게 약탈을 허용하였다.

제노비아의 후일담에 대해서는 두 가지 설이 있다. 『히스토리아 아우구스타』에 의하면 274년에 로마에서 거행된 아우렐리아누스 황제의 개선식에서 타민족의 포로(그중에는 갈리아제국 마지막 황제 테트릭스 1세도 있었다)와 함께 시내를 끌려 다녔는데 그때 제노비아는 금 사슬로 자신을 묶고 자신의 미모와 위엄을 로마 시민들에게 보여주었다. 그 후에는 로마 교외의 빌라를 받아 유복한 여생을 보냈다고 한다. 한편 조시모스라는 역사가는 그녀가 로마로 연행되는 도중에 병 때문인지 혹은 스스로 곡기를 끊어 목숨을 버렸다고 전하고 있다.

파괴된 팔미라의 일부는 그 후 로마군대의 기지로 모습이 바뀌었다. 특히 디오클레티아누스 황제 시대에는 페르시아군의 침공을 대비한 성채가 세워져 많은 병사들이 주둔하였다.

이렇게 아라비아에서 시리아에 걸친 광범한 지역에서 전반적인 대상도시들의 쇠퇴가 관찰되는 것과 대조적으로 아랍 베두인의 활동은 나중에 보듯이 3세기에서 4세기에 걸쳐 전 시대 이상으로 활발해지고 각지에서 대부족 연합이 결성되고 있었다. 아랍 자신이 남긴 사료는 결코 많지 않지만 주변 나라들의 기록을 통해서 주변국과의 관계가 깊어지는 모습과 함께 사막에서의 그들의 동향을 엿볼 수 있다.

# 5 아랍 부족들의 동향

## 킨다족

킨다족은 앞서 언급했듯이 3세기 초엽 사바군에 의한 카루야 공략을 기록한 비문에 처음으로 등장한다. 예전에 마인, 리프얀, 나바테아 등의 여러 왕국에서 내방한 상인들로 북적이던 도시에 그들의 모습은 보이지 않고 당시는 '킨다와 카프탄의 왕, 사울족의 무아위야의 아들 라비아'라는 아랍 수장이 이곳을 지배하고 있었다. 그러나 샤알 아우탈의 원정군에 패한 결과 이 수장은 사바 왕국의 고원지대의 수도였던 사누아로 연행되었다고 한다.

이후의 아랍 전승에서 킨다는 사울의 라카브(별명)가 되어 있지만 위의 호칭으로부터 사울족은 킨다의 지배 씨족으로 그 족장이 킨다족과 인접 지역에 거주하고 있던 카프탄족을 지배하고 있었던 것으로 읽힌다. 카르야 유적에서는 이와 대개 같든가 조금 이른 시기의 '카프탄과 마즈히주의 왕, [?]족으로 카프탄인 라비아의 아들 무아위야'의 묘비가 출토되고 있다. 비문은 남아라비아 문자로 새겨져 있고 언어는 사바어가 약간 섞인 아라비아어이다.

3-5    3-4세기의 아랍 부족들의 분포도. (필자 작성)

지중해

팔미라

다마스쿠스
샤비야
나마라
보슬라
움므 알씨말
가자
페트라

아람족

마다인 살레
우라
카티아
야스립

무달족

메카

파라산 섬
시잔
사다
나줄란
사누아
마리브
함야르
아바단
자파르
사와
무하
아덴

아드리스
악숨

타누피족

안바르
크테시폰
셀레우키아
바빌론
힐라
아바단

사산조

페르시아

두마트 알산달

라비아족
압둘카이스족

마앗드족
야마마
리야드
잣우
하르주
마쉬르
하리반
쉬자
야블린

무라이간
카르야
아스드족
킨다족
히마
마스히즈족

하사르

루브

샤브아
하드라마우
아비단
아스안족
카네

사라트

사바

악숨

홍해

히자즈

갓산족

니자르족

아쉬라르트

카프탄은 후대의 아랍계보학에서 모든 남아랍계 부족의 조상으로 자리매겨져 있다. 2세기 전반의 프톨레마이오스의『지리학』에서 나주드 고원 중앙부의 마쉬르, 하리반 부근에 있던 카타니타이라는 종족이 아닐까 추측되지만 비문사료에 의하면 3세기 초에는 그보다도 남쪽에 있었던 것이 된다. 예전의 대상교역의 주역들이 모습을 감춘 뒤의 카르야를 지배하고 있었는데 2세기 말 무렵 그 자리를 킨다계 수장에게 빼앗기며 결국 역사의 뒤안길로 사라졌을 것이다. 다만 지금도 카르야로부터 서남서의 아쉬르 지방 산악부에 그 후예들인지 산양 방목을 주

생업으로 하는 카프탄으로 불리는 부족이 존재한다.

킨다족에 대해서는 샤알보다 조금 늦게 사바의 왕위에 오른 형제왕 일샤라프와 야쥐르의 한 비문에 북방의 '킨다와 마즈히주와 베두인의 왕. 밧다의 아들 말리크'와 '아스드의 왕, 카브의 아들 하리스'로 보내는 사절이 기록되어 있다. 그러나 그 후 사바와 킨다 사이에 분쟁이 일어난 듯, 킨다 왕 말리크와 수하의 족장들은 한때 마리브에 구류되어 인질로 각각의 아들들과 다수의 말과 낙타를 바치고 겨우 풀려난 모습이 엿보인다.

일샤라프의 단독 통치시대가 되면 북방의 갓산, 아스드, 니자르, 마즈히주 등 부족의 왕들에게 사절이 당도하고 있는데 킨다의 이름은 보이지 않는다. 참고로 이 약 반세기 후의 정황을 전하고 있는 것으로 보이는 나마라 비문(자세한 것은 후술하겠다)에도 아스드나 니자르와 함께 마즈히주의 이름이 올라있지만 킨다의 이름은 언급되지 않고 있다. 이는 결코 우연이 아니고 아마 3세기 후반에 킨다족의 주력은 카르야 주변의 거주지를 버리고 남하하여 사이하드 사막 주변으로 이주한 것이 아닐까 추측된다.

그런데 전승에서는 하드라마우트가 킨다의 옛 땅으로 되어 있는데 기원전부터 하드라마우트 관련 비문에 그 이름이 전혀 보이지 않는 점으로 보아 그 설은 잘못된 듯하다. 하드라마우트와 관련이 생긴 것은 이 이동 후의 일일 것이다.

그 후 한참동안은 남아라비아의 대립하는 왕국들 진영에 용병으로 참여하고 있는 모습이 보인다. 그러나 3세기 말에 이르러 '킨다와 마즈히주의 왕, 무아위야의 아들 말리크'가 힘야르 왕 샨마르 유하르이슈에 귀순한 이후에는 일관되게 힘야르군의 일익을 담당하여 원정에 참가하고 있다. 힘야르의 군 안에서 이후 더욱 비중이 커진 베두인 부대의 중핵을 이룬 것이 킨다였다. 그리고 아랍 부족들의 수장을 '왕'으로 부르고 있는 것은 사료의 '말리크'를 그대로 번역한 것이고 대개의 경우 그 실체는 부족이나 부족연합의 장에 지나지 않는다.

**아스드족**

앞에서 샨마르가 사산조의 왕도 크테시폰과 셀레우키아로 사절을 보냈다고 했는데 실은 이때의 사절은 힘야르 왕의 대리인으로서 사다시(예멘의 최북단 요충지)의 지배를 40년 동안이나 위임받은 인물로, 다른 때에는 '아스드의 왕, 카브의 아들 말리크'와 '타누프의 땅'으로도 파견되고 있다. 북방의 사정에 정통한 점 때문이었을 것이다.

이미 몇 번이나 이름이 나왔던 아스드족은 남아라비아 비문을 보면 3세기에는 아쉬르 방면에 있었던 듯하다. 남하하기 전에 킨다족이 살고 있던 땅의 서쪽에 해당한다. 이슬람기에는 아즈드로 불리게 되었고 계보학으로는 남아라비아 계통으로 살라트의 아즈드와 오만의 아즈드의 두 부족으로 구성되어 있다. 살라트는 예멘에서 아쉬르에 걸쳐 남북으로 이어지는 산맥의 분수령의 서쪽 지역 이름이므로 비문에서 언급되어 있는 것은 살라트의 아즈드일 것이다.

한편 현재 오만인의 중심을 이루는 아즈드족은 자신들의 조상이 이슬람기에 예멘에서 이주해 왔다고 전하고 있다. 말리크라는 인물이 이끄는 이주 제1진은 살라트를 나와 와디 하드라마우트를 따라 동쪽으로 나아가 오만 남동부 칼하트 부근에서 아케메네스조의 페르시아인들과 싸워 물리친 뒤 이곳에 정주했다고 한다. 일반적으로 이 전설은 시대착오적으로 아즈드족의 선발 집단이 오만으로 이주한 것을 1세기나 2세기 전반으로 말하고 있지만 이 또한 확실한 근거가 있는 주장은 아니다.

여하튼 전승으로는 그 후 중앙아라비아를 경유하여 오만으로 이주한 아즈드의 다른 일족이 말리크의 후예를 대신하여 지배권을 장악하였다. 사산조가 이 일족에게 부여한 줄란다리크라는 칭호가 점차 이 일족의 명칭이 되었고 말리크 계통의 아즈드도 줄란다로 칭하게 되었다고 한다. 사산조와 줄란다 사이에는 호슬로 1세(재위 531~579년)의 치세에 협정이 맺어져, 전자는 오만에게 4천 명의 병사를 주둔시키고 아즈드 왕 쪽(아마 루스트크)으로 관리를 파견하였다. 또한 페르시아인이 해안지대에 거주한 데 대해 아즈드는 내륙부를 영유하였다고 한다.


**타누프**

타누프는 다발리의 연대기에 의하면 페르시아만 근처에서 결성된 대부족연합이었다. 프톨레마이오스의 『지리학』에서 앞서 언급한 카타니타이 바로 근처에 있는 타누이타이/타누에타이로 특정할 수 있다고 말해지는데 만약 그것이 맞다면 처음엔 내륙에 있다 나중에 페르시

3-6 타누프 왕 가디마로 언급한 나바테아어
(상)와 그리스어로 기록된 묘비 비문(Fisher,
*Arabs and Empires before Islam*, 29쪽)

아만 연안으로 이동했든가 아니면 내륙부에서 만 연안에
걸쳐 넓은 지역에 산재하던 여러 부족이 대연합을 형성
했든가 둘 중 하나일 것이다.

사산조가 성립하자 그 압력에 밀려 북상하여 유프라테
스 서쪽의 힐라에서 암바르에 걸친 지역으로 이주했다고
전해지고 있다. 그러나 실제로는 더 서쪽으로 발전한 듯
하며 그 결과 시리아 사막에서 팔미라의 세력과 충돌하
는 지경에 이른 것이 아닐까 한다. 팔미라의 여왕 제노비

아가 타누프의 왕 자즈이마를 모살했다는 전승으로 그런 정황을 추측할 수 있다. 이 자즈이마에 대해서는 남시리아의 움므 알지마르에서 발견된 비문(사바테아어와 그리스어의 두 언어로 기록된 묘지[墓誌])에 새겨진 '타누프 왕 가디마'로 비정되어 역사적으로 실재한 인물로 확실시 되고 있다. 전승으로는 자즈이마 자신은 타누프와 함께 북으로 이동한 아즈드족 출신이었다고 한다. 앞의 오만의 아즈드와 관련지어 말하면 살라트를 나와 중앙아라비아를 경유하여 페르시아만 연안을 향해 갔던 아즈드 일파 중 연안 동쪽으로 나아가 오만에 도달한 일족과 헤어져 타누프와 행동을 같이 하여 북으로 간 집단도 있었을 것으로 생각하면 이해가 된다.

자즈이마의 왕위는 그의 조카(자매의 아들)인 아무르가 계승하였다. 라흠조로 불리는 왕조를 개창한 것은 이 아무르였다고 추측하고 있다. 사산조의 나루세 1세의 3세기 말 비문에 그 왕의 지지자(단 신하인지 동맹자인지는 불명)의 하나로 열거되어 있는 '아프마이 왕 아무르'가 그것이다. 단 라흠은 남시리아에 거처를 둔 부족으로 그들이 전체가 다 이라크 방면으로 이동하여 정권을 잡은 것은 아니고 그중 나스르 가문의 일족(아무르의 부계 집안)이 유프라테스강 서쪽에서 타누프 부족연합을 통솔한 것이 일반적으로 말하는 라흠조이다. 그러므로 라흠이라는 통칭은 이 정체의 실체를 가리키기에는 적당치 않고 나스르조(Naṣrids)로 부르는 게 맞다는 의견이 전문가들 사이에서 강하다. 따라서 이 책에서도 이 주장을 따르겠다.

또한 나스르조는 힐라를 수도로 하고 있었다고 하는데 5세기 이전에 힐라의 존재를 실증할 사료가 없고 자즈이마로 시작하는 3대 수장과 시리아와 관계가 깊은 것을 보아도 과연 그들이 처음부터 힐라를 본거지로 하고 있었는지는 상당히 의문이다.

덧붙여 라흠족도 남아랍계로 분류되고 있다. 그러나 그들과 아라비아 남부와의 관련을 보이는 사료가 전혀 없어 아마도 원래 시리아 방면에 있던 집단으로 생각된다. 아랍을 북과 남의 두 계통으로 분류하는 것은 원래 우마이야조 시대의 당쟁 과정에서 대립하는 두 세력을 나누면서 시작되었다고 하니 해당 부족의 출신지를 보여주는 것도 아니다.

타발리의 연대기가 전하는 바에 의하면 아무르는 그 후 제노비아와 싸워 그녀를 죽이고 자즈이마의 원수를 갚았다고 한다. 아랍 역사가의 시점에서 제노비아의 사망과 팔미라의 멸망을 바로 아랍의 서로 대립하는 세력 간의 투쟁의 결과로 평가하고 있다. 사실은 팔미라와 이해가 충돌하는 타누프의 족장이 팔미라를 공격하는 로마군과 손을 잡았던 것은 아닐까. 급속하게 세력을 키운 팔미라가 로마와 적대하는 한편으로 시리아사막에서는 대항세력인 베두인과 심각한 마찰을 일으키고 있었음이 엿보여 매우 흥미롭다.

**나마라 비문**

이는 시리아 사막의 나마라(다마스쿠스 남동 약 100킬로미터)에서 발견되어 현재는 파리의 루브르박물관에 수장되어 있는 이무르루카이스(이므룻 알카이스)의 묘비이다. 위에 나온 아무르의 아들, 따라서 나스르조의 2대 왕인 아랍 대족장의 위업, 특히 그 정복과 지배영역이 나바테아 문자를 써서 초기의 아랍어로 기록되어 있다. 귀중한 사료이지만 비문 텍스트의 해독과 해석에 적지 않은 이론이 존재하여 아직까지 정확한 독해를 하지 못하고 있다. 따라서 다음에 언급하는 것은 잠정적인 해석문이다.

3-7 나마라 비문(Fisher, *Arabs and Empires before Islam*, 406쪽)

이는 전 아랍의 왕, 아무르의 아들, 왕관을 쓴 이무르 루카이스의 묘비이다. 그는 두 아스드족과 니자르족 및 그 왕들을 시배하였다. 마즈히주족을 추격하여 샨마르의 도시 나줄란의 문 앞에서 창끝으로 (그들을) 쓰러뜨렸다. 그리고 마아드족까지 지배하였다. 아들들에게 도시나 지방을 맡겨 다스리게 하였고 그들은 로마를 위해 싸웠다. 그가 죽음을 맞이하기까지 그의 공적에 필적하는 왕은 나오지 않았다. 223년 카스루르월 7일(서력 328년 12월 7일). 그의 자손들에게 축복 있으라.

마아드는 반도 중앙부에 넓게 분포한 여러 부족의 연합체이다. 니자르족과 마즈히주족은 지금까지 이미 몇 번이나 다룬 부족으로 전자는 마아드의 남쪽으로 메카에서 보면 북동 방면의 사막에, 그리고 후자는 카르야와 나줄란 사이에 있었던 듯하다. 두 아스드 족이란 살라트의 아스드족과 거기서 갈라져 만 연안 방면으로 간 일족을 가리키는 것으로 보인다. 다만 당시 후자가 이미 오만으로 이주하고 있었는지는 확실치 않고 가령 그렇다 해도 이무르루카이스가 먼 그 지역까지 무력으로 제압했다고는 생각되지 않는다. 그가 모계의 혈통으로 이 지역과 연결되어 있었던 것이 지배를 주장하는 근거가 아닐까 한다.

요컨대 이무르루카이스는 시리아에서 남아라비아를 향해 원정하는 도중 진격로를 따라 지역의 여러 부족을 복속시키며 나줄란까지 도달했을 것이다. 문장을 그대로 사실로 받아들일지의 문제는 있으나 당시의 아라비아에서 전례 없는 대원정이 감행되었던 것은 확실하다. 그가 '전 아랍의 왕'이라고 자랑스레 칭하는 것도 그럴 만하다.

연대적으로 보아 샨마르로 불리고 있는 인물이 힘야르왕 샨마르 유하르이슈인 것은 틀림이 없다. 단 나줄란을 정복·점령했다고는 쓰여 있지 않고 힘야르 쪽에 이 건에 대해 언급한 비문은 남아 있지 않으므로 샨마르가 지휘하는 힘야르 군과 본격적인 전투는 없었던 것은 아닐까.

나스르조는 아랍 부족들, 특히 타누프의 패권을 잡은 이후에는 사산조와의 관계를 심화시켜 하사금을 받는 대신 그 왕조 서부 사막지대의 경비를 맡고 대로마/비잔틴

제국전에서는 첨병의 역할을 수행했다고 전해진다. 2대 왕의 묘가 시리아에 있고 로마에 대한 협력이 묘지에 기록되어 있는 것은 대체 어떻게 된 일일까?

아랍족이 원래 시리아 남부에 근거지를 둔 부족이고 아버지 아무르가 로마의 팔미라 공격에 공을 세웠던 듯한 것을 생각하면 이무르루카이스가 로마에 협조적이었던 것은 그리 이상하지 않을지 모른다. 그러나 그 사이 사산조와는 어떤 관계에 있었던 것일까. 전승으로는 샤푸르 2세(재위 309~379년) 치세에 이무르루카이스와 아들 아무르가 사산조 국경 근처 사막지대의 아랍 부족을 제압하는 역할을 했다고 한다. 본거지를 힐라로 정하고 사산조의 위성국 같은 지위가 확정되기까지는 로마와 사산조 사이에서 중립적인 태도를 취하고 있었던 것은 아닐까.

이무르루카이스의 남방원정과 앞의 샨마르의 북방으로의 사절파견의 전후 관계는 확실치 않다. 또 '타누프의 땅'으로 말해지는 것이 구체적으로 어디인지, 어떤 목적으로 누구와 회견할 계획이었는지도 현재로선 잘 모른다. 그러나 여하튼 아라비아반도의 남북 세력이 군사적으로 충돌한 것이나 주변의 제국까지 관여시킨 외교를 시도했던 부분이 사료를 통해 엿볼 수 있다는 것은 지금까지 없었던 새로운 사태이다. 베두인 집단의 세력 확대라는 현실을 앞에 두고 이를 어떻게 자신의 편으로 만들지가 제국의 과제가 되는 것도 이 무렵부터이다.


**샤푸르 2세의 아라비아 원정**

이 부분에서 샤푸르 2세의 아라비아반도 원정에 대해 언급하는 것이 좋을 듯하다. 호르미즈드 2세의 4남으로 사산조의 제9대 군주인 이 왕은 세상에 나오기 전부터 세 명의 형을 제치고 왕으로 정해져 탄생 전에 서거한 아버지가 샤푸르라는 이름까지 지어주었다고 한다. 생몰년과 재위 기간이 일치하는 매우 드문 군주이다.

당연한 일이지만 어릴 때는 대귀족들이 국정을 좌우하여 대외적으로 적극적인 정책을 펴기 힘든 상황이었다. 그것을 기회로 아브드루카이스(아브드 알카이스)족을 비롯한 아랍 베두인이 페르시아만을 건너 이란 측으로 침입하여 연안 일대를 점거했다고 한다. 페르시아만도 홍해도 바다를 낀 양안의 지세, 기후는 같아서 주민들의 생활양식도 거의 비슷하다. 그때그때의 양 연안의 정치정세,

권력 관계의 변화에 따라 쌍방의 주민들은 예로부터 서로 건너편을 침입하는 형태로 이주를 계속해왔다.

그러나 결국 군을 지휘할 수 있는 나이가 된 샤푸르 2세는 영내의 아랍세력을 일소했을 뿐 아니라 바레인 하싸 지방 근처에서 아라비아로 침공해 들어가 반도 중앙부의 부족을 섬멸하면서 야스립 교외에까지 이르렀다고 한다. 앞서 살펴보았듯이 아랍세력이 에티오피아 왕에게 구원을 구했다는 전승도 있어 이때의 페르시아군의 침공이 격했음을 알 수 있다. 연대적으로는 4세기의 제2사분기의 일로 생각된다. 대체로 25년 전에 이무르루카이스가 이끄는 북으로부터의 원정군에 유린당한 중앙아라비아의 부족들에 이번엔 동으로부터 강력한 적이 습격해온 것이 된다. 그리고 아마 그때부터 얼마 안 가 남으로부터 베두인을 주체로 하는 부대가 이 땅을 파상공격하였다.

**야즈안족의 북방원정**

하드라마우트 서부로 말해지지만 실제로는 이전의 아

우산 왕국의 조금 남쪽에 위치하는 아바단이라는 곳에서 이곳을 본거지로 4세기 이후 큰 세력으로 발전하는 야즈안족(이슬람기의 문헌에서는 즈 야잔) 수장이 남긴 장문의 마애비문이 발견되었다. 내용의 대부분은 이 일족이 3대에 걸쳐 행한 12번의 원정 기록이다. 말미에 서력으로 환산하여 360년에 해당하는 힘야르력 연대가 있어 기록되어 있는 것은 대략 4세기의 제1사분기에서 중반 이후에 걸쳐 일어난 것으로 추측된다.

3대에 걸친 힘야르 왕에 대한 언급도 있지만 왕명에 정식 왕호가 붙어있지 않고 라이단 성주로만 부르고 있는 것은 매우 이례적인 일이다. 앞서 언급했듯이 샤마르 유하르이슈 치세를 이은 4세기의 힘야르에는 복수의 왕이 난립하여 왕권이 약해진 혼란의 시대였다는 인상을 준다. 야즈안족은 이 기회를 틈타 세력 확대를 꾀한 것으로 보인다. 12번 중 힘야르 왕을 따른 것은 살라트나 아쉬르를 대상으로 한 네 번의 원정뿐으로 다른 원정에 대해서는 통상 보이는 '왕의 명령으로'라는 문구가 없어 아무래도 야즈안족의 주도로 행해진 듯하다.

당초 이 일족을 괴롭히던 존재는 바로 동쪽 이웃인 하드라마우트였으나 이를 제압한 뒤에는 근린 부족들의 베두인 부대를 이끌고 반도 중앙부로 원정을 계속하였다. 참고로 야즈안족 자신은 베두인이 아니고 남아라비아의 토착 집단이다. 4번째 원정에서는 동진하여 하드라마우트, 마하라와 이곳저곳에서 전쟁한 뒤 먼 곳의 야블린까지 급습하고 있는데 놀라게 된다. 야블린은 리야드의 남동 280킬로미터 정도에 위치하는 오아시스로 마하라에서 북상하려면 루브 알하리 사막을 건너야 한다. 또 8번째 원정에서는 리야드와 아블린 사이에 있는 자츠와 하르주까지 진군하여 마앗드 부족연합의 부족들과 교전하고 있다.

마지막 12번째 원정에는 킨다족이나 마즈히주족도 가세하여 2천 명의 전사와 160기의 기병으로 구성된 부대가 메카 북동의 스이자의 우물 근처에서 마앗드에 속하는 압둘카이스족의 방계 부족과도 싸웠다. 그곳은 니자르족과 갓산족의 영지 경계에 해당한다고 기록되어 있다. 압둘카이스는 바레인의 대안 부근 페르시아만 연안에 있던 것으로 알려져 있는데 이를 통해 일부는 상당히 내륙 쪽에도 있었음을 알 수 있다.

야즈안족의 일련의 원정은 교전 후 적으로부터 빼앗은 말, 낙타, 양 등의 전리품과 포로를 데리고 귀환하는 약탈행위의 범위를 넘지 않은 것으로, 다음 장에서 보듯이 정복지에 부대가 그대로 눌러앉는 점령, 이주와는 형태가 달랐다. 그래도 남아라비아의 최남단이라해도 과언이 아닌 땅의 부족이 중심이 되어 반도 중앙부로 약탈행위를 계속한 것은 그때까지 예가 없었던 것이다. 시대적, 지역적으로 보아 이무르루카이스 원정에 대한 보복이라고는 생각되지 않고 오히려 샤푸르 2세의 원정으로 마앗드를 비롯한 여러 부족이 혼란에 빠져 약체화한 틈을 탄 행동으로 해석하는 편이 좋을 듯하다.

## 갓산족

이슬람 발흥에 앞선 세기에 중요한 역할을 담당한 갓산족에 대해서는 다음 장에서 상세하게 다루겠지만 나중에 라이벌이 되는 라흠족과 킨다족에 대해서는 이미 소개했으므로 그들에 대해서도 4세기까지의 사료 범위 내에서 간단히 언급해두고 싶다.

아랍계보학에서는 라흠족과 같이 남아랍계로 분류되어 선(先)이슬람기에 남아라비아에서 시리아로 이동했다고 많이들 얘기하는 이 부족의 원주지는 실제로 어디였을까? 사료상으로는 3세기 중엽 무렵 사바 왕 일샤라프가 족장에게 사절을 보냈음을 전하는 비문의 기사가 처음 등장한다. 이 사절은 동시에 아스드족이나 니자르족 족장에게도 파견되고 있으므로 당시의 갓산족 거주지도 아쉬르에서 히자즈 부근이 아닐까 추측한다.

그리고 다음 세기의 아바단 비문에 야즈안족의 원정대가 압둘카이스 방계 부족과 싸운 쉬자의 우물 부근이 니자르와 갓산의 경계라고 기록되어 있다. 쉬자는 메카에서 북동쪽으로 약 380킬로미터 떨어진 세 우물과 작은 바위산이 있는 장소의 명칭이라 한다. 이 비문에서는 니자르와의 위치 관계까지는 알 수 없지만 다음의 나바테아어 비문에서 그것이 밝혀졌다.

이전 데단 왕국이 번영했던 히자즈 북부 울라의 남동 50~70킬로미터에 위치하는 카티아라는 장소에서 암벽에 3세기나 4세기 것으로 생각되는 나바테아문자로 '자이드마나트의 아들 앗산 리사트'라고 새겨진 비문이 발견된 것이다. 이를 통해 4세기 전후에 갓산족은 쉬자를 끼고 니자르족의 북쪽에 있으며 그곳부터 울라 부근에 걸친 히자즈 지방에 있었을 것이라는 추측이 성립한다. 또한 나바테아어에는 아라비아어의 가인에 해당하는 자음이 없기 때문에 갓산은 앗산으로 표기된다. 그리고 363년 율리아누스 황제의 페르시아 원정을 따라온 안미아누스 마르케리누스가 유프라테스 강변에서 앗산족인 사라센족장의 매복 공격을 받았다고 저서에 쓰고 있다. 이도 저자가 아람어 발음을 사용했기 때문으로 문제의 앗산이 갓산임은 틀림없다.

이처럼 사료에는 상당히 넓은 범위에서 갓산족이나 그 수장에 대해 언급하는 기사가 나오지만 그들이 히자즈에서 유프라테스 강변에 이르는 넓은 지역을 영역으로 삼았다는 것은 있을 수 없어 방계 부족이 광범위하게 흩어져 거주하고 있었다고 볼 수밖에 없다. 이 정황이 이 이후에도 이어져 갓산족이 전체적으로 군사적 정치적으로 행동했던 적은 없었다고 추측하고 있다. 그것이 다음 장에서 보듯이 로마/비잔틴 제국의 위성국으로서의 갓산조는 허구라고 비판받는 이유이다.

**마비아**

본 절의 마지막에 베두인 족장으로 용맹을 떨친 마비

아에 대해 언급하겠다. 그녀에 대해서는 아랍 부족들에 기독교를 포교했다는 관점에서 기독교 교회사가들이 많은 관심을 갖고 기록을 남기고 있다. 그에 의하면 그녀는 죽은 남편의 뒤를 이어 족장 지위에 올랐다. 죽은 남편은 로마와 동맹 관계에 있었던 듯하나 당시 이러한 관계는 속인적인 것으로 본인이 죽으면 끝나는 것이 관례였다. 이에 바로 마비아는 일족을 이끌고 시리아 남부에서 이집트 북동부에 걸쳐 로마령의 도시나 마을을 차례로 습격하여 약탈을 자행하였다.

참다못한 로마 측이 화평을 제안하자 마비아는 강화조건으로 모제스라는 은거 수도사를 주교로 하여 그들에게 파견해줄 것을 요구하였다. 이에 응하여 로마당국은 사막에 은둔하고 있던 모제스에게 알렉산드리아에서 대주교에게 서임받게 하려 하였다. 그런데 모제스가 아리우스파 대주교의 서임을 완강히 거절하였기 때문에 사태는 크게 틀어졌다. 교과서적으로는 기독교인의 인성을 강조하는 아리우스파는 325년의 니케아공의회에서 이단을 선고받았다고 되어 있다. 그러나 실은 그 후에도 로마 황제 중에는 이 파를 열렬히 지지하는 사람도 있었다. 사건 당시 발렌스 황제도 그 한명이었기 때문에 알렉산드리아

교회의 대주교에 아리우스파의 루키우스가 임명되어 있었던 것이다.

그러나 이 한 건은 결국 로마 측이 양보하여 모제스는 사막으로 추방되어 있던 '정통파' 사제로부터 서임을 받고 아랍부족민들의 주교가 되어 이후 포교에 진력하였다고 한다. 한편 요구를 성공시킨 마비아는 창을 거두고 로마와 다시 동맹의 협약을 맺었다.

그런데 역사상 유명한 게르만족의 대이동이 시작된 것이 바로 이 무렵이다. 고트족의 영내침입에 직면한 로마는 위기상황에 놓이게 되었다. 위의 발렌스 황제는 378년의 하드리아노폴리스(아드리아노플) 전투에서 전사하고 고트족은 수도 콘스탄티노플로 쳐들어왔다. 이때 풍전등화의 수도를 방위하기 위해 마비아는 휘하의 베두인 부대를 원군으로 파견하였다. 교회사가들이 전하는 바에 의하면 야만족 고트인들도 아랍 베두인의 야만적 행태에는 혀를 내두를 지경이어서 겁에 질려 후퇴할 수밖에 없었다고 한다.

이후 시리아사막을 중심으로 아랍부족민에 대한 기독교 포교가 진행되었다 한다. 다만 마비아가 이미 기독교도였는지 아니면 모제스에 의해 세례를 받았는지는 설이

나뉘는 부분이다.

# 제4장
# 아라비아의
# 고대 말기

## —여러 세력의 각축

이 장에서는 일반적으로 자힐리야 시대로 불리는 시기를 살펴보겠다. '자힐리야'란 '무지', '무명'이라는 의미로 무함마드를 통하여 알라의 계시가 아랍에 전해진 이전 시대를 이슬람의 전통적 시대구분에서 이같이 부르고 있다. 그중에서도 역사적으로 이슬람 이전 약 150년간을 가리키고 있는 것은 아랍사에서 그 시기가 이슬람 탄생 이전 단계의 사회적 문화적 성격을 형성한 시기이며 이슬람 시대가 되어 기록된 아랍의 시인들이 읊은 현상들이 대체로 5세기 중엽 이후에 위치해 있기 때문이다. 그러나 선이슬람기의 아라비아가 결코 '무지'하지도 '무명'이지도 않았음은 지금까지 살펴본 바를 보아도 분명하다. 이 시대를 '자힐리야'로 부르는 것은 어디까지나 이슬람적 관점에서 본 것에 지나지 않는다. 따라서 본서에서는 이 술어를 장 제목으로 하는 것을 피하기로 했다.

그렇다 해도 앞으로 보듯이 5세기 후반경부터 이슬람 탄생까지의 아라비아사는 확실히 하나의 통합된 시대상을 보이고 있다. 이에 제6장에서 이슬람 발흥 후의 시대를 중세로 부르면서 이 장에서는 이 시기를 아라비아 고대 말기로 부르기로 하겠다.

# 1 오리엔트 3열강과 아랍 3왕국의 대립과 항쟁

## 힘야르 왕의 중앙아라비아 원정

4세기 힘야르 왕국은 복수의 왕이 난립하여 어디에 왕권의 중심이 있는지 알기 어려운 정황이었음은 앞장에서 말했지만 그래도 4세기 전반부터 확인되는 하나의 왕통에 점차 권력이 집중되어 5세기 중엽 지나서까지 적어도 5대가 이어지는 왕조를 형성하였다. 그중 마지막 3대 왕에 대해서는 함다니나 나슈완에 의한 힘야르 왕의 계보에도 이름을 올리고 있어 확실히 실권을 쥐었던 왕이었을 것으로 본다. 이 중 4세기 말부터 5세기 중엽 무렵까지 대개 반세기에 걸쳐 재위했던 아비칼리브 아스아드는 후세의 전승에서 이라크 원정을 했다고 전해질 정도로 강력한 지배자였다.

리야드의 서남서 2백 킬로미터 정도에 위치하는 마쉬르에 힘야르 원정군이 마앗드의 땅을 정복한 것을 기념하는 마애비문이 남아 있다. 앞장에 나온 야즈안족의 원정과 달리 이번엔 힘야르 왕 비칼리브가 아들 핫산 유하민과 함께 진두에 서서 킨다 등 아랍 부족들을 이끈 본격적인 군사행동이었다. 관련 있는 다른 비문에 마쉬르 주

지중해

알렉산드리아

갓블라
사루그
에데사
오스로에네
안티오키아
알레포
킨니스린
루사파
자즈이라
티그리트
암바르
베트 알샴(?)
크테시폰
셀레우키아
타누프족
힐라
라므라

다마스쿠스
팔미라
자비야
예루살렘

갓산족의 자프나조

카르브족
두마
라흠족의 나스르조

살리프족
주잠족
바누 살라바
타이이족
하이르
마앗드족
킨다족의 후즈르조
마쉬르
하리반

라비아족
타밈족
압둘카이스족
페르시아만
바레인
캇트
하카르

마다인 살레
하이바르
야스립

히자즈

하니파족

홍해

메카
타이프

야마마

아스드족
티하마
무라이간
마즈히즈족
카우카브
사드족
히마
니줄란
무라드족
킨다족
하드라마우트
마리브
사누아
야즈안족
힘야르
자파르
아덴

루브 알할리

아드리스
악숨
악숨
티하마
무표완
아덴

4-1  5~6세기의 아라비아. (필자 작성)

변 지명이 나와 있어 이 부근 일대에서 전투가 계속된 것으로 추측된다.

비문에 결손이 있어 전투 상대의 전모가 판명되지 않지만 타누프의 족장들과 싸워 승리를 거둔 것은 확실한

듯하다. 그것으로 보아 이 원정은 이무르루카이스의 원정 이래 북방의 나스르조의 지배 내지는 영향 하에 두어진 마앗드와 그 영역을 제압하고 다음 항에서 보듯이 자신들의 지배하에 둘 것을 목적으로 했다고 판단해도 좋을 것 같다. 원정군이 이라크까지 다달았다는 후세의 전승은 타누프와의 교전이 확대해석된 것은 아닐까.

무엇보다도 주목되는 것은 아비칼리브 부자의 왕 칭호에 큰 변화가 보인다는 점이다. 즉 부자 모두 종래의 왕호에 '고지와 저지대 아랍'을 덧붙인 새로운 왕호를 들고 있다. '고지의 아랍'은 아마 반도 중앙부의 나주드 고원 일대에 세력을 편 마앗드 부족연합일 것이다. 한편 '저지대 아랍'이 어떤 세력인지는 확실치 않다. '저지대'의 원어는 '티하마'로 말 그대로라면 히자즈보다도 서쪽인 홍해 연안부 일대의 지명이지만 여기서 '저지대 아랍'으로 불리는 것은 히자즈 북방의 무달 부족연합이 아닐까 추측한다. 요컨대 이 새로운 왕호는 남아라비아의 힘야르 왕이 반도 중앙부에서 북서부에 걸쳐 여러 부족을 지배하에 두었음을 공언한 것으로 해석할 수 있다.

이 비문에는 날짜 기록이 없어 원정의 정확한 연대는 알 수 없다. 그러나 힘야르력으로 서력 433년에 해당하는 해가 기록된 다른 비문에서는 아비칼리브 부자의 왕호에 아직 변화가 보이지 않는다. 따라서 원정은 그 이후 대체적으로 440년대가 아닐까 추측되고 있다.

**킨다 왕국 후즈르조의 성립**

그런데 이 원정이 앞의 야즈안족의 그것과 다른 또 하나는 종군한 킨다족을 중심으로 하는 부대 일부가 그대로 정복지에 눌러앉았다고 생각되는 점이다.

왜냐하면 아랍의 전승에서는 킨다 왕국의 건국이 아즈아드 아르카밀(아스아드 아브칼리브로도 불리며 비문의 아비칼리브 아스아드로 비정된다) 원정과 관련지어 전해지고 있기 때문이다. 그에 따르면 아스아드에 의해 정복된 아라비아 중앙부에 킨다 왕국이 세워졌는데 그 왕에 아스아드의 아들 핫산의 이부형제라는 설도 있는 아슈르 아킬 알므랄이 옹립되었다 한다. 이 핫산이 아비칼리브의 아들로 원정에도 동행한 핫산 유라민으로 보는 데는 이견이 없다. 또한 후즈르에 대해서는 나줄란 북동에 위치하는 카우캅 근처에 남겨져 있는 비문에 '킨다 왕, 아무르의 아들 후즈르'가 이에 해당하는 것으로 보고 있다.

이러한 비정이 맞다면 3세기 후반에 일단 남으로 이주한 킨다족은 이 원정을 계기로 그 일부가 북방으로 진출하여 힘야르 왕의 대리인적인 입장에서 마앗드 부족연합을 지배·통솔한 것으로 생각된다. 그 정치체제를 종래에는 킨다 왕국으로 불러왔지만 킨다족의 주체는 하드라마우트 북방에 머물고 있었고 북으로 이동한 것은 일부에 지나지 않는 점에서 보면 이 통칭은 적당치 않고 후즈르조(Hujrids)로 부르는 편이 실상에 가깝다는 의견이 최근엔 강하다.

여하튼 이런 형태로 힘야르의 위성국 같은 존재로서 킨다족이 지배하는 왕국이 5세기 중엽에 반도 중앙부에 성립하였다. 전승에 의하면 후즈르는 반도 북동부의 라비아족에도 영향력을 갖고 있어 그들을 이끌고 페르시아만 연안의 하싸 나스르조의 지배영역인 이라크 근방까지 원정하여 약탈을 자행하였다 한다. 또한 반도 서북부에서는 당시 로마와 동맹 관계에 있으면서 하사금을 받는 대신 남부 국경을 베두인의 습격으로부터 지키는 임무를 맡고 있던 살리프족의 수장과 싸워 이를 격파했다는 전승도 있다.

아랍 수장의 권위가 무력뿐 아니라 부하들에게 부를 나눠줄 능력에 달려 있음은 예나 지금이나 변함이 없다. 현재는 원유수입을 유력 부족의 족장에게 분배함으로써 아랍국가 왕들의 지위가 지켜지고 있지만, 여기서 다루고 있는 시대에 부족연합 수장의 부의 원천은 약탈품과 인접 제국으로부터의 하사금이었다. 인심이 후한 수장 밑에는 주변 부족이 운집하여 부족연합이 형성되지만 부의 분배가 지체가 되면 '돈 만큼의 인연'이라는 듯 바로 연합은 와해되는 것이 늘상이었다. 그만큼 여러 가족을 거느린 수장은 끊임없이 주변 각지에 부대를 보내 약탈품 획득에 노력하며 보호자격인 제국과의 관계유지에도 힘을 쏟았던 것이다.

한편 베두인 세력의 강대화라는 사태에 직면한 주변

제국 입장에서는 '오랑캐로 오랑캐를 다스리는 이이제이' 정책이 유리한 것으로 생각되었다. 유력 수장에게 하사금을 주어 회유하고 베두인의 습격이나 침입 위험에 처해있는 국경 경비를 맡기고 전시에는 첨병의 역할을 수행하게 했던 것이다. 사산조나 나스르조, 로마/비잔틴과 살리프족이나 6세기의 자나프조와의 관계는 바로 그와 같은 것이었다. 다만 힘야르와 킨다족에 관해서는 처음부터 전자와 아랍부족들 관계가 사산조나 로마/비잔틴과 달랐고 후즈르조 성립 경위로 보아 그것과는 달랐다고 생각한다. 힘야르 입장에서 후즈르조는 북으로부터의 위협에 대한 방파제라기보다 자신들이 북으로 진출하기 위한 교두보였던 것으로 보인다.

**하리스 알마리크의 영광과 좌절**

이 후즈르조는 후즈르의 손자 하리스 알마리크 시대에 세력이 가장 커졌다. 527년 말이나 다음해 초에 사망할 때까지 40년 내지 60년 동안이나 재위했다고 전해진다. 이슬람계 전승에 의하면 최성기에는 나스르조의 수도 힐라를 점령했을 뿐 아니라 유프라테스강을 넘어 메소포타미아 남부까지 진출을 꾀했다고 한다. 단지 이 시기는 나스르조의 최성기를 이끈 문디르 3세(재위 505년경~554년)의 전임자 시대라는 전승과 문디르 치세 중이었다는 전승이 있어 판단이 어렵다.

그리고 후자에 의하면 문디르는 종주인 사산조의 카와드 1세(재위 488~496년, 498/9~531년) 때부터 당시 이 왕이 지원하고 있던 마즈다크교 수용을 요구했으나 이를 거부하였기 때문에 힐라에서 쫓겨났고 대신 요구에 응한 하리스가 힐라와 주변 지배를 인정받게 되었다. 그러나 카와드의 아들 호슬로 1세(재위 531~579년) 즉위와 함께 상황이 일변하여 문디르가 복권되고 하리스는 가족과 재산을 남긴 채 힐라에서 카르브족의 영역으로 도망쳤지만 그곳에서 생을 마감했다고 한다. 이 전승에서는 하리스의 사망년도와 호슬로의 즉위연도 사이에 간극이 있지만 호슬로는 즉위 전부터 부친을 설득하여 마즈다크교 탄압으로 정책을 전환시키고 있으므로 하리스의 실권이 그때 일어났다고 생각하면 연대 상의 모순은 어느 정도 해소된다.

덧붙여 전후 사정은 모르겠으나 하리스가 딸 힌드를 문디르와 결혼시켜 두 사람 사이에서 태어난 아들이 나중에 문디르의 왕위를 잇고 있다. 힌드는 독실한 기독교 신자로 힐라에 수도원을 세우고 생가와 시가의 분쟁에도 불구하고 왕비로서의 지위를 지키며 힐라 사람들로부터도 깊은 존경을 받았다고 한다.

이상은 이슬람계 전승에 기초한 하리스의 생애이지만 비잔틴 측 사료가 전하는 바는 이와 다르다. 그에 의하면 황제 아스타시우스 1세(재위 491~518년)가 이 하리스 쪽에 사신을 보내 동맹을 맺었다고 한다. 그런데 팔레스타인 주 총독이었던 디오메데스와 하리스 사이에 불화가 생겨 신변의 위험을 느낀 하리스는 사막으로 도망쳤다. 그러나 이 소식을 들은 문디르가 바로 군대를 보내 하리스를 살해했다는 것이다.

이들 두 계통의 상반되는 듯이 보이는 전승을 어떻게 정합적으로 이해해야 할까. 가장 무리없는 해석은 일단 힐라를 점령하고 이라크 방면에도 세력을 뻗친 하리스가 결국 문디르와의 다툼에 패하여 퇴각하였음을 알고 비잔틴 측이 이를 자신 진영으로 끌어들이려 했으나 황제의 의향과는 달리 하리스와 현장의 총독이 충돌해버렸기 때문에 동맹 관계가 오래가지 못했던 것은 아닐까. 하리스가 고립된 것을 안 문디르는 그 기회를 놓치지 않고 즉시 그를 공격했을 것이다.

흥미로운 것은 힘야르의 위성국 같은 존재였던 후즈르조 수장이 비잔틴과 협약을 맺고 하사금을 받는 관계에 있었다는 점이다. 나중에 언급하듯이 6세기에 들어가면 비잔틴 황제는 기독교도인 힘야르 왕이나 악숨 왕들을 적극적으로 종용하여 사산조 및 그 지원을 받는 아랍부족이나 유대교도들에 대한 공동전선을 시도하고 있다. 아나스타시우스 황제가 하리스와 협약을 맺은 것도 그 정책의 일환으로 힘야르 측의 양해를 얻었던 것은 아닐까 생각한다. 그 후 유스티니아누스 황제가 힘야르 왕에 사절을 보내 하리스의 자손을 마앗드 왕으로 만들어 줄 것을 부탁하고 있는 것으로 보아 비잔틴 측은 힘야르가 후즈르조의 종주임을 충분히 인식하고 있고 계속해서 후즈르조의 전력에 크게 기대하고 있었음을 알 수 있다.


### 나스르조 문디르 3세의 활약

자힐리야 시대의 아랍 세 왕조 중에서 후즈르조와 자프나조는 실제로 몇 대밖에 이어지지 못했다. 그에 비해 나스르조는 힐라를 중심으로 3백 수십 년 이어져 실로 왕국으로 불릴 만한 것은 이 왕조뿐이라고 보는 견해조차 있다. 그 왕조에서 가장 눈부신 활약상을 보여준 이가 문디르 3세로 6세기 초부터 중엽에 걸쳐 반세기를 재위하면서 아라비아의 패권을 걸고 다른 두 왕조와 싸우는 한편 사산조의 대 비잔틴전에서도 큰 역할을 해내었다.

이때의 사산조의 지배자는 카와드 1세와 호슬로 1세였는데 특히 후자는 문디르를 오만, 바레인(하싸 지방), 다이프(메카의 동남동 97킬로미터 떨어진 도시)에 이르는 야마마, 게다가 히자즈의 남은 지역의 왕으로 임명했다고 역사가 타발리가 전하고 있다. 요컨대 자프나조의 지배하에 있는 시리아와 힘야르 왕국의 지배하에 있는 반도 남서부를 제외한 전 아라비아의 지배를 그에게 맡겼다는 말이 될 것이다. 호슬로의 즉위는 531년이었지만 문디르는 그보다 몇 년 앞선 527/8년에 후즈르조의 하리스를 살해하고 반도 중앙부에 세력을 갖는 왕조에 큰 타격을 입혔던 참이었다. 아마도 호슬로는 이같은 문디르의 세력확장을 추인했을 뿐 아니라 자프나조나 후즈르조의 잔당 및 그를 배후에서 지지하는 비잔틴이나 힘야르와의 전투를 적극적으로 지원했을 것이라 생각한다.

그러나 실은 그 이전부터 문디르가 킨다족이 지배하는 중앙아라비아에 세력 확대를 꾀하고 있었음이 마쉬르에 남아 있는, 앞에서 나온 것과는 다른 마애비문에서 확인된다. 서력 521년에 해당하는 기년이 있는 비문은 힘야르 왕 마디칼리브 야흐르가 문디르의 지원을 받는 아랍 부족들의 반란을 진정하기 위해 원정해 왔음을 기록한 것으로 킨다와 마즈히주의 베두인 부대 외에 바누 살라바와 무달의 부대도 종군했다고 기록하고 있다. 다만 이 킨다와 마즈히주는 힘야르 왕이 남아라비아부터 이끌고 온 부대인 듯하고 이 지역을 지배하고 있었을 중요한 후즈르조 하리스의 동향이 확실치 않아 조금 이해가 힘든 부분이다.

후술하듯이 마디칼리브는 악숨 왕에 의해 힘야르 왕위에 오른 기독교도 왕이었다. 이 당시 힘야르에서는 유대교도 왕이 기독교도들을 박해하고 있었으므로 자신도 기독교도로서 힘야르의 종주를 내세우고 있던 악숨 왕은 힘야르에 군대를 보내 왕을 바꾸곤 했다. 또 당시의 무달 부족연합을 이끌고 있었을 것으로 생각되는 바누 살라바는 갓산 계통 부족으로 다른 사료에서 '로마인들의 아랍'으로 불리고 있던 것을 보면 비잔틴과 동맹 관계였음이 확실하다. 즉 이때의 원정은 세력을 남으로 확장하여 마앗드의 지배를 꾀하는 문디르를 불러들이기 위해 후즈르조의 힘만으로는 부족하다고 본 힘야르 왕이 몸소 부대를 이끌고 출격한 것으로 바누 살라바가 이끄는 무달의 부대는 비잔틴의 유스티누스 1세(재위 518~527년)가 보낸 원군으로 생각된다.

유스티누스가 사산조의 카와드와 대립하고 있던 이 시기 문디르는 메소포타미아 북부에서 이집트까지 이어지는 비잔틴의 모든 영토에 계속 침입하여 어마어마한 약탈과 파괴를 자행했다고 비잔틴 측 사료는 전하고 있다. 이 문디르가 당시의 아라비아를 포함한 오리엔트 세계의 정치적 종교적 대립의 초점이 된 것이 524년 2월에 열린 라므라 회견이다. 애초에 문디르가 비잔틴령 오슬로에네를 공격하여 군 지휘관 2명을 포로로 잡은 것이 발단이었다. 그에 대해 유스티누스 황제는 문디르 측에 사절단을 보내 포로반환 교섭을 시작하였다. 회담은 문디르가 체재하던 힐라 남동의 라므라라는 장소에서 열려 결과적으로 2명의 포로가 석방되고 문디르와의 평화협정도 체결되었다.

그러나 이 회견이 역사적으로 주목받는 것은 전 해에

영내의 기독교도들을 학살했던 유대교도인 힘야르 왕의 사절이 그곳에 와서 회견 참가자들 앞에서 발표한 문디르에 보낸 서간에 왕이 친히 반기독교 운동에 대한 지원을 요청하고 문디르에게도 영내의 기독교도들을 탄압할 것을 권한 것 때문이다.

그러나 결국 문디르는 힘야르 왕의 요청에는 귀를 기울이지 않았다고 한다. 힐라를 비롯하여 영내에 기독교 신자들이 많아 문디르는 종교적으로는 매우 신중하였다. 후술하겠지만 당시 기독교 세계의 교리, 종파대립은 너무나 심각했고 종주인 사산조가 조로아스터교를 국교로 하고 있는 사정을 고려하면 그의 대응은 타당한 것이었다고 평가할 수 있다.

그렇기는 하나 이 시대에는 비잔틴, 사산조, 힘야르, 악숨, 이에 아랍국가들은 군사·정치면뿐 아니라 종교적 대립까지 얽혀 그 속내가 매우 복잡하였다. 위의 힘야르에서의 기독교도 박해도 얼마 안 가 주변국들까지 휘말리는 국제적 사건으로 발전하였다. 한편 이러한 문디르의 약탈에 무척 애를 먹고 있던 유스티니아누스 황제가 결국 갓산족에 속하는 자프나 가문의 하리스를 발탁하여 이른바 갓산 왕조의 번영이 이루어지게 된 것이다.

## 자프나조 하리스의 등용

4세기의 갓산족의 동향에 대해서는 앞장에서 살펴본 바이지만 사료를 통해 이 부족과 비잔틴 제국의 관계를 알 수 있는 것은 5세기 말 무렵부터이다.

9세기의 역사가 이븐 하비브에 의하면 당시 비잔틴과 동맹 관계에 있던 아랍 부족은 살리프족으로 비잔틴 영내의 아랍 부족들이 비잔틴에 내는 세금을 거두는 역할을 맡고 있었다. 살라바에 이끌려 남에서 이동해온 갓산족도 처음에는 요구하는 대로 세금을 냈지만 점차 이에 반항하여 살리프족과 싸우게 되었고 승리를 거두었다. 이에 당황한 것은 비잔틴 당국으로 갓산족이 사산조 측에 붙어 비잔틴령을 침범할 것을 우려하여 조속히 사절단을 보내 동맹의 협약을 맺었다고 한다. 이후 하사금을 지급받는 대신 그때까지 살리프족이 담당했던 역할을 갓산족이 맡게 되었다.

대체로 그 사건으로 추측되는 기사가 비잔틴 측 사료에도 남아 있다. 테오파네스 연대기에 의하면 502년경에 아나스타시우스 황제가 갓산족의 수장으로는 처음으로 살라바의 아들 하리스와 동맹의 협약을 맺었다. 그 이후 팔레스타인, 아라비아, 페니키아 등의 속주가 평온과 평화를 누릴 수 있었다고 기록되어 있는 것은 그때까지 갓산 부족민이 이들 지역의 도시와 마을을 짓밟아 왔음을 암시하고 있다. 아나스타시우스는 후즈르조의 하리스와도 협약을 맺고 있으므로 이 시기를 전후하여 두 명의 하리스와 동맹하여 국경지대 수비를 강화시키려 했음을 알 수 있다. 그리고 앞의 힘야르 왕의 원정군에 무달을 이끌고 참가했던 바누 살라바는 이 일족을 말하는 것이리라.

그러니 이러한 노력에도 불구하고 아나스타시우스, 유스티누스 두 황제 시대에 국경을 경비하는 비잔틴군도 아랍 동맹군도 문디르의 신출귀몰한 활동을 제압하지 못하고 엄청나게 약탈당하고 있었음은 이미 언급한 대로이다.

이에 유스티니아누스 황제는 바누 살라바와는 다른 일족에 속하는 자프나가의 자바라의 아들 하리스(재위 528/9~569/70년)를 세워 비잔틴과 동맹 관계에 있는 모든 아랍의 통솔자들을 임명하여 '왕'으로서의 권위를 부여하였다. 528년이나 529년의 일이다. 다만 당시의 맹약 관계는 본래 속인적인 것이어서 유스티니아누스가 동맹한 것은 하리스이지 갓산족과는 아니다. 또한 하리스가 각지에 산재하는 갓산족의 수장이 되었던 것도 아니다.

비잔틴 황제의 권위를 방패삼아 하사금을 군자금으로 삼은 하리스와 그 일족인 자프나가의 막영지였던 골란고원의 자비야를 거점으로 시리아 주변의 아랍 부족들을 규합하여 문디르가 이끄는 페르시아 측 아랍에 대항한다는 것이 이 체제의 본질이었다. 따라서 갓산조라는 통칭은 적당치 않고 자프나조(Jafnids)로 불러야 마땅하다는 것이 최근의 전문가들의 견해이다.

그후 하리스와 문디르의 전투가 계속 이어지게 된다. 비잔틴과 사산조 사이에는 간헐적으로 휴전조약이 맺어져 적어도 그 사이에는 전투가 정지되었지만 조약에는 양국과 동맹 관계에 있는 자프나조나 나스르조에 관한 조항이 없기도 하여 양 제국의 휴전기간 중에도 아랍인들끼리의 전투는 종주국의 대리전쟁의 양상을 띠며 계속되었다. 비잔틴의 역사가 프로코피우스는 무인으로서의 하리스의 능력에 상당히 신랄한 평가를 내리고 있지만 그래도 결국 554년 알레포의 남서쪽 킨나스린 근교의 전투에서 하리스는 숙적 문디르에 승리하여 목숨을 빼앗는 전과를 올려 유스티니아누스 황제에 발탁되었다.

## 2 아라비아의 일신교화의 진전

### 선이슬람기의 아라비아의 종교

다른 여러 지역과 마찬가지로 아라비아의 초기 신앙은 특이한 암석이나 나무, 혹은 자연현상을 대상으로 하는 애니미즘적인 것이었다. 반도 내의 사막에 점재하는 벽 한 면에 순례자가 자신의 이름을 새긴 바위산이나 카바 신전 벽에 끼워 넣은 흑석으로 대표되는 운석, 나아가 나바테아 유적에서 자주 보이는 베틸이라 불리는 기둥 돌의 부조 등은 아라비아의 뿌리 깊은 성석(聖石) 신앙을 보여주고 있다.

도시나 국가가 성립하면서 각각 특정한 신을 수호신으로 섬기게 되었는데 팔미라의 바알, 나바테아의 두샬라, 사바의 알마카 등이 그것이다. 그러나 어느 나라나 국가 신 외에도 많은 신들이 존재하여 사람들은 아주 자연스럽게 복수의 신들에 봉납하며 소원을 빌고 있었다. 농업이나 대상 교역의 중요성이 커지면서 태양, 달, 금성 같은 천문이나 바람, 천둥 등의 기상현상이 신격화되었다.

사막 사람들이 신앙하는 신들도 점차 인격화되어 개성이 뚜렷해져 갔다. 밧자(밧자이), 라트(아라비아어 정관사를 붙여 알라라고도 부른다), 마나트의 세 여신의 지위는 특히 높아 알라의 세 명의 딸 등으로 말해지는 일도 있었다. 그 알라는 어원적으로는 아라비아어로 '신'을 의미하는 '이라'에 정관사 '알'이 붙어 아르이라의 축약형 내지는 사투리가 된 형태이며 이슬람 이전부터 '신'을 의미하는 말로 사용되고 있었다. 창조신으로 많은 신 중에서도 최고의 지위를 인정받고 있었다고 할 수 있다.

이 외에도 반도 각지에 다양한 신이 존재했지만 대부분은 우상의 형태(사람 내지는 동물)로 숭배되고 있었기 때문에 각 신들의 이름은 우상의 이름이기도 했다. 이슬람 성립 후에 지어진 책들에는 각지에서 받들어지고 있던 우상의 이름과 그들을 받드는 부족의 이름이 기록되어 있다. 그러나 주신전의 본존 이외에는 신자가 있는 곳 어디에나 복제가 만들어져 받들어지는 것은 불상과 같아 동일 신의 우상이 각지에 존재하였다. 예를 들면 이슬람 지성소가 되기 전의 카바신전에는 각지에서 모인 360체의 우상을 받들고 있었다고 말해진다. 자힐리야 시대에는 이 같은 우상을 받드는 신전이 각지에 산재하여 각각 1년의 정해진 시기에 순례를 하고 우상에 희생을 바쳤다. 그러한 관습은 이슬람시대가 되어도 지금도 여전히

4-2 마다인 살레에 남아 있는 베틸. (필자 촬영)

왕성한 메카 순례로 이어지고 있다.

### 유대교의 아라비아로의 유입

제2장에서 썼듯이 유대의 땅은 기원전 37년 이후 로마 원로원으로부터 '유대의 왕'으로 임명된 이드메아인인 헤롯의 지배를 받고 있었다. 그의 가장 만년(기원전 4년)에 예수가 탄생했다고 말해진다. 헤롯 사후 영토는 아들들에게 분할되고 결국 그의 왕통도 끊겨 1세기 중엽에는 다시 로마 총독이 통치하는 속주로 돌아갔다. 민중의 종교적 민족적 감정을 이해하지 못하는 총독들 밑에서 고조된 유대인의 반로마 감정은 66년에 결국 폭발하여 70년에 예루살렘 함락과 신전이 불타며 패배로 끝난 반란 (제1차 유대전쟁)이 일어났다. 게다가 그 후 반세기를 거치며 쌓인 로마에의 반감이 132~135년에 폭발했지만 이도 진압당하면서 유대 사회는 괴멸적인 타격을 입었다.

당시의 황제 하드리아누스는 계속된 반란을 근절하기 위해 유대적인 것을 일소하려 하였다. 유대교의 지도자는 처형당하고 유대력은 폐지되었으며 로마풍의 식민도

시로 재건되어 아에리아 카피토리나로 이름까지 바꾼 구
예루살렘에 유대인들의 출입을 금지하고 위반자는 사형
에 처하였다. 또한 유대인의 자칭인 '이스라엘'이라는 이
름이나 '유대 속주'라는 지명도 폐지되었고 예전에 유대
인과 적대했던 페리시테인에서 유래하는 '팔레스타인'이
라는 지명을 일부러 신 속주명으로 썼던 것이다.

 그 결과 많은 유대인들이 외지로 이주할 수밖에 없게
되어 역사상 디아스포라로 불리는 상황이 생겨났다. 지
리적으로 가깝고 대상교역을 통해 예로부터 교류가 있던
아라비아에도 많은 유대인이 이주했다고 추측된다. 대
상로를 따라 남하한 그들은 특히 중서부인 히자즈 지방
으로 들어가 하이바르나 야스립 등에 집락을 형성하였
다. 더 남하하여 예멘에 정주한 자들도 적지 않았다고 생
각된다.

 유대인 집락에는 예배장소로 시나고그(유대교 회당)가
세워져 공동체의 종교생활뿐 아니라 사회생활의 중심이
되었다. 유대교라는 종교의 성격상 적극적인 포교활동
이 행해졌다고는 생각되지 않으나 주변 주민 중에서 개
종한 사람들도 적지 않았던 듯하다. 이슬람화 이후에도
예멘에는 여전히 많은 유대교도가 있어 1948년 이스라

엘 건국 후 팔레스타인으로 이주한 사람들이 10만 명이나 된다고 한다. 그 대부분은 아마도 이슬람화 이전에 유대교도가 된 현지인의 후예가 아닐까 추측한다. 나중에 언급할 기독교처럼 적극적인 선교활동의 결과가 아닌 디아스포라의 유대인을 통해 유대교는 반도 주민 사이에도 침투했던 것이다.


## 남아라비아의 일신교의 징후

사바 왕국의 국가신 알마카 주신전은 수도 마리브의 시벽 밖에 세워진 아와암 신전이다. 이곳에서 수백 점의 비문이 출토되어 귀중한 연구사료가 되고 있다. 이것들이 어떤 것인가 하면 기원성취에 대한 감사 참배를 하는 신자가 소원을 빌면서 신에게 약속한 금속제(대개는 금이나 청동) 상(수소 같은 동물이 많지만 인물상도 있었다)을 봉납했을 때 봉납 이유와 신에 대한 감사를 쓴 석비가 남아 있기 때문이다. 석비 머리에 소켓 모양의 장붓구멍을 내고 그곳에 봉납물의 다리 부분을 끼워 넣어 봉납한 것이다. 나중에 제의가 쇠퇴하고 신전이 폐허가 되면 귀금속상은

4-3 딸이 난산 끝에 무사히 손녀를 출산한 것을 감사하여 어머니
가 브론즈제의 딸의 동상을 신에게 바쳤음을 기록한 봉헌문. 석
비 상부에 보이는 장붓구멍에 다리 부분을 끼워 넣었던 브론즈
상은 지금 소실된 상태이다. (*Yemen au pays de la reine de Saba*', Paris,
1997, 126쪽)

파내져 녹여졌지만 도굴자 입장에서 가치가 없는 석비는 방치되어 사료로 활용되는 날을 기다리게 된 것이다.

대부분의 경우 이들 봉납비문은 말미에 신에 바치는 기원문으로 끝맺고 있는데 그것들은 2세기 후반을 경계로 두 그룹으로 분류할 수 있다. 즉 2세기 중엽 이전의 비문 기원문이 모두 알마카를 포함한 복수의 신 이름을 들어 신의 가호를 빌고 있는 데 비해 그 이후 그룹에 속한 비문 중 복수의 신 이름을 들고 있는 것은 조금밖에 없고 그 외엔 모두 알마카의 이름만을 언급하고 있다. 또한 이보다 약간 나중이지만 3세기에 들어가면 알마카라는 신 이름을 들 때는 그 앞에 '주'라는 말을 붙여 '누구누구의 주인인 알마카'라는 형태를 취하는 것이 일반적이 된다. 이들 현상은 사바의 알마카 신앙이 유입된 유대교의 영향을 받아 일신교적으로 변화해가는 과정을 보여주고 있는지 모른다.

## 기독교의 포교

전설상 처음으로 기독교도가 된 아랍 왕은 '검은 아브

갈'로 불리는 에데사의 아브갈 5세이다. 지병이 낫기를 기도하는 왕과 예수 사이에 오고간 왕복 서간이라 불리는 것이 전해지고 있고 이를 계기로 왕이 개종하여 에데사에서 포교가 시작되었다 한다.

이 전설 자체는 사실로 인정할 수는 없지만 에데사에 처음으로 기독교가 전래된 것은 2세기 중엽 무렵으로 세기말 즈음 아브갈 9세(재위 177~212년)가 개종했다고 추측되므로 아랍세계에 최초로 기독교가 전파된 곳이 에데사라는 점은 인정해도 좋을 듯하다. 바르 코크바의 난(제2차 유대전쟁)이 완전히 진압되고 유대인이 팔레스타인에서 쫓겨나면서 신종교를 받드는 유대인의 선교활동이 동방에서도 활발해진 결과로 생각할 수 있을지도 모른다.

그러나 아랍세계로의 활발한 포교가 사료 상으로 확인가능한 것은 4세기 이후이다. 그리고 그것은 로마제국에서 기독교가 공인된 후에 격화된 기독교의 위격과 본성을 둘러싼 기독교 내 논쟁과 밀접한 관련이 있다. 이 논쟁은 단순한 교의상의 대립이 아닌 당시 기독교의 4대중심지였던 로마, 콘스탄티노플, 안티오키아, 알렉산드리아 교회 사이의 세력다툼, 황제 세력의 대립 등이 얽힌 매우 복잡한 것이었다. 문제 해결을 위해 가끔 개최된 공의회에 의해 더 새로운 이단이 생겨나는 일도 있었다. 대립하는 여러 파들, 특히 공의회에서 이단으로 선언되어 제국 안에서 박해를 받은 교파는 제국의 변경부나 해외에서 활로를 찾아 적극적으로 포교활동을 추진하였다.

교과서적으로는 기독교의 인성을 강조하는 아리우스파는 325년의 니케아 공의회에서 이단 선언을 받고 있다. 그러나 실은 그 후에도 로마 황제 중에는 이 파를 열렬히 지지하는 황제가 있었다. 콘스탄티우스 2세(재위 337~361년)도 그중 한명이었다. 교회사가인 피로스트루기우스가 전하는 바에 의하면 황제는 남아라비아의 이교도들에게도 바른 신앙을 전파하고 바닷길로 그 지방을 방문하는 로마 상인을 위해 교회건설 허가를 얻을 목적으로 아리우스파인 테오피루스가 이끄는 사절단을 힘야르 왕에게 파견하였다. 덧붙여 에티오피아의 악숨 왕은 아마도 이것보다 조금 전인 에자나 왕 시대에 아리우스파와 대립하는 아타나시우스파의 흐루멘티우스의 영향으로 기독교도가 되어 있었다.

테오피루스의 교섭은 순조롭게 진행되어 수도 자파르와 교역항인 아덴, 그 외에도 한곳에 더 교회를 건설할 허가를 얻었다. 힘야르 왕의 개종에도 성공한 것은 아닐까라고 예전엔 추측했었다. 왜냐하면 앞의 아와암 신전 비문에 남겨져 있는 왕명으로 보아 이 신전이 사용된 것은 4세기 중엽에 재위한 사알란 유하님과 아들 아르키 칼리브 유하민의 공동통치시대까지이고 그 이후에 이곳에서 아르아카 신의 제의가 행해진 흔적이 없기 때문이다. 한편 자파르 근교에서 발견된 서력 384년에 해당하는 기년이 있는 비문은 위의 아르키 칼리브와 두 아들의 공동통치시대의 것이지만 그 말미의 기원문에 쓰여 있는 "그들의 주인인 하늘의 주"가 일신교도의 신인 것은 이후 시대의 유대교도나 기독교도들이 쓴 기원문과 비교하여 다름이 없다. 이로부터 4세기 중엽 지나서 힘야르의 적어도 지배자층은 전통적인 종교를 버리고 일신교의 신도가 되었다고 추측할 수 있다.

다만 후대 아라비아어 사료는 모두 5세기 전반의 힘야르 왕이 유대교도였다고 전하고 있다. 또한 근년 서서히 증가하고 있는 비문사료나 고고학 사료에 의해 남아라비아에서는 적어도 5세기 중엽 무렵까지는 유대교가 지배적이고 기독교의 영향이 미치는 것은 그 이후라고 주장하는 사람도 나타나는 한편 이 지방의 일신교도의 대부분은 특정 종파나 교단에 속하지 않은 하니프로 불린 사람들이었다는 주장도 있어 다른 여러 문제처럼 이 문제에 대해서도 전문가들의 의견이 나뉘고 있다. 그러나 여하튼 5세기 힘야르 영내에서는 유대교나 기독교로 개종하는 사람들이 점차 증가하여 서로 대립하며 각각 세력 확대를 꾀하고 있었다.

431년에 에페소스에서 열린 공의회는 새로운 이단을 낳았다. 네스토리우스파이다. 이 파는 예수 그리스도가 신성을 갖는 동시에 인성도 갖는다는 양성론을 인정할 뿐 아니라 그리스도의 위격은 하나가 아닌 신격과 인격 둘로 나뉜다고 생각한다. 또 인성에서 그리스도를 낳은 마리아가 '신의 어머니(네오트코스)'임을 부정한다.

비잔틴 제국 내에서 이단으로 박해를 받은 네스토리우스의 지지자들은 사산조의 영내로 활동의 장을 옮겨 셀레우키아 크테시폰을 중심으로 비잔틴 영향하에 있는 서방교회와는 절연한 동방교회(앗시리아 동방교회의 전신)를 정식으로 독립시켰다. 이로 인해 사산조 당국의 태도는 관대해져 영내에서의 포교가 진전되었다. 네스토리우스파는 선교활동에 매우 열심이어서 사산조 영내에 그치지 않고 육지와 바다 교역 루트를 따라 중국이나 인도에까지 포교했다고 알려져 있다. 페르시아만 연안의 특히 아라비아 반도 측에 점재하는 교회터는 해상루트를 따라 인도로 갔던 선교사들의 족적이라고도 할 수 있다.

또한 총주교를 정점으로 하는 교회조직도 정비되었다. 역대 총주교를 비롯하여 각 교구에 임명된 주교의 이름, 그들을 소집하여 행한 공의회의 기록 등이 남아 있어 이 파의 활발한 활동도 엿볼 수 있다. 후술할 나줄란에도 선교를 하였고 아라비아해에 떠 있는 소코트라섬에까지 13세기 말까지 이라크에서 주교가 파견되고 있었다.

**칼케돈 공의회에 의한 교회분열과 그 영향**

451년에 교황 레오 1세의 요청으로 비잔틴 황제 마르키아누스에 의해 소집 개최된 칼케돈 공의회는 이른바 정통파로부터 일반적으로 단성론 지지파로 간주되고 있던 동방제교회의 분리를 결정지은 회의로 중요하다. 공의회에서 문제가 된 것은 그리스도의 본성을 둘러싼 해석의 차이였다. 네스토리우스의 사상을 강하게 비판하는 에우티케스가 육화 이전의 그리스도에는 두 개의 본성(신성과 인성)이 있었으나 육화 이후에는 인성이 신성에 흡수

되어 융합되어버렸으므로 단일 본성밖에 갖지 않는다고 주장한 것이 계기가 되어 다시 논쟁이 일어난 것이다.

결국 최종적으로 정통으로 인정받은 양성론(Dyophysitism)은 그리스도는 하나의 위격 가운데 신성과 인성 두 개의 본성이 있고 이 둘은 '융합되지도 변화하지도 분할하지도 분리되지도 않는다'는 점을 강조하는 입장이다. 그러나 이것으로는 네스토리우스파의 주장에 너무 가깝다고 비판하는 신학자들은 그리스도의 하나의 위격 가운데 신성과 인성은 "분리도 혼합도 변화도 없이 합일하여 하나의 본성이 된다"고 주장하였다. 이 입장은 합성론 내지 일성론(Miaphysitism)으로 불린다. 이 주장의 특징은 육체를 가진 그리스도는 하나의 본성만을 갖지만 그 본성은 신성과 인성의 양쪽의 특질을 갖고 있다는 점에 있다. 합성론파는 에우티케스파를 비판하지만 양성론파 입장에서는 모두 단성론(Monophysitism)으로 간주되어 공격 받았다.

합성론파는 비잔틴 황제의 지지를 받은 양성론파(칼케돈파)와 결별하고 결국 시리아정교회(야곱파 교회), 아르메니아 사도교회, 콥트교회, 에티오피아 정교회로 분리 독립하게 된다. 이들 교회는 에우티케스주의만을 단성론으로 인정하는 입장에서 단성파 교회로 간주되는 것을 거절하고 있다. 그 입장을 존중하는 경우에는 칼케돈 공의회의 결정을 부정하여 생긴 교파이므로 일괄하여 비칼케돈파(Non-Chalcedonians)나 반칼케돈파(Anti-Chalcedonians)로 부른다.

앞에서 썼듯이 문외한들에게는 복잡하게 느껴지는 이 논쟁은 단순한 종교상의 문제로만 끝나지 않았다. 황제가 국교인 기독교의 교의와 교회의 통일을 제국의 통일 유지에 중요한 수단으로 생각하여 이단으로 인정된 그룹을 박해·탄압하였기 때문에 문제는 정치적 사회적 양상을 강하게 띠게 되었다. 게다가 시리아, 아라비아, 이집트 나아가 에티오피아의 기독교도의 대부분이 비칼케돈파였기 때문에 비잔틴의 동방지배는 황제의 뜻과는 정반대로 불안정해졌다. 비잔틴의 종교정책에 대한 강한 반감이 이후 아랍 이슬람군의 시리아나 이집트 정복을 용이하게 했다고 말해질 정도이다.

## 아랍 부족민의 개종과 비잔틴의 대응

마비아의 난 때 살펴보았듯이 시리아 사막을 중심으로 아랍 부족민 사이에 기독교 포교가 진전된 것은 4세기 후반 이후이고 포교에는 수도사의 영향이 컸다. 사막 주민뿐 아니라 민중이 무엇보다 원했던 것은 병을 낫게 해주는 것이어서 덕이 있고 평판이 높은 수도사에게 사람들이 몰려들었기 때문에 수행을 방해받은 수도사는 조용한 곳을 찾아 사막이나 높은 열주 위로 피난갈 수밖에 없었다는 이야기는 위인전 등에 자주 나오는 일화이다. 한편 이른바 야만족의 기독교로의 개종은 제국과 야만족과의 관계 원활화, 나아가 전자에 의한 후자의 지배에 유효하게 작용하므로 황제 측에서도 바라는 바였다. 단 이에 위와 같은 교의논쟁이 얽혀지면 반비잔틴 감정이 일거에 불이 붙어 위험한 사태가 되기 쉬웠기 때문에 매우 골치아픈 문제였다.

사산조 영내에서 열심히 포교를 행한 것은 실은 네스토리우스파만이 아니었다. 합성론파의 활동도 활발하여 많은 신자를 얻고 있었다. 특히 크테시폰 근처에 위치한 베트 알샴의 주교 시메온이 특히 유명하였다. 그는 페르시아 태생으로 논쟁을 잘하는 것으로 유명하여 나스르조

의 수도 실라나 크테시폰에서도 설교를 하고 문디르의
부하인 아랍 부족민뿐 아니라 조로아스터교의 성직자까
지 개종시켰다고 전해진다. 앞에 나온 라므라의 회견에
시메온이 비잔틴 측 교섭단의 일원으로 참가하고 있는
것으로 보아 그의 큰 영향력을 엿볼 수 있다. 또 네스토
리우스파에서 합성론파로 종지를 바꾼 아프뎀메는 티크
리트(나중에 살라딘이나 이라크의 전 대통령 사담 후세인이 여기서
태어났다)의 주교로서 자즈이라(이라크 북부의 티그리스강과 유
프라테스강 사이에 있는 지방)의 아랍 부족민들 포교에 큰 성
과를 올렸다.

　앞에서도 언급했지만 모든 황제가 다 칼케돈파를 지지
했던 것은 아니었고 비잔틴의 교회정책이 일관성이 없
어 사태를 복잡하게 하고 있었다. 아나스타시우스 황제
는 합성론파에 가까웠기 때문에 그의 치세 중에 시리아
나 아라비아를 포함한 제국의 변경지역에서 이 파가 크
게 세력을 키웠다고 한다. 갓산족은 남쪽에서 이 일대로
이동한 때가 공교롭게도 이 시기와 겹쳐 즉시 이 파의 기
독교 신자가 되었다. 그리고 다음 황제 유스티누스가 입
장을 바꾸어 합성론파에 대해 엄격한 정책을 취하자 이
파의 신도를 보호하기 위해 크게 공헌하였다. 특히 자프

나 가문의 활동이 두드러졌던 것으로 보인다.

그 뒤를 이은 유스티니아누스도 기본적으로 칼케돈파의 입장에 서서 교회의 통일을 꾀하려 했기 때문에 합성론파는 계속 어려운 상황에 처했다. 단 이 황제는 후술하듯이 자프나 가를 통해 합성론파와 융화하려는 자세도 보였다.

합성론파가 이 어려운 시기를 극복하는 데 유스티니아누스의 황비 데오도라의 역할이 매우 컸다. 서커스의 무희나 창부 같은 일을 했다고 전해지는 이 여성을 처음 본 유스티니아누스는 숙부인 유스티누스 황제에게 신분이 다른 결혼을 금지하는 법률을 개정하도록 요구하여 아내로 맞이하였다. 주변의 반대를 물리치고 강행한 그의 안목은 정확하였다. 역경을 이기고 황비까지 오른 데오도라는 총명하고 유능하며 때때로 남편에게 조언하여 국정에 관여하였을 뿐 아니라 담력 있는 여장부이기도 하였다. 532년에 수도의 시민이 일으킨 니카의 난 때 우왕좌왕하여 배로 도망치려는 남편을 질책하여 멈춰 세우고 반란을 진압시킨 이야기는 특히 유명하다.

이 데오도라가 종교적으로는 합성론파 지지자로 황제의 의사에 반하여 에데사의 주교에 야곱 바라다이오스를 임명하였다. 야곱은 생전에 시리아, 메소포타미아, 소아시아의 광대한 지역을 걸어다니며 27(일설에는 89)명의 주교와 8만이나 10만으로 말해지는 하급 성직자를 서임했다고 전해진다. 그의 분투로 위기에 빠진 시리아의 합성론파 교회는 재건되었고 그 연유 때문에 후세에 이 교회를 '야곱파'로 부르게 되었던 것이다. 이 야곱의 임명을 데오도라에게 강하게 권유한 이가 자프나조의 하리스였다.

## 합성론파의 옹호자·조정자로서의 자프나조

유스티니아누스가 하리스를 발탁하여 비잔틴과 동맹 관계에 있는 모든 아랍 부족을 통합하는 왕으로 만든 것은 기본적으로는 그의 군사면에서의 능력을 평가하여 나스르조의 문디르에 대항시키기 위해서였지만 그 한편으로 합성론파인 아랍을 회유하기 위해 그들에 대한 하리스의 영향력에 주목한 것으로 보인다. 사산조와 일진일퇴의 공방을 계속하던 비잔틴 입장에서는 양자 사이에서 복종과 반란을 반복하는 아랍 부족민을 어떻게 다스릴지가 큰 문제였다. 유스티니아누스는 그 역할을 하리스에게 기대했던 것이리라.

하리스 쪽에서도 그 점을 충분히 인지하고 황제와의 개인적 관계나 그에 대한 황가의 신뢰를 방패로 아랍부족민이나 합성론파의 기독교도에 대한 지배와 영향력을 더욱 강화시켜갔다. 542년에 데오도라 황비를 움직여 두 명의 주교 임명에 성공함으로써 합성론파 내에서의 하리스의 명망은 더욱 높아졌음에 틀림없다. 그중 한 명은 앞의 야곱이고 또 다른 한 명은 자비야의 주교가 되었을 것으로 말해지는 테오도르로, 그는 시리아 남부에서 아라비아에 걸쳐 사막 사람들에 대한 포교에 진력하였다.

하리스는 만년에 콘스탄티노플에서 유스티니아누스를 방문하여 어느 아들을 후계자로 할 것인지 보고하고 허락을 받고 있다. 아버지 사후에 뒤를 이은 문디르(재위 569/70~581/2년)는 나스르조와의 전투에서도 종교정책에서도 아버지의 방침을 답습하여 특히 아랍부족민 합성론파 사이에서 아버지 못지않은 명망을 얻었다. 그러나 유스티니아누스를 이은 여러 대의 황제들은 사산조나 아랍부족민에 대한 그와 같은 대국적인 전략이 없었고 문디르와의 사이에도 하리스와 유스티니아누스 사이에 있었던 것과 같은 관계를 쌓지 못했다. 이것이 나중에 재앙이 되어 후술하듯이 결국 자프나조와 비잔틴 모두가 불행한 결말을 맞이하게 된다.

그것은 차치해두고 비잔틴 당국과 합성론파 사이뿐 아니라 합성론파 내부에서 대립하는 세력 사이나 사막에서 유목생활을 하는 아랍부족민 간의 교섭이나 분쟁의 조정, 중재자로서의 역할이 자프나조의 또 하나의 중요한 기능이었다. 그런 경우 교통의 요충지나 변경에 위치한 순교자를 받드는 교회가 여러 세력이 만나는 장이 되는 일이 많았다. 그 대표가 루사파(레사파)의 성세르기우스 교회이다.

세르기우스는 기독교 공인 전의 막시미누스 타이아 황제(재위 308~313년) 시대에 궁정 경호를 맡던 병사였으나 그리스도의 부인을 거부한 죄로 처형당하여 루사파에 묻혔다. 루사파는 유프라테스강을 떠나 팔미라로 남하하는 루트 도중에 위치하여 군사적 경제적으로 중요한 도시로 박해의 광풍이 잠잠해지자 사람들은 그를 위해 그곳에 훌륭한 교회를 지었다. 그 후 특히 아랍인 기독교도 사이에 고조되어 널리 퍼진 성세르기우스 숭배 열기는 실로 놀랄 만한 것이었다. 세르기우스를 수호성인으로 의지하고 그와 같은 이름을 쓰는 성직자나 수도사들이

4-4 루사파 시외의 '문디르의 회견장'으로 불리는 건물에 남겨진 '알라문다로스의 행운은 승리한다'라고 그리스어로 쓰여 있는 비문. 순례 등으로 사람들이 모이는 기회에 이곳에서 분쟁의 조정이나 재판 등이 열린 것으로 생각된다. (Fisher, *Arabs and Empires before Islam*, 331쪽)


각지에서 배출되었다. 또한 비문사료가 증명하는 바에 의하면 4세기 중엽 이후 시리아를 중심으로 세르기우스에게 바쳐진 교회나 예배당이 엄청난 숫자에 이르렀다.

6세기에는 자프나조 수장이 특히 이 성인 숭배에 열심이어서 각지에 성세르기우스 교회를 새롭게 건설하고 관련 시설 정비에도 힘을 쏟았기 때문에 교파의 벽을 넘어 아랍인 기독교도 사이에서 그의 명성은 높아져 갔다.

## 3 종교적 대립과 정치적 대립
### ——나줄란의 기독교도 박해

**힘야르 왕국의 유대교도와 기독교도의 대립**

앞서 언급했듯이 힘야르 왕국에서 주민들이 실제로 언제쯤 기독교로 개종하게 되었는가 하는 점에 대해서는 전문가들의 의견이 일치하지 않지만 늦어도 5세기 후반에 기독교도가 상당수에 달했음은 틀림없는 듯하다. 그리고 그들과 유대교도와의 대립 항쟁은 정치적 문제와 얽혀 결국 이 왕국을 분열, 붕괴로 이끈 큰 원인이 되었다.

왜냐하면 3세기 말 이래 힘야르에 종주권을 휘두르고 있던 악숨 왕국이 기독교국이어서 힘야르 국내의 기독교도들이 악숨 왕의 보호나 나아가 시리아 교회를 통해 비잔틴 황제의 보호를 기대하고 있던 데 비해 악숨의 지배로부터 독립을 꾀하는 세력은 유대교도와 손을 잡고 악숨과 비잔틴에 대항하기 위해 사산조의 지원을 구했으므로 힘야르 국내의 항쟁이 당시 오리엔트 세계 열강들의 개입을 초래하여 일거에 국제항쟁으로 발전할 가능성이 생겼기 때문이다.

아랍의 전승에서는 아스아드 아브칼리브(비문의 아비칼리브 아스아드)가 야스립으로 원정했을 때 그 땅의 유대교도의 영향을 받아 자신도 유대교도가 되었다고 한다. 개종의 계기는 차치하고라도 이 왕과 그 뒤를 이은 아들들이 유대교 내지는 유대교적인 일신교의 신자가 되었다는 것은 비문사료를 보아도 확인할 수 있다. 따라서 5세기 중엽 넘어서까지 적어도 힘야르의 지배층 사이에서는 유대교가 우세했다고 생각된다.

이 세기의 제3사분기 무렵에 나줄란에서 아즈킬이라는 이름의 기독교 성직자가 순교했다는 기록이 있다. 이것이 힘야르의 기독교도 박해와 순교의 시작이라 해도 좋다. 단 이 순교에 대해서는 유대교도가 저지른 것이라는 통설이 있는 반면 포교를 경쟁하던 기독교 교파 간 대립이 계기가 되었다는 설도 있다. 나줄란에는 이라크의 힐라로부터 네스토리우스파가 포교한 것 외에 세기 후반에는 다른 파의 선교도 활발했다. 특히 칼케돈 공의회에서 이단으로 정해진 합성론파는 교회나 수도원의 네트워크를 통하여 시리아와 이라크 양쪽에 연결고리를 갖고 있었다.

아라비아에서 기독교도의 박해가 일어난 경우 비잔틴

황제의 입장은 실은 미묘하였다. 왜냐하면 그들 대부분이나 에티오피아의 악숨 왕국은 비칼케돈파에 속해 있었기 때문에 비잔틴 입장에서는 종교적으로 적대세력이었지만 정치적으로는 반사산조 입장을 취하는 우호세력이었기 때문이다.


**악숨의 개입과 유대교도의 반발——제1차 기독교도 대박해**

아비칼리브 아스아드 왕조가 단절된 뒤 5세기 중엽 넘어 수십 년간의 힘야르 왕국의 정치상황은 사료의 불충분으로 확실치 않다. 그러나 아마 이 세기 말 무렵에 종주를 자임하는 악숨의 개입이 있었던 듯하여, 6세기 초에 재위했던 말사드이란 야누프는 기독교도였던 것으로 추측된다. 그러나 그의 다음에는 다시 유대교도가 왕위에 올랐다. 이 왕이 나줄란이나 수도 자파르에서 대규모로 기독교도들을 탄압하고 유대교로 개종을 거부한 많은 기독교도들을 사형(기독교도 관점에서는 순교)시켰던 듯하다. 늦어도 517년에서 다음 해에 걸친 겨울의 일이었다. 이 왕은 이름이 전해지지 않아 후술하는 두 번째 대박해를 행한 유대교도의 왕과 동일 인물인지의 여부는 불분명하다.

이 정보가 바로 악숨에 전해져 바로 합성론파의 정보망을 통해 시리아 북방의 현재는 튀르키에 영토인 사르그 근처까지 알려졌다. 이에 대해 당시의 악숨 왕 엣라아스베하(기독교도명은 칼레브)는 위기에 처한 힘야르 영내의 기독교도를 구원하기 위해 홍해 건너편으로 원정군을 파견할 결의를 굳혔다. 그 준비의 모습을 전하는 사료가 다행히도 전해오고 있다.

본명은 미상이나 코스마스 인디코플레우스테스라는 통칭을 쓰는 그리스계 상인이 그 문헌의 저자이다. 홍해에서 인도양 방면 해상에서 활동하고 있어 인도에도 도항한 경험이 있는 것이 통칭의 유래라 하지만 실제로는 인도까지는 가지 않았다. 그것은 차치하고 이 인물은 그후 출가하여 네스토리우스파의 수도사가 되었다. 그리고 상인시대의 경험을 바탕으로 『기독교세계지리』라는 책을 펴냈다. 이는 저자가 구상하는 우주와 이 세계의 모습을 표출하려 한 기서의 종류에 들어가는 책이지만 실제 체험에 기초한 홍해와 인도양 주변의 기사는 6세기 전반의 이 일대에 관한 귀중한 연구 사료가 되고 있다.

지금의 문제와 관련해서는 유스티누스 황제 치세 초반에 그가 홍해 연안의 아드리스항에서 출진 직전의 악숨군의 원정준비를 목격했을 때의 기사가 중요하다. 이 황제가 즉위한 것이 518년 7월이므로 코스마스가 이곳을 방문한 것은 이 해의 여름으로 생각되고 있다.

그에 그는 당시의 통치자로부터 아드리스 시 문 밖에 세워진 석비의 그리스어 비문의 모사를 의뢰받았다. 모사한 것을 왕에게 보내도록 명령받고 있던 이 인물이 우연히 방문한 그리스인인 코스마스에게 모사 작업을 맡긴 셈이다. 문제의 비문은 대리석의 옥좌에 새겨져 있고 내용은 성명 불상의 왕이 행한 대원정의 기록이었다. 이것이 앞장 제2절에서 언급한 '아드리스 기공비문'으로 불리는 것이다. 내용에 대해서는 앞장에서 개요를 썼으므로 반복할 필요는 없을 것이다. 아마 엣라 아스베하는 아라비아에 원정군을 파견하면서 이 지방에 대한 악숨 지배의 정당성을 보이는 역사적 근거를 선조가 남긴 이 비문에서 구한 것이 아닐까 추측한다.

이 원정을 언급한 것으로 보이는 비문이나 문헌은 이외에도 있지만 이때는 엣라 아스베하 자신은 출정하지 않고 부하 장군에게 지휘를 맡겼다고 해석되는 기사와

왕 자신도 바다를 건넜다고 해석되는 기사가 있어 이 점은 아무래도 판명이 나지 않는다. 원정군은 맞바람이 바뀌는 남으로부터의 겨울바람이 불기 시작하기 전에 홍해를 건너 518년 10월에 힘야르군과 전투를 시작하였다. 결과는 악숨군이 승리하였고 패배를 맛본 힘야르 왕은 도망쳐서 산속 요새로 피난했다고 전해진다.

그리하여 다음 힘야르 왕에는 기독교도인 아디 칼리브 야흐르가 악숨에 의해 옹립되었다. 그리고 원정군은 다음해 519년 5월 이전 즉 해상에서 북으로부터의 여름바람이 불기 전에 일부 부대를 남기고 본국으로 귀환하였다. 그리고 앞서 본 나스르조의 문디르에 대항하여 521년에 중앙아라비아로 원정한 것이 힘야르 왕이다.

**두누와스의 반격──제2차 기독교 대박해**

그러나 522년에 쿠데타가 일어나 신 악숨 정권은 타도되었다. 아랍전승에서 주모자는 즈르아두누와스(유대교 이름은 유스푸[요셉])로 불리고 비문에는 유스푸 아스아르 야스아르라는 이름으로 등장하는 유대교도로 신하의 비문 가운데에서조차도 힘야르 왕의 정식 왕호는 붙어 있지 않고 그저 '제 부족의 왕'으로 불리고 있는 것으로 보아 힘야르 왕으로서의 정통성이 없는 찬탈자인 것은 틀림없다.

권력을 장악한 두누와스는 악숨 주류부대를 소탕하는 한편 바로 기독교도에 대한 공격을 시작하였다. 우선 수도 자파르의 기독교도를 공격하고 이곳의 교회를 파괴하였다. 이어 서쪽으로 내려가 홍해 연안 항구 무후완(나중에 커피의 선적항이 되는 모카)에서 이곳의 기독교도를 공격하고 역시 이 땅의 교회를 파괴하였다. 그리고 자신은 악숨군의 공격에 대비하여 해안부에 방어태세를 갖추고 심복인 샤라필 야크부르(야즈안족의 수장으로 아랍전승에서는 즈야잔으로 불리고 있다)를 당시 기독교도의 아성이었던 나줄란으로 파견하여 도시 포위를 명하여 북에서 공격해올지 모르는 기독교도 원군에 대비하게 하였다. 나줄란 북방에 위치하여 시리아나 이라크로부터 이 도시를 통하는 루트를 제압하는 히마의 암벽요새에, 샤라필이 새긴 523년 7월에 해당하는 기념의 비문이 두 점 남아 있고 그것을 통해 위의 두누와스의 일련의 작전을 잘 알 수 있다.

10월이 되어 해상에 남으로부터 겨울바람이 불기 시작

하자 악숨 선단의 습격 위험성이 옅어진 것으로 보고 두 누와스는 홍해 연안의 요새를 뒤로 하고 나줄란으로 향해 갔다. 그의 도착을 기다려 본격적인 공격이 시작되어 결국 11월 중순 지나 나줄란은 저항 없이 함락되었다. 교회 안에 숨어 있던 기독교도들과 함께 불탔다고 한다.

그 후 이 도시의 기독교 지도자였던 하리스(그리스어로 알레타스)를 비롯한 기독교도들은 유대교로 개종을 강요당했지만 거부했기 때문에 11월 24일과 26일에 많은 신자들이 처형당해 순교하였다. 25일에 처형이 중단된 것은 유대교 안식일인 토요일이었기 때문이다. 이것이 당시 사람들에게 큰 충격을 주어 힘야르 왕국의 멸망 원인이 되기도 했다. 이것이 나줄란 기독교도 박해(내지는 순교)의 전말이다.

이처럼 일련의 박해의 경과를 상세히 알 수 있는 것은 아라비아 남단에서 일어난 사건으로는 예외적으로 많은 사료가 남아 있어서이다. 앞장에서도 썼듯이 그것은 박해의 장본인이라 할 수 있는 두누와스가 문디르에게 보낸 서간이 524년 2월 초에 라므라에서 열린 회합의 장에서 입장을 달리 하는 많은 참가자들 앞에서 발표된 것이나 나줄란에서 살아남은 기독교도들이 계속해서 보낸 정보가 교회나 수도원 네트워크를 통해 광범위하게 확산되었기 때문이다. 사건을 알리는 편지 사본이나 거기서 얻은 정보를 정리한 순교록이 작성되었고 그것들은 또 여러 언어로 번역되어 퍼져나갔다. 이들 문서의 일부가 사본의 형태로 전해져 연구 사료로 쓰이고 있는 것이다.

앞에서 이름이 나온 베트 알샴의 주교 시메온은 라므라의 회합에서 두누와스의 서간 낭독을 들은 후 힐라에서 나줄란에서 당도한 기독교도들로부터 새롭게 들은 정보도 더하여 쓴 편지를 같은 합성론파에 속하는 시리아의 갓블라의 대수도원장 시메온 앞으로 보냈다. 이것이 현존하는 이 사건에 관한 최초의 보고이다.

이 사건은 유대교도도 기독교도도 아닌 반도의 주민들에게도 강한 인상을 주었을 것으로 생각된다. 아랍 전승은 하리스에게 개종을 강요하여 거부당한 두누와스가 본때를 보여주기 위해 다수의 시민을 땅구덩이에 던져 넣고 불을 질러 죽였다고 전하고 있다. 『코란』에서도 언급되었고 또 나줄란이 그후 우후드드(갱)로 불리게 된 것을 보아도 사람들이 큰 충격을 받았음을 엿볼 수 있다.

## 악숨군의 두 번째 원정과 두누와스의 죽음

여하튼 단기간에 아라비아반도 밖에까지 알려진 결과 나줄란 시민의 순교는 당시 기독교 세계에도 큰 사건이 되었다. 박해를 받고 있는 것이 주로 합성론파 기독교도들이라 해도 그 하수인이 유대교도라면 구원을 요청받은 비잔틴 황제가 비칼케돈파에 엄격한 유스티누스라 할지라도 이를 무시할 수는 없었다. 그러나 북방에서 사산조와 대치하는 비잔틴으로서는 남아라비아로 원군을 보낼 여유가 없었다. 이에 황제는 악숨 왕에게 사자를 보내 힘야르로 파병해줄 것을 요청하면서 비잔틴은 악숨군이 바다를 건너기 위한 수송선단을 보내겠다고 제안하였다.

이 요청이 없더라도 악숨 왕 엣라 아스베하가 출전할 결의를 굳히고 있었던 것은 말할 것도 없다. 그는 앞의 원정이 어정쩡하게 끝났기 때문에 새로운 박해가 일어났다고 생각했을 것이다. 이번에는 반란분자를 근절할 때까지 전쟁을 계속할 생각으로 이전보다 많은 대군을 왕이 친히 이끌고 바다를 건넜다고 전해진다. 525년 5월 18일 지나서의 일이었다.

양측 군대의 전쟁양상에 대해 상세한 것은 확실치 않으나 결과는 이전과 같이 악숨군의 압승이었다. 중앙아라비아로 원정하여 나스르조 부대나 아랍부족민과의 전투에서는 우세였던 힘야르군도 악숨군 앞에서는 맥을 추지 못했던 듯하다. 패한 두누와스는 포로가 되는 치욕 대신 마지막에 말과 함께 바다로 몸을 날려 죽음을 택했다고 전해진다. 이리하여 악숨에 대한 그의 반란은 실패로 끝났으나 그 이름은 조국의 영웅으로 후세에 길이 남게 되었다.

엣라 아스베하에 의해 기독교도인 스무야파 아슈와가 새로이 힘야르의 왕위에 오르게 되었다. 앞장에서도 썼듯이 '힘야르 사람들에 대해서는 왕으로서, 악숨 왕에 대해서는 대리인으로 악숨 왕을 섬긴다'는 것이 이 왕에게 기대하는 역할로 악숨의 괴뢰정권이라 해도 좋을 것이다. 뒷일은 이 왕과 에티오피아인 주류부대에 맡기고 같은 해인 525년 12월에 엣라 아스베하는 원정군 본대와 함께 귀국하였다.

# 4 마지막 영광

## 유스티니아누스 황제의 남방정책

527년에 비잔틴 황제 지위를 이은 유스티니아누스는 사산조와의 전쟁을 유리하게 이끌기 위해 아라비아나 에티오피아의 힘을 이용하려 남방정책에 힘을 쏟았다. 즉위 다음해나 그 다음해에 자프나 가의 하리스를 등용하여 나스르조의 문디르의 움직임을 억제하려 한 것은 이미 언급하였다. 이어서 530년 전후에 악숨 왕과 힘야르 왕 앞으로 사절인 율리아누스를 보낸 사실이 프로코피우스에 의해 전해지고 있다.

우선 악숨의 엣라 아스베하 왕에게는 인도의 항구에서 중국산 비단을 사들여 그것을 비잔틴에서 팔아주도록 요청하였다. 그때까지 비잔틴은 주로 페르시아령을 지나는 루트로 운반돼 온 비단을 사고 있었는데 이렇게 되면 적국을 윤택하게 하는 셈이어서 고민거리였다. 이에 유스티니아누스가 주목한 것이 해상 루트였다.

실은 인도의 항구에는 몇 개의 루트를 통해 중국산 비단이 모이고 있었다. 『엘류트라해 안내기』에는 실크로드의 도중에서 남으로 분기하는 루트를 통해 인도 북서부로 운반한 뒤 칸바트만의 바류가자(현재의 발루치)나 인더스강 입구의 바르바리콘에서 수출되는 비단과, 운남이나 티벳을 넘는 루트를 통해 갠지스강 입구까지 운반된 뒤 배로 인도 남서부의 항구까지 수송되어 그곳에서부터 서방으로 수출되는 비단에 대한 언급이 있다. 6세기 정도 되면 중국 남부의 항구에서 해로를 통해 인도의 항구까지 운반되는 비단도 있었을 것이다. 이를 악숨 상선이 사들여 비잔틴으로 되팔아주면 악숨도 돈을 벌고 비잔틴 측도 좋다고 악숨 왕을 설득한 셈이다. 이집트 배가 인도까지 항해하는 것이 없어진 뒤부터 수세기가 지난 이 시대에는 인도로 가려는 비잔틴 상인들은 아드리스까지 가서 거기서 에티오피아나 인도 상선에 편승해야 하는 상황이었다. 따라서 비잔틴이 인도에서 비단을 대량으로 사오려 하면 악숨에 기댈 수 밖에 없었던 것이다.

한편 힘야르의 스므야파 왕은 나스르조의 문디르에 의해 죽임당한 킨다족 하리스의 자손으로, 당시 망명중이었던 카이스를 마앗드족 왕으로 즉위시켜 힘야르군과 마앗드의 부대가 하나가 되어 페르시아령으로 공격해 들어가도록 요청하였다. 사산조를 남쪽에서 공격함으로써 북방에서의 사산조의 전력을 약화시킬 목적이었다.

두 왕 모두 사절인 율리아누스에게는 승낙 답변을 했지만 실제로는 어느 요청도 실행으로 옮겨지지 않았다. 왜냐하면 지리적으로 인도에 가까운 페르시아 상선이 인도 교역항에 자리잡고 상품을 선점해버리기 때문에 악숨 상인이 비단을 구입하는 것은 불가능했으리라. 또한 힘야르 왕으로서도 광대한 사막을 횡단하여 페르시아군과 싸우는 것은, 이 또한 어려운 일이었다고 프로코피우스는 전하고 있다.

참고로 비단은 552년에 동방으로 파견된 네스토리우스파 수도사가 누에알을 대나무통에 숨겨 오면서 중국이 유출통제를 하던 양잠기술이 비잔틴에 전해졌다고 한다. 유스티니아누스 황제의 비단 입수에 대한 강한 집념이 느껴지는 일화가 아닌가.

그건 그렇고 카이스를 하리스의 후계자로 삼은 것만큼은 실현된 듯하다. 왜냐하면 나중에 유스티니아누스 황제가 킨다족과 마앗드족을 이끄는 카이스 앞으로 논노소스라는 사절을 보내고 있기 때문이다. 이 때의 논노소스는 악숨과 힘야르에도 당도하고 있어 유스티니아누스의 남방정책이 계속되고 있음을 엿보게 한다. 힘야르 왕위는 얼마 뒤 아브라하에게 찬탈당하게 되는데 유스티니아누스는 이 아브라하에 대해서도 계속해서 페르시아 공격을 촉구하였다.

그리고 같은 시기에 히자즈 북부를 지배하고 있던 아브칼리브가 자국령을 유스티니아누스에게 바치는 보기 드문 사건이 일어나고 있다. 그렇기는 하나 그곳은 사막 한가운데로 대추야자밖에 나지 않는 땅이므로 비잔틴령이 된 것은 명목상이었고 실제는 아브칼리브 지배가 그대로 이어졌다. 그러나 하사금을 받고 동맹자가 된 아브칼리브의 움직임으로 인해 비잔틴의 남쪽 국경의 안전이 강화된 것은 틀림없다. 이 아브칼리브는 자프나가의 자바라의 아들로 불리고 있어 하리스의 형제였을 것으로 생각된다.

**아브라하에 의한 힘야르의 왕위 찬탈**

힘야르의 스므야파 아슈와 치세는 오래가지 못했다. 아마 530년대 전반 안에 쿠데타가 일어나 왕위를 빼앗긴 것이다. 쿠데타를 일으킨 것은 주둔한 에티오피아인 부대로 아브라하라는 이름의 주동자가 왕위에 올랐다.

5 사나의 금속 모스크. 기둥 머리에 십자가가 새겨진 석주를 내부에서 볼 수 있다. (필자 촬영)

프로코피우스가 전하는 바로 이 아브라하는 원래 아드리스에서 상거래를 하던 비잔틴 상인의 노예였는데 엣라 아스베하의 원정에 종군하여 남아라비아로 건너왔다고 한다. 그리고 주둔부대에서 점차 두각을 나타내 악숨 왕이 옹립한 힘야르인 왕을 끌어내리고 에티오피아인이며 심지어 노예가 다수인 부대를 중심으로 하는 정권을 수립하였다. 그처럼 이른바 비천한 신분 출신이었지만 이후의 경과를 보면 이 아브라하는 군사적 정치적 재능을 갖춘 상당한 걸물로 역사에 이름을 남기게 된 것도 당연하다는 생각이 든다.

주둔군 반란 소식을 접한 엣라 아스베하는 바로 진압을 위해 3천 명으로 구성된 군대를 보냈다. 그런데 남아라비아로 상륙한 병사들은 에티오피아보다 비옥하고 풍요로운 이 땅이 마음에 들어 그곳에 머물기를 원하며 아라비아 측에 붙어버렸다. 놀란 엣라 아스베하는 진압부대의 제2진을 보냈지만 이 부대는 아브라하군과의 전투에서 뼈아픈 패배를 맛보고 퇴각하였다. 천하의 엣라 아스베하도 더 이상 손을 쓰지 못하고 결국 아브라하 정권을 인정할 수밖에 없었던 것이다.

이같이 아브라하 정권은 원래는 악숨의 주둔부대가 주

체가 되어 수립했지만 아브라하는 비문에 힘야르의 전통
왕호를 쓰고 에티오피아 문자가 아닌 남아라비아 문자를
사용하고 사바어로 문장을 남기고 있다. 즉 어디까지나
힘야르의 전통적인 왕으로 처신하려는 자세를 보인다.
이윽고 악숨과의 관계도 적어도 형식상으로는 악숨 왕이
종주이고 자신은 그 신하라는 전통적인 위상으로 정리된
듯하다. 또 종교적으로는 독실한 기독교도로 수도 사누
아를 비롯하여 각지에 교회를 세웠다. 현재의 사누아의
금요 모스크에는 아브라하가 세운 대교회의 일부가 전용
되어 예전의 흔적을 보여주고 있다.

악숨의 괴뢰정권을 타도하고 성립하여 악숨으로부터
의 독립성은 커졌지만 에티오피아로부터의 침입자가 원
주민을 지배하는 체제임에는 변함이 없기 때문에 재지
(在地) 세력의 저항은 끈질겼고 이를 누르면서 지배를 안
정시키는 데는 십수년이 걸렸던 듯하다.

그런데 아브라하가 받든 기독교에 대해 흥미로운 지적
이 제기되고 있다. 기독교의 근본교의인 '아버지 주님과
그 아들 그리스도와 성령'이라는 삼위일체 신을 언급할
때 악숨의 괴뢰였던 스므야파 아슈와는 '라프마난'에 이
어 '그 아들인 승리자 그리스도'를 언급하고 있다. 라프마

난은 고대 남아라비아어로 '자애로운 신'을 의미하는 말로 남아라비아에서는 이 무렵 유대교도나 기독교도를 막론하고 일신교의 신을 가리키기 위해 쓰고 있었다. 아브라하 비문에서도 이 말이 사용되고 있다.

문제는 그 뒤에 이어지는 말이다. 아브라하는 어느 비문이나 '아들인 그리스도'라고 말하지 않고 일관되게 '메시아(구세주)'라는 말을 쓰고 있다. 동시대의 악숨 왕의 비문에서는 '신' 다음에 '신의 아들(그리스도)'이므로 아브라하는 에티오피아인이면서 에티오피아 교회의 교의에도 등을 돌리고 일부러 이런 표현을 쓴 것으로 생각된다.

예수가 구세주라는 것까지는 인정 못할 것도 없지만 신의 아들이라는 것은 절대로 인정할 수 없다는 것이 당시 유대교도나 이후의 이슬람교도에 공통되는 그리스도관이었다. 아브라하는 남아라비아로 건너간 뒤 그곳의 특히 지배자 층에 침투해 있던 유대교의 영향을 받았거나 혹은 지배지의 주민과의 종교상 마찰을 최대한 피하기 위해 이 점에 대해 타협했든가 둘 중 하나일 것이다.

덧붙여 라프마난(하르만+한정사 안)은 아라비아어로는 앗라흐만(정관사 알+라흐만)로 나중에 바스마라로 불리는 이슬람의 관용구 '경애하고 널리 자비로우신 신의 이름으로'이고 알라의 속성을 가리키는 형용사로 사용되는 말이다.


**아브라하의 마리브 댐 비문**

마리브 댐 근처에 CIH541이라는 인식약호가 붙여진 유명한 비문이 있다. 아브라하가 세운 것으로 큰 돌로 만든 각진 기둥 사면에 문자가 빼곡이 새겨져 있다. 말미에 서력으로 환산하여 548년 3월이라는 기년이 있는 이 비문은 전년 7월에 무너진 댐 수리 완공을 기념하는 것이 본래 취지였지만 이 1년 안 되는 사이에 아브라하의 신변에 중대사건이 계속해서 일어난 내용이 쓰여 있어 매우 흥미롭다.

우선 동부에서 킨다족과 사바 세력이 중심이 된 반란이 일어난다. 여기에는 이 방면의 재지세력인 야즈안족도 가세하고 있었다. 이에 아브라하는 에티오피아 병사들과 힘야르에서 징발한 병사의 혼성부대를 편성하여 반란군 진압을 위해 파견하였다. 547년 6월의 일이다. 그런데 반란이 어느 정도 정리되었다고 생각되던 7월에 이번엔 마리브 댐이 무너졌다는 소식이 전해졌다. 여름의 몬순기에 산악부에 내리는 비가 많았던 해에 댐이 와디를 흘러내린 대량의 물을 이기지 못하고 무너진 것으로, 이번이 처음은 아니고 과거에도 댐을 수리한 기록이 있다. 또 아브라하 치세 중인 558년 11월에도 다시 수리를 했다는 비문이 남아 있다.

이에 아브라하는 진두지휘를 하기 위해 몸소 마리브로 가서 여러 부족들에게 댐 수리에 필요한 인원 동원을 명하였다. 그것이 547년 10월이다. 이때 아브라하는 마리브의 교회 봉헌식도 거행하고 있다. 그런데 공사를 시작하고 바로 역병이 발생하였다. 각지에서 많은 사람들과 가축들이 모여 불결한 환경에서 작업하다 보면 이같은 일이 일어나도 이상하지 않다. 희생을 최소화하기 위해 공사는 일단 중지하고 인부들을 돌려보냈다.

다음에 가장 흥미롭고 중요한 기사가 이어진다. 이 해 연말 무렵 아브라하에게 사방에서 사절이 연이어 도착했다는 것이다. 아브라하 입장에서 중요도가 높은 순으로 악숨 왕의 전권대사, 비잔틴 황제의 전권대사, 페르시아 왕 대사, 이어서 나스르조의 문디르, 자프나조의 하리스, 그 형제로 생각되는 아브 칼리브로부터 사절이 내방했다고 쓰여져 있다. '전권대사', '대사', '사절'로 나눠 번역한 것은 각각의 원어에 다른 말이 사용되어 있기 때문으로 당시의 힘야르과 주변 세력과의 관계를 아브라하가 어떻게 인식하고 있었는지 알 수 있다.

아브라하의 초대에 응하여 당시 오리엔트의 세 열강과 아랍의 세 명의 실력자들로부터의 사절이 한꺼번에 모인 셈이니 그야말로 장관이었으리라. 마앗드 무달 등 아라비아반도의 유력 부족으로부터의 참가자가 없는 것은 그들이 독립세력으로 인정받지 못하고 있었음을 보여주고 있다.

안타깝게도 회합의 목적은 분명치 않다. 아라비아에서의 각자의 세력범위를 획정하기 위한 교섭이 목적이라는 설도 있으나 역병에 의한 공사 중단이 없었다면 댐 수리는 12월까지는 끝날 예정이었으므로 준공기념 축전이었을 가능성도 있다. 그러나 여하튼 사절이 도착했을 때의 힘야르의 정황은 초청장을 받았을 때와는 전혀 달라 매우 혼란스러운 상황이었다. 따라서 회합의 소기의 목적이 달성되었다고는 할 수 없다. 비문에는 사절들의 도착만 기록되어 있고 그 이상의 정보가 없는 것은 그 때문일 것이다. 단 이 당시의 아브라하가 여러 세력이 초대에 응

하여 사절을 파견해 올 만큼 거물이었다는 것은 인정해
도 좋을 듯하다.

역병이 종식된 다음해 1월에 공사는 재개되어 58일에
걸쳐 3월에 댐 수리를 완료했다고 한다.


### 아브라하의 중앙아라비아 원정

나줄란에서 북으로 230킬로미터, 카르얏 알파우의 서
남서 160킬로미터 지점에 위치하는 무라이간 암벽에 아
브라하가 새긴 중요 비문이 2점 남아 있다. 근처에 물웅
덩이가 있어 남아라비아에서 중앙아라비아로 원정하는
부대가 반드시 막영하는 장소였다고 생각된다.

그중 Ry506(Murayghan 1)라는 인식약호가 붙여진 비문
에는 말미에 서력으로 환산하여 552년 9월이라는 기년
이 있다. 그것을 읽으면 같은 해 4월에 바누아밀(내지는 아
무르)이 반란을 일으켰기 때문에 마앗드로 4번째 원정을
갔다고 적혀 있다.

킨다, 사드, 물라드 등 여러 부족의 병사들을 이끌고
진압에 나서 마쉬르 남쪽 하리반까지 진격하여 역도들

을 정벌하였다. 항복한 마앗드는 인질을 보내 순종을 맹세했다 하나 나스르조의 문디르에 의해 마앗드의 지배를 맡은 아들 아무르도 아브라하와 교섭한 끝에 자신의 아들을 인질로 보냈다고 쓰여 있는 점이 흥미롭다. 아마 그것이 아무르 자신의 신변 안정이 보장되는 조건이었을 것이다.

후즈르조가 지배하는 마앗드를 문디르가 노리고 있다는 것은 앞에서 본 마디칼리브 야흐르의 비문에서도 엿볼 수 있는데 하리스가 문디르의 공격을 받아 후즈르조의 힘이 약화된 이후 나스르조는 중앙아라비아로 영향력을 더욱 강화시켰던 듯하다. 아브라하는 이 일대의 아랍 부족들, 그중에서도 마앗드에 대한 지배권을 힘야르로부터 다시 빼앗기 위해 원정을 계속했다고 생각된다. 그리고 이 아무르는 문디르와 그에게 공격당한 하리스의 딸 힌드와의 사이에서 태어난 아들이다. 즉 하리스의 외손에 해당하므로 아브라하 등에 의해 마앗드에 대해 지배권을 주장할 수 있는 입장에 있었다고 할 수 있다.

또 하나는 비교적 최근에 그 존재가 알려진 비문(잠정적으로 Murayghan 3으로 부른다)으로 마앗드 땅 원정 후 귀향길에 새겼다고 쓰여 있다. 날짜가 없어 정확한 연대는 알 수 없지만 문디르의 아들 아무르를 내쫓고 문디르에게 빼앗겼던 마앗드의 아랍을 찾아왔다고 쓰여 있으므로 554년보다 전에 작성된 것임에 틀림없다. 왜냐하면 앞서 얘기했듯이 이 해 문디르는 자프나조의 하리스와의 전투에서 목숨을 잃었고 같은 해 여름에 아무르가 아버지의 왕위를 잇고 있기 때문이다. 짧은 비문이어서 전투의 상세 내용은 쓰지 않고 복속시킨 아랍 부족들만 열거하고 있기 때문에 또 하나의 비문에 기록되어 있는 것과 같은 원정의 기록일 가능성도 부정할 수 없다. 복속시킨 것은 '마앗드, 하갈, 캇트, 타이이, 야스립, 그잠의 모든 아랍'이라고 쓰여 있다. 이 가운데 마앗드, 타이이, 그잠(주잠)은 부족명, 하갈과 캇트는 페르시아만 연안 지명, 그리고 가장 흥미로운 것이 오늘의 메디나에 해당하는 야스립이다. 아브라하가 말하고자 하는 것은 동으로는 페르시아만 연안에서 서쪽으로는 히자즈 지방에 이르기까지 즉 아라비아 반도 전체의 아랍 부족들을 지배하에 두었다는 것으로 이것의 사실 여부는 차치하고라도 550년 전후 몇 년간이 그의 권력의 정점이었음은 확실한 듯하다.

이슬람 전승에서 아브라하라면 무함마드가 태어난 해에 행해졌다는, 실패로 끝난 메카로의 원정이 유명하다.

원정군을 선도한 코끼리가 메카 시민들에게 강렬한 인상을 주었기 때문인지, 이 해(570년경으로 말해진다)는 '코끼리의 해'로 기억되고 있다. 그러나 아브라하는 560년대 중반에 서거했다고 생각된다. 따라서 가령 원정이 행해졌다 해도 570년경인 것은 있을 수 없다. 이와는 별도로 이 원정이 행해진 것은 552년이라는 전승도 있으므로 Ry506으로 기록되어 있는 원정이 그것이 아닐까 하는 설이 제기되고 있다. 근년 발견된 비문에 아브라하가 복속시킨 부족으로서 야스립의 아랍이 거론되고 있는 것을 보면 그의 일부 부대가 메카를 약탈할 정도의 일은 일으켰을지 모른다. 그렇다 해도 당시의 메카는 아직 미미한 존재였기 때문에 이름을 올릴 일은 없었으리라 생각한다.

## 사산조에 의한 힘야르 정복

아브라하 사망 후 왕위를 이은 것은 아들 약숨(악숨이라 하는 사료도 있다)이었지만 치세기간은 몇 년으로 짧았다. 그 후를 이은 약숨의 이복 동생 마스루크는 아브라하가 아부 뭇라 즈 야잔, 통칭 사이프 분 즈이 야잔의 아내 라이하나를 빼앗아 낳은 아들이었다. 즈 야잔이라는 부족명으로 보아 사이프가 이미 몇 번이나 언급한 예멘 동부에 세력을 가진 부족(야즈안족)의 유력자였음을 알 수 있다. 정치적으로는 반악숨의 독립파, 종교적으로는 유대교도였다. 악숨, 마스르크 모두 가혹한 지배를 폈기 때문에 에티오피아인 왕에 대한 사람들의 반감은 정점에 달했다. 그러나 혼자서는 정권 타도가 불가능하다고 본 사이프는 시리아로 가서 당시 비잔틴 황제 유스티니아누스 2세(재위 565~578년)에 원군파견을 요청하였다. 그러나 자신이 유대교도인 것이 걸림돌이 되어 비잔틴의 원조를 얻는 것이 불가능함을 깨닫고 그렇다면 페르시아에 요청할 수밖에 없다고 생각하여 힐라로 향했다.

아무리 호슬로라 해도 먼 남아라비아로 군대를 보내는 것은 위험성이 크다고 생각하여 처음엔 주저했다고 한다. 그러나 측근의 진언도 있어 전사해도 아쉽지 않은 8백 명의 죄수로 구성된 부대를 편성하여 와흐리즈를 지휘관으로 하는 8척의 선단을 페르시아만으로부터 출발시켰다. 도중 풍랑으로 그중 2척을 잃었지만 남은 부대는 남아라비아 남안으로 상륙하여 현지의 독립파 부족과 합류한 뒤 마스루크 왕의 군대와 격돌하였다.

전투 양상은 전해지지 않지만 결과는 독립파의 승리로 끝났다. 마스루크는 전사하였고 에티오피아 병사들은 초토화되었다 한다. 이 패배로 악숨 왕국의 힘야르에 대한 지배는 종지부를 찍었고 힘야르 왕국 자체도 이 시점에서 멸망했다는 것이 일반적인 이해이다. 연대는 비잔틴 측 사료에 의하면 570년대 초, 아랍 이슬람의 전승에 의하면 575년경의 일이었다. 기원전 사바 왕국에서 시작하여 기원후는 힘야르 왕국으로 계승되어 1300년 이상에 걸쳐 이어진 고대 남아라비아 왕국들의 역사는 여기서 막을 내리게 되었던 것이다.

그 후 페르시아군에 동행했던 사이프를 왕으로 하는 사산조의 괴뢰정권이 수립되었다. 즉 남아라비아 주민 입장에서는 지배자가 에티오피아인에서 페르시아인으로 바뀌었을 뿐 타민족에 종속된 입장에는 변함이 없었다. 단 유대교도들에게는 기독교도의 지배자보다는 차라리 낫다는 정도였을지 모른다.

사이프가 곧 사망하자 남아라비아 정세는 다시 혼란에 빠졌다. 이에 와흐리즈가 다시 파견되어 이후 이 땅은 사산조의 하나의 속주로 페르시아인 관리의 지배를 받게 되었다. 중앙아라비아를 세력하에 두고 있던 힘야르를 정복함으로써 아라비아반도는 사산조의 세력권으로 들어갔다.

인도양과 지중해를 잇는 교역루트도 거의 대부분이 사산조에 제압당하였다. 즉 페르시아만 루트에 더해 내륙루트도 그들의 통제하에 놓이게 되었고, 홍해루트도 홍해 남방의 아라비아 측이 그들의 지배하에 들어갔기 때문에 악숨은 2세기 말 이래 갖고 있던 홍해 제해권을 잃게 되었다. 게다가 속국인 힘야르를 잃은 타격은 컸다. 이에 오리엔트 세 열강의 힘의 균형은 깨지고 사산조가 우위에 서게 되었다. 그리고 이는 유스티니아누스가 추진해 온 남방정책이 파탄났음을 의미하였다. 이 새로운 정세에 응하여 그의 후계자들은 전략을 다시 세워야 했지만 다음에 언급하듯이 정세를 더욱 악화시키는 길을 선택해버렸던 것이다.

### 자프나조와 나스르조의 종언
유스티니아누스 황제의 허가를 얻어 부친의 뒤를 이은 문디르였지만 황제의 후계자 사이에 아버지 대와 같은 원만한 관계를 구축하지 못했다. 사료에는 나스르조와의 전투에 대비하여 부족들을 동원하는 데 필요한 군자금을 유스티니아누스 2세에게 요청한 바 황제의 역린을 건들어 그 후 한참동안 비잔틴과의 관계가 소원해졌다고 기록되어 있다. 전 황제가 동맹자에게 군자금을 하사할 뿐 아니라 비잔틴령으로 침입을 자제하는 대가로 적인 페르시아 황제나 나스르조의 수장에게까지 공납금을 보내고 있던 것을 신 황제는 바꿔버렸다고 한다. 불명예스럽고 굴욕적일 뿐 아니라 경제적으로 부담이 너무 크다는 이유도 있었던 듯하다.

그 후 화친이 성립되어 마우리키우스가 지휘하는 비잔틴군과 함께 크테시폰 점령을 목표로 페르시아령으로 침입하였다. 그러나 티그리스강의 다리가 무너져 강을 건널 수 없기도 하여 원정은 실패로 끝났다. 문디르가 페르시아 측과 내통한 것이 그 원인이라고 마우리키우스가 당시 황제 티베리우스(재위 578~582년)에게 중상하여 비잔틴 궁정과의 관계는 다시 악화하였다.

문디르가 합성론파인 아랍 대표자격인 존재였던 것도 황제파의 미움을 받은 제1원인이었음에 틀림없다.

결국 간계에 빠진 문디르는 체포되어 콘스탄티노플로

연행되었다. 그리고 병사한 티베리우스의 뒤를 이은, 숙적이라 할 수 있는 마우리키우스(재위 582~602년)가 제위에 오르자 시칠리아섬으로 유배되었다 한다. 582년의 일이었다. 이 조치에 분노한 아들 누으만은 보복으로 비잔틴의 동방 영토를 짓밟고 속주 아라비아의 수부인 보슬라의 수비대와 싸워 대장을 죽이기도 했지만 결국 곧 아버지처럼 체포되어 처형되거나 유배당하였다고 전해진다.

이처럼 자프나조는 너무나 싱겁게 끝나버렸다. 그 후 지배하에 있던 아랍 부족들은 뿔뿔이 흩어지고 페르시아 측으로 붙은 부족도 많았다고 한다. 또한 합성론파 기독교도들은 그들의 이른바 챔피언을 잃어 어려움에 처하게 되었다. 그러나 다른 쪽의 비잔틴 측도 그런 상황도 인지하지 못하고 사막의 바다에 면한 방파제를 스스로 무너뜨려버렸기 때문에 수십 년 후에 남으로부터 밀려오는 큰 파도에 맞설 수 없게 되었던 것이다.

다른 한편으로 나스르조도 비슷하게 싱거운 최후를 맞이하게 된다. 3세기 말 이후 3백 년 이상 이어온 이 왕조의 마지막 수장은 문디르 3세의 손자인 누으만이었다. 이 인물에 대해서 무엇보다 잘 알려져 있는 것은 대체로

590년대 전반에 기독교로 개종한 것이다. 그때까지 나스르조의 군주는 일관되게 다신교도였는데 누으만이 처음으로 네스토리우스파의 기독교도로 세례를 받고 일족들도 그를 따랐다고 한다. 그렇지만 그가 사산조의 호슬로 2세(재위 590, 591~628년)의 미움을 받은 것은 이 개종 때문이 아닌가 생각한다. 이 호슬로는 590년에 일단 즉위하지만 바흐람 초빈의 반란으로 제위를 빼앗겨 비잔틴의 마우리키우스 쪽으로 망명하여 이 황제의 도움으로 복위할 수 있었다는 이력의 주인공이다. 이 망명 때 누으만에게 도움을 청했지만 이루어지지 않은 것을 호슬로가 잊지 않았다든다 호슬로가 아꼈던 시인을 누으만이 죽여버린 것이 원인이라 하지만 그가 배제된 정확한 이유는 분명치 않다. 여하튼 602년경 호슬로는 누으만을 죽였고 이에 나스르조는 멸망하였다.

호슬로가 개인적인 감정만으로 중요한 동맹국을 멸망시켰다고는 생각되지 않는다. 아마 당시의 사산조가 더 이상 나스르조를 필요로 하지 않게 된 것이 최대의 이유일 것이다. 즉 악숨 왕국의 세력을 남아라비아로부터 쫓아내고 힘야르 왕국을 멸망시켜버림으로써 아라비아 반도 거의 전역이 사산조의 세력권이 되었고 남방으로부터의 위협이 제거되었다. 한편 서쪽에서는 자프나조가 멸망함으로써 이 방면의 사막으로부터의 위협도 크게 약화되어 있다. 그같은 정세로 보아 호슬로는 사막의 방파제는 이제 필요 없다고 판단하였을 것이다. 수십 년 후에 큰 격랑이 밀려올 줄은 예상치 못했던 것이다. 실로 '토사구팽'이 아니던가.

　이같이 자프나조도 나스르조도 적대하는 세력에 패하여 멸망한 것이 아니라 그때까지 이른바 보호자였던 제국에 공격당해 역사의 무대에서 모습을 감추게 되었던 것이다.

# 제5장
# 이슬람의
# 탄생과 발전

## ―아라비아의 신세기

# 1 이슬람의 탄생

## 메카와 카바신전

앞으로 서술하게 될 이슬람 발흥기의 사료로 쓰이는 것은 『코란』을 제외하면 9세기 이후에 집필, 편찬된 문헌이 대부분이다. 즉 이미 이슬람이 사상적이나 정치적으로도 권위와 권력이 확립된 시대에 그로부터 과거를 돌아보며 저술된 셈이므로 당연하게도 이슬람의 탄생과 발전 경위가 이슬람적 시점에서 정리, 서술되어 있다. 과연 그것을 그대로 사실로 받아들여도 좋은 것인가 하는 문제의식이 이 시대 역사를 다룰 때 특히 필요해진다.

먼저 무함마드의 탄생지 메카는 아라비아 서부 히자즈 지방에 있고 반도 남북 방향으로는 거의 중앙에, 홍해로부터 70킬로미터 정도 내륙으로 들어간 곳에 위치하고 있다. 아라비아반도에는 홍해를 따라 산맥이 달리고 있는데 메카는 이 산맥의 서쪽 산록에 있다. 원래는 바위산에 둘러싸인 와디 계곡에 위치한 집락으로 여름에 계절풍의 영향으로 산에 드물게 비가 내린 후가 아니면 계곡에 물이 흐르는 일은 없어 사람도 동물도 우물물에 기대어 사는 곳이었다.

예멘과 시리아를 잇는 대상로는 산맥의 동쪽을 남북으로 달리고 있어 메카는 그 길로부터는 상당히 떨어져 있다. 홍해와 산록 사이의 좁은 평야부는 티하마로 불리는데, 이곳을 남북으로 관통하는 교통로도 항구에 가까운 바닷가로 이어져 있으므로 메카는 이 길에서도 떨어져 있었다.

요컨대 지리적으로 보아 농업이나 상업이 발전하기 어려운 곳으로 그대로라면 많은 인구가 집중할 곳이 아니었다. 따라서 원래 주민들은 가축의 방목으로 생계를 이어갈 수밖에 없었을 것으로 생각된다.

프톨레마이오스의 『지리학』에 마코라바라는 이름으로 언급되어 있는 장소가 메카가 아닐까 하는 설도 있다. 남아라비아어로 '신전'을 뜻하는 미크라브라는 말이 전와(轉訛)된 것으로 생각되므로 이는 2세기 전반에 메카의 카바신전의 명성이 반도 밖에도 퍼졌다는 증거로 메카는 이미 이 무렵에는 많은 순례자를 맞이하는 도시로 번영하고 있었을 것으로 추측하는 이유이다. 그러나 아라비아반도에는 이미 살펴보았듯이 각지에 많은 신전이 존재하였다. 설령 프톨레마이오스 시대에 메카에 신전이 있었다 해도 그것이 반도의 신전 가운데 특별한 존재였다는 증거는 어디에도 없다. 따라서 프톨레마이오스의 마코라바를 메카로 비정하는 것은 역시 속단이라 하지 않을 수 없다.

그렇다면 카바신전의 기원을 언제로 보아야 할 것인가. 메카 시민이 본격적으로 상업을 하게 된 것은 6세기 이후로 그 전에 이곳에 사람들이 모인 계기는 역시 순례자를 불러들이는 신전의 존재이므로 메카 발전의 역사를 생각하면 신전의 기원문제는 중요하다.

그러나 카바신전의 고고조사 등으로 알 수 있는 문제가 아니어서 과학적으로 기원을 찾는 것은 불가능하다. 이에 전승을 살펴보면 『코란』의 제2장(수소의 장)에는 아브라함이 아들 이스마엘을 돕게 하여 카바를 세웠다고 기록되어 있다. 후술하듯이 무함마드는 유대교도에 반론하여 자신들의 가르침은 모세가 유대교를 창시하기 이전에 아브라함에서 시작되는 진정한 일신교임을 주장하였다. 그로부터 알라의 신전인 카바의 기초를 세운 것이 아브라함 부자라는 주장이 나왔을 것이다. 그 이유가 『구약성경』 「창세기」에 기록되어 있다.

아브라함과 아내 사라 사이에는 고령이 되어도 후계자가 될 아들이 태어나지 않았다. 이에 사라는 남편에게 이집트인 여자 노예 하갈을 측실로 들여 그녀에게서 후사를 보자고 권했다. 하갈은 이윽고 남자아이를 출산하여 이스마엘이라는 이름을 붙였다. 그런데 그 후 신이 사라의 자궁을 열어주시어 사라에게도 남자아이가 태어나 이삭이라는 이름을 붙였다. 친아들을 낳은 사라에게 하갈과 이스마엘은 성가신 존재로 여겨져 남편을 독촉하여 두 사람을 사막으로 쫓아버렸다고 한다. 이 이삭의 자손이 유대인이라고도 불리는 이스라엘 민족이고 전설상으로 이스마엘의 자손이 사막의 주인 아랍이라는 것이 되어 있다. 즉 아브라함은 이스라엘 민족의 조상일 뿐 아니라 아랍 민족의 조상이기도 하다고 무함마드는 생각하고 있었던 것이다. 그리고 아버지와 함께 카바신전을 세운 것은 당연하게도 이스마엘이 아니면 안 되었던 것이다.

기원을 확정지을 방법은 없지만 상당히 오래 전부터 메카 계곡에 사각 벽으로 에워싼 신전(카바란 입방체를 의미한다)이 있었던 것으로 추측되고 있다. 단 원래는 어떤 신의 신전이었는지는 확실치 않다. 알라의 신전으로 불리며 알라 자신의 우상은 없고 다른 신들의 많은 우상을 받들고 있었다고 하지만 처음부터 그런 신전이었다고는 생각하지 않는다.

무함마드의 청년시대에는 벽 높이가 사람 키 정도이고 지붕은 없었다고 하므로 상당히 소박한 인상을 받는다. 그것이 화재로 불탄 뒤 소명을 받기 전의 무함마드도 참가하여 거의 현재의 규모로 다시 세웠다고 한다. 화재로 소실되었다는 것은 목재를 자재로 많이 썼기 때문일 것이다. 재건하면서는 홍해 연안 난파선의 배 자재를 재사용했다고 전해진다. 적어도 기둥이나 대들보 등의 골격 부분은 목재로 조립했을 것이다. 여하튼 어느 시점부터 이 신전에는 사방에서 순례자들이 찾아오게 되어 현재 달력으로 3월경으로 순례일이 설정된 듯하다.

　전승에 의하면 무함마드의 5대 전 조상에 해당하는 꾸라이쉬족의 크사이라는 인물이 메카 도시의 지배권을 쥐었다고 한다. 5대 전이라면 5세기 후반쯤이 된다. 크사이는 일족 사람들을 메카로 불러모아 정권을 안정시켰다. 그 결과 이후 메카는 꾸라이쉬족의 도시로 알려지게 되었다. 크사이는 카바의 열쇠를 보관할 뿐 아니라 순례자들에게 물과 음식을 베푸는 권리를 갖고 있었다고 전해진다.

　신전에 다수의 우상을 모으게 된 것도 각지에서 오는 순례자들을 불러 모으기 위한 꾸라이쉬족의 전략이 아닐

5-1 20세기 초엽의 카바신전.
(W.Facey, *Saudi Arabia by the First Photographers*, London, 1996, 31쪽)

까 생각한다. 순례시기에 메카 자체에 시장이 서는 일은 없었지만 순례자 수가 늘면 그만큼 근처 시장이 번성하게 되어 메카의 주민들의 장사 기회가 많아진다. 순례의 선물로 유목민들 사이에서 인기가 많았던 우상 제작이 활발했다고 하고, 순례자들이 바치는 희생 동물의 수가 늘어남에 따라 그 가죽을 무두질하는 피혁산업이 융성해졌다. 나중에 언급하겠지만 실은 이 피혁이야말로 메카 상인에게 중요한 지역 특산 교역품이 되었던 것이다.

## 아브라하의 메카 원정

앞장에서 썼듯이 아브라하는 그의 왕국의 수도라 할 수 있는 사누아에 기독교의 큰 교회를 세웠다. 전승에 의하면 그는 악숨 왕에게 편지를 보내 그 교회를 아랍의 하지(대순례)의 땅으로 바꿔 보이겠다고 약속했다고 한다. 그 소문을 들은 나씨(이슬람력 시행 전의 아라비아에서 달력의 월과 계절의 맞지 않음을 조정하는 임무를 맡은 관직) 남자는 사람들이 메카의 카비신전으로 행하는 하지를 사누아의 교회로 바꾸려 하고 있다고 분노하여 교회를 오염물로 더럽혔다고 한다. 화가 머리까지 치민 아브라하는 카바신전을 파괴할 목적으로 메카로 진군하였다.

메카는 도시 외벽도 없는 곳으로 원정군의 공격에 절대로 버틸 수 없었다. 이에 시민들은 처음부터 저항은 생각지도 못하고 산으로 피난했다고 한다. 그러나 신이 많은 새의 무리를 보내주어 원정군 머리 위로 불탄 기와 파편을 퍼부어주었기 때문에 적은 짓밟힌 풀 같은 꼴이 되어 철수했다고 『코란』 제105장(코끼리의 장)에 기록되어 있다. 신이 몸소 신전을 지켜준 것으로 유명해지며 이를 계기로 순례자수가 늘어나고 메카 도시도 발전했다고 전해진다.

이슬람 전승 외에는 사료가 없기 때문에 실제로 아브라하군이 메카로 원정했다는 확증은 없다. 그러나 『코란』의 기사를 읽는 한 대체로 무함마드가 태어나기 전에 일어난 이 사건에 대해 반세기 이상 지나서도 여전히 메카 사람들은 당시의 공포심을 그대로 기억하고 있었던 것은 아닐까 하는 인상을 받는다. 원정군이 파편으로 맞았다는 것은 천연두 등의 역병에 감염되었던 것은 아닐까 추측되고 있다.

또한 사누아의 교회와 메카의 카바가 대립한 것은 기독교의 가장 중요한 행사인 부활절이 춘분 후 보름 직후의 일요일에 해당하므로 메카를 포함한 히자즈 지방 순례제와 시기적으로 겹칠 가능성이 높아 순례자를 빼앗길 우려가 있고, 또 나씨가 분개한 것은 달력에 따라 아라비아 각지에서 거행되는 순례행사와 해마다 열리는 시장의 사이클에 혼돈을 줄 우려 때문이라는 해석도 제기되고 있다.

## 메카 상인의 교역

6세기 중엽, 무함마드의 증조부 하심 때부터 꾸라이쉬족은 원격지 교역에 뛰어들었다. 여름은 북쪽의 시리아, 겨울은 예멘으로 대상을 파견하여 인도양과 지중해를 잇는 국제중계무역으로 크게 활약한 결과 무함마드가 태어났을 무렵의 메카는 아라비아반도 굴지의 도시로 번영을 구가하고 있었다. 그러나 그 같은 번영의 반면, 메카 시민의 빈부격차는 커지고 사람들의 생활방식이나 정신이 황폐해지는 등의 폐해도 뒤따랐다. 무함마드의 종교적 각성은 이같은 문제의 해결을 그가 고민하는 가운데 이루어진 것이다.

이는 내가 대학시절 교실 강의에서 들은 이슬람 발흥 당시의 메카의 정세와 무함마드가 신종교를 창시하게 된 요인에 관한 해설이다. 그 때는 그런가 하고 특히 의심도 갖지 않고 듣고 있었지만 지금은 이 설명이 도저히 납득이 되지 않는다.

우선 이 시기, 사산조와 비잔틴의 항쟁으로 페르시아만 루트가 기능부전에 빠져 그 대체 루트로서 예멘과 시리아를 잇는 대상로가 번영했다는 해설은 설득력이 부족하다. 제2장에서 서술했듯이 페르시아만에서 지중해로 빠지는 루트는 여러 개였기 때문에 어떤 루트가 전란으로 통행불능이 되어도 다른 루트를 통해 교역은 계속되었다. 한편 6세기 중엽은 예멘이 아브라하의 지배하에 있던 시대로 반도 중앙부에서 남북 세력이 충돌을 계속하고 있었다. 따라서 향료길도 결코 안전하지 않았다. 또한 다음 장에서 언급할 10세기의 좋은 예가 있듯이, 페르시아만 루트가 기능부전에 빠졌을 때 대체 루트로 번영한 것이 홍해루트인 경우가 많았다. 다만 홍해 입구의 동쪽이 페르시아령이 된 이후는 홍해 루트를 통한 교역이 방해받게 되어 육상 루트의 중요성이 커졌다는 것은 짐작할 수 있다. 그러나 예멘을 경유하는 거래는 당연히 페르시아 당국의 견제를 받았을 것이다. 이들 여러 점을 고려하면 6세기 중엽 이후 향료길에 의한 교역이 특별히 번성해졌다는 주장은 따르기 어렵다.

또 이것도 이미 언급한 부분이지만, 메카는 메인 루트에서 상당히 떨어진 곳에 입지해 있었다. 따라서 메카 사람들이 시리아나 예멘으로 장사하러 가는 일은 있어도 메카가 국제교역의 중계 센터가 되었다는 것은 있을 수 없다. 그리고 메카 상인들이 주로 취급하는 것은 국제무역에서 거래되는 상품이 아니라 지역산 피혁제품이었다는 것이 사료를 근거로 주장되고 있다. 확실히 메카 사람들 스스로도 자신들의 주력 상품은 지역산 피혁이라고 인식하고 있었던 듯하다.

이에 대해 특히 비잔틴군 사이에서 다양한 용도로 피혁에 대한 수요가 매우 컸던 것은 사실이지만 그렇다고 해서 무겁고 거추장스러운 피혁을 메카에서 시리아까지 일부러 운반했을까 하는 의문이 나오고 있다. 그러나 시리아로부터 귀향길 짐이 되는 곡식이나 포도수도 무겁고 부피가 큰 짐이다. 이를 운반하는 데 필요한 가축들에게 시리아까지 피혁을 실어 가는 것은 상인들에게는 그다지 큰 부담이 아니었던 게 아닐까.

피혁이 아니라 아라비아반도에서 산출되는 금이나 은이 시리아에 맞춘 주력상품이 되었다는 주장도 있지만, 여기에도 동의하지 않는다. 꾸라이쉬족 자신이 광산업을 하고 있던 것도 아니므로 금, 은을 입수하려면 그 대가가 필요하다. 그렇다면 꾸라이쉬족에게 어떤 대가가 있었던 것일까. 또 그들에게 대량의 금, 은을 구입할 만큼의 재력이 있었는지 같은 문제가 해명되지 않는 한 그들이 시리아 교역을 위해 준비한 주력상품이 금, 은이었다고 말하기는 어렵다.

메카 상인이 시리아나 예멘으로 가서 거래를 했다는 것은 사실일 것이다. 그들이 운반하는 상품 가운데 예멘이나 인도산 옷감이나 향료, 이에 아라비아산 금, 은이 포함되어 있던 것도 부정하지 않겠다. 그러나 그들의 주력상품은 지역산 피혁을 중심으로 한 비교적 소박한 물건으로, 그것을 팔아 농업이 되지 않는 메카에 필수적인 보리 같은 식량이나 포도주 등의 음료를 사들이고 있었던 것은 아닐까. 또 나중에 야스립으로 이주한 무함마드는 자주 메카 상인들 대상을 습격하는데 메카 상인 전체가 조직한 것 같은 큰 대상은 예외이지만 대부분은 가족 단위로 생각되는 소규모 대상이었다.

여하튼 반도 각지에서 많은 순례자들이 방문하는 신전을 갖고 시민들의 교역활동도 순조롭게 발전함으로써 무함마드가 활동할 무렵의 메카는 성년 남자 수가 2천 수백 명, 따라서 전체로는 어린이나 교외 거주자까지 포함하여 1만 명 정도의 인구를 갖는 도시로 성장하고 있었던 듯하다. 당시 아라비아 반도에서는 상당히 큰 도시였음에 틀림없다.

그렇다고는 하나 상업 레벨이 위와 같은 규모였던 이상 경제의 번영으로 사회적 불공정이나 개인 윤리관의 결여가 너무 심했던 메카라는 이미지는 아무래도 상상하기 힘들다. 따라서 무함마드가 메카에서 신종교를 일으키게 된 요인은 다른 곳에 있는 것이 아닐까.


## 무함마드의 소명과 선교

무함마드가 최초로 신의 계시를 받은 것은 40세 전후로 610년쯤으로 말해진다. 그가 나중에 사람들에게 말한 바에 의하면 어느날 메카 교외에서 힐라라는 바위산 동굴에서 잠깐 졸고 있는데 누군가가 나타나 그를 찍어누르듯이 무언가를 이야기했다고 한다. 그런 일이 몇 번이나 계속되어 처음엔 그저 두려워 뒷걸음칠 뿐이었지만, 점차 그것이 유일신 알라의(대천사 가브리엘을 통하여) 계시였음을 깨닫게 된 것이다.

알라는 무함마드에게 마지막 심판이 가까워졌음을 전하고 그 날을 위해 준비하도록 사람들에게 알리라고 명하였다. 무엇보다도 중요한 것은 유일신 알라를 믿고 그 가르침을 따라 선행에 힘쓰고 카바신전에서 받들고 있는 우상을 숭배하는 것은 최대의 악행이라고 말했다.

5-2 천사 지브릴(가브리엘)로부터 계시를 받는 무함마드. 에딘버러대학 소장『집사』「예언자 무함마드전」에 수록된 세밀화.

알라로부터의 계시는 그 후에도 단속적으로 내려와, 무함마드는 자신이 신의 예언자임을 자각하기에 이른다. 처음엔 친족이나 아주 가까운 사람들에게 자신의 체험이나 가르침을 설파했지만 614년부터는 대중전도를 시작하였다. 메카 시민들에게 최후의 날이 곧 돌아올 것임을 경고하고 유일한 신에 귀의하라고 가르쳤다.『코란』에 수록되어 있는 무함마드의 어록(알라의 계시)은 뒷장으로 갈수록 짧아지고 있다. 실은 가장 뒤쪽에 기술되어 있는 것이 무함마드가 최초로 받은 계시이고 거기서부터는 대체로 앞으로 갈수록 새로운 계시가 되도록 장이 배치되어 있다.

이것을 보면 처음엔 신으로부터의 계시를 그대로 말로 하여 설교하고 있는 무함마드가 점차 계시의 말을 이른바 컨트롤하면서 아마도 산발적으로 내려오는 계시를 편집하고 있는 듯한 모습을 엿볼 수 있다.

여기까지 읽은 독자는 이미 눈치채셨으리라. 무함마드의 가르침은 매우 유대교적이다. 주변에 기독교도가 있었던 것 같다는 설도 있으므로 기독교의 영향도 없지 않겠지만 앞서 쓴 아랍민족과 이스라엘 민족의 조상이 모두 아브라함을 아버지로 하는 이복형제라는 신념을 보아도 적어도 이 시점에서는 유대교와의 친근감이 강하게 느껴진다. 그렇다고 해서 무함마드가 『구약성경』을 읽었을 리는 만무하고, 구약적 지식은 주변에 수많은 유대교도로부터 이른바 귀동냥으로 습득했을 것이다. 이는 무함마드뿐 아니라 당시의 아라비아 반도 사람들에게 이 구약적 지식은 거의 상식으로 침투하고 있었던 것으로 추측된다. 무함마드의 설교를 읽으면 상대가 그런 지식을 갖고 있음을 이른바 전제로 하고 있다고 밖에 생각되지 않는 부분이 적지 않다.

무함마드의 가르침을 처음 수용한 아내 하디자, 이어 사촌으로 딸 파티마의 사위가 된 알리가, 그리고 친구였던 아브 바크르도 초기의 개종자였다. 그 외에 젊은 세대를 중심으로 성년남자가 백명 정도, 성년여자도 거의 동수가 이 신흥종교의 신자가 되었다고 전해진다. 이것이 현재는 세계에서 가장 많은 신자를 갖고 있는 이슬람 교단의 첫 걸음이었다.

### 에티오피아로의 히즈라(이주)

그러나 많은 메카 시민들은 무함마드를 조소하였다. 기적을 일으킬 수 없는 자는 신의 사도가 아니고 빙의한 자거나 형편없는 시인이라고 무시하였다. 그렇지만 어느 시대에도 젊은이들이 신흥종교에 빠지는 것은 부모는 물론 사회에도 문제였다. 또 대부분의 시민들이 옛것을 믿고 있어, 받들고 있는 신들을 부정하는 무리의 행동을 언제까지 묵인할 수는 없었다. 무함마드와 그를 따르는 자들에 대한 박해가 날로 격해져, 신앙을 버리라는 압박이 커져 갔다. 이에 무함마드는 신자들에게 에티오피아로의 망명을 권했다고 한다. 그는 그곳을 '누구에 대한 부정도 용서하지 않는 왕이 있는 정의의 땅'이라고 부르고 있다. 일반적으로는 기독교도인 악숨 왕이라면 일신교를 믿는 무함마드의 신도들을 보호해줄 것임에 틀림없다고 무함마드는 생각했다고 해석하고 있다. 그럴지도 모르겠다. 그러나 거의 아무도 주목하지 않는 또 하나의 전승이 있다.

그것은 메디나를 공격한 메카군을 무함마드군이 참호를 파고 맞섰다, 이른바 참호전 뒤의 일화이다. 공격이 실패로 끝난 뒤 메카의 아무르 이븐 아르아스가 동료인 꾸라이쉬족 남자 수 명을 모아 같이 나자씨(악숨 왕)에 의지하기 위해 에티오피아로 가자고 제안하였다는 것이다. 그 이유는 이제 무함마드의 힘은 손 쓸 수 없을 정도이고 이대로 가면 그가 승리할 것이다. 그의 지배하에 들어갈 바에는 나자씨의 부하가 되는 편이 낫다는 것이었다. 동료들도 이에 찬동하여 선물로 가장 좋아할 피혁을 많이 모아서 바다를 건넜다는 이야기이다. 물론 반무함마드 세력이라는 이유만으로 그들이 악숨에서 냉대받을 일은 없었다.

이들 전승으로 당시의 메카 시민들은 종파나 당파에

관계없이 악숨 왕에게 보호를 요청하면 받아줄 것으로 믿고 있었다는 사실을 알 수 있다. 아마도 이런 신념은 유대교도를 제외하면 메카 시민뿐 아니라 히자즈에서 예멘에 걸친 주민들에게 공통된 것은 아니었을까. 예멘에서 쫓겨나기는 했지만 악숨 왕의 권위와 영향력은 히자즈에서는 건재했던 것이다.

이야기를 제자리로 돌려보겠다. 무함마드의 신도들은 615년 전후부터 제1진 10명을 시작으로 간헐적으로 메카를 탈출하여 에티오피아로 이주하였다. 이것이 야스립으로의 히즈라에 앞선 제1차 히즈라로 불리는 것이다. 『예언자 무함마드전』에는 이주자로 83명의 성년남자의 이름이 언급되어 있다. 처자를 데리고 이주한 자도 있어 총수는 백 명 이상이다. 그러나 개종한 백 명 전후의 성년남자 중 83명이나 에티오피아로 가버리면 메카에서 무함마드 주변에는 거의 몇 명밖에 남지 않은 것이 된다.

이 히즈라가 행해진 이유에 대해 통설로는 만족할 수 없는 연구자에 의해 다양한 이설이 제기되고 있다. 포교를 시작한 지 아직 1년 정도밖에 안 되었는데 신자 대부분이 아프리카로 이주한 것은 확실히 이상하다. 또 예언자와 함께 소수의 성년남자 밖에 잔류하지 않았던 것은 야스립으로의 히즈라와 같은 절박한 신변위험은 아직 느끼지 못했기 때문일 것이다. 그리고 더 문제는 메카의 박해가 망명의 진짜 이유라면 622년에 무함마드 일행이 야스립으로 이주했을 때 왜 이에 합류하지 않고 에티오피아에 계속 남았는가 하는 것이다. 메카 시민이 개종했다는 오보에 휩쓸려 귀국한 33명 외에는 628년까지 돌아오려 하지 않았던 것이다.

여러 설을 들어 기론할 어유는 없으므로 결론만을 쓰자면 나로서는 시리아 전선에서 비잔틴군을 격파한 페르시아군에 의해 614년에 성도 예루살렘이 점령당하는 사건이 이 히즈라의 배후에 있다는 설을 따르고 싶다. 이때 무함마드가 큰 충격을 받았음을 말해주는 것이 다음에 언급하는 『코란』 제30장(그리스인의 장)의 모두 부분이다.

그리스인들은 패배하였다, 특히 가까운 땅에서. 그러나 그들은 패배 뒤에 언젠가 승리를 얻으리라, 몇 년 안에. 과거에도 미래에도 만사는 신의 것. 그날 신자들은 기뻐하리라. 신의 도움을 기뻐할 것이다. 신은 바라는 자를 도우실 것이다. 신은 힘이 강하시고 자비로우신 분이시다. 신이 약속을 저버리는 일은 없다. 그러나 많은 사람들은 그것을 모른다.

일신교도인 비잔틴군이 페르시아군에 패했다는 것으로 무함마드의 적들은 크게 기뻐했던 듯하다. 예루살렘을 비롯하여 팔레스타인 도시의 주민들은 대거 이집트로 피난가고 있다는 소식이 메카에도 들렸음에 틀림없다. 그러나 페르시아군은 더 진격하여 시나이반도나 이집트까지도 점령하기에 이르렀다. 이 같은 정세 앞에서 메카 주민들이 페르시아군의 히자즈 침공도 있을 수 있다고 두려워하고 있었다 해도 이상하지 않다. 이전 샤푸르 2세의 아라비아 원정을 기억하고 있는 사람들도 있었을 것이다. 이에 무함마드는 생긴 지 얼마 안되는 신생교단을 지키기 위해 많은 신자들을 에티오피아로 피난시킨 것으로 추측하는 것이다.

한편 망명자들이 야스립의 무함마드에게로 바로 합류하지 않았던 것은 예언되어 있는 비잔틴군의 승리가 실현되는 것을 기다리고 있었기 때문이라고 설명하고 있다. 그리고 628년 결국 이 예언이 현실이 되었다. 이 해 페르시아군은 헤라클레이오스 황제가 이끄는 비잔틴군에 항복하여 오랜 기간 이어진 양 제국의 전쟁은 비잔틴

측의 승리로 끝이 났다. 또 우연히도 이 해는 무함마드와
메카 사이에 후다이비야 화친이 성립되어 망명자들의 안
전이 보장된 해이기도 하였다. 이같은 정황으로 보아 이
해 이후 에티오피아로부터 망명자들의 귀환이 시작되었
다는 것이다.


## 야스립으로의 히즈라

조금 앞서간 시계 바늘을 다시 돌려보겠다. 에티오피
아로 가지 않고 메카에 머물렀던 사람들은 계속해서 가
혹한 박해에 시달리고 있었다. 619년에 아내 하디자와
백부이자 오랫동안 보호자였던 아브 달리브와 사별한 것
이 무함마드에게는 특히 큰 충격이었다. 이같이 어려운
상황에 놓였을 때 야스립으로부터 그쪽으로 오지 않겠는
가 하는 이주의 권유가 있었던 것이다.

야스립은 메카의 북쪽 약 350킬로미터, 홍해에서 160
킬로미터 정도 내륙으로 들어간 곳에 위치하고 있다. 나
중에 '예언자의 도시(메디나)'로 불리게 되지만 무함마드가
이주할 당시에는 도시라고 부를 정도의 큰 집락은 없는

작은 농촌마을이었다. 지하수위가 높아 샘이 많고 토지도 비옥하여 농경에 적합하며 특히 대추야자 재배가 왕성하였다.

인구의 3분의 1 정도가 유대교도로 비옥한 대추야자 농원의 대부분을 그들이 소유하고 있었다. 한편 그들은 상인으로서의 활동도 활발하여 반도 안에서 뿐 아니라 시리아나 이라크의 도시들과도 관계를 유지하고 있었다. 나머지 3분의 2 정도가 이른바 다신교도 아랍으로 유력부족인 하즈라주족과 아우스족이 유대교도들까지 끌어들여 수십 년간 피를 피로 갚는 전쟁을 되풀이하여 너무나 피폐한 상태였다.

이 같은 상황에 놓인 야스립의 아랍인 몇 명이 메카 순례로 방문했을 때 무함마드의 설교를 듣고 감동을 받았다. 그 후 무함마드를 방문하는 자들이 늘어났고 결국 하즈라주족 입신자들을 중심으로 야스립의 부족간 투쟁의 조정자로 무함마드를 메카로부터 맞이할 것을 결단하였다. 메카에서의 포교가 여의치 않고 자신의 신변 위험을 느끼고 있던 무함마드에게 이 초청은 좋은 기회로 느껴졌음에 틀림없다. 622년 6월에 그는 야스립으로 이주를 결심하고 에티오피아로 이주했을 때와 마찬가지로 신

5-3 이슬람 발흥기의 아라비아와 시리아, 이라크. (필자 작성)

바그다드
크테시폰
니하우안드
칼바라
쿠파
힐라
카디시아
바슬라
아프와즈
사와드
페르시아만
티그리스강
유프라테스강

타민족
하프족

하니파족
리야드

야마마

자들은 삼삼오오 야스립으로 탈출하였다. 마지막으로 무함마드와 아브 바크르, 그리고 알리가 뒤를 따랐다. 같은 해 9월 하순의 일이었다. 성년남자가 70여 명과 그 가족이 이때 이주자의 총수이므로 숫자만 보면 앞의 에티오피아로의 이주자보다도 적었던 것이 된다.

이 야스립으로의 히즈라 결과 이 땅에 이슬람공동체 움마가 성립하여 이후 이슬람 국가의 원형이 만들어졌기 때문에 이슬람의 사상이나 역사에서는 이 히즈라의 중요성이 강조된다. 제2대 칼리파(다음 절 참조)인 우마르가 638년에 이슬람력을 만들면서 이 히즈라가 행해진 해를 원년으로 정하였다. 서력 622년 7월 16일이 히즈라력의 원년원일에 해당한다.

무함마드를 맞이한 야스립에서는 이론을 주장하는 자들은 있었지만 결국 그를 조정자로 하는 화평에 대다수 사람들이 찬성하였다. 종교적으로 그의 가르침을 받아들인 사람들이 아주 많지는 않았지만 정치적으로 그의 중재를 받아들이는 것에는 모두 찬성했던 것이다. 야스립의 부족 간 항쟁이 그 정도로 잦아들었다고 보는 시각도 있을 수 있다. 한편 무함마드는 그를 신의 사도로 받아들였다면 모두가 알라의 신자가 되었다고 간주하였다.

히즈라 후 곧 야스립(현재 메디나로 부름)에 거주하는 무하지른(메카로부터의 이주자), 안사르(메디나에서의 원조자), 그리고 유대교도 부족들 사이에 메디나에서의 새로운 공동체에 대한 규약이 체결되었다. 일반적으로 메디나헌장이라 부르고 있는 문서가 그것이다.

## 메카 정복

메디나로의 이주로 신자수가 엄청나게 늘어나며 이슬람공동체의 지도자로서의 지위를 확립한 무함마드는 메카와의 무력투쟁의 결의를 굳혔다. 그때까지는 오로지 신종교의 포교에 전념하는 종교가였지만 이후에는 정치와 군사면에서도 지도력을 발휘하게 된다.

시리아에서 돌아오는 메카의 대상을 습격하여 약탈을 자행한 것은 메카에 경제적 타격을 주는 목적도 있지만 신자들의 생활을 지탱하기 위해서이기도 했다. 메카 측은 당연히 반격에 나와 이후 바드르 전투(624년), 우흐드 전투(625년), 참호전(627년) 등이 이어져 일진일퇴를 거듭하다 결속이 굳고 전의가 높은 무함마드군 측이 우세해졌다.

이 과정에서 위의 세 전투가 끝날 때마다 무함마드가 메디나의 유대교도 부족의 마을을 공격하여 그 토지와 재산을 빼앗고 있는 점이 흥미롭다. 바드르 전투 후에는 카누카오족, 우흐드 전투 뒤에는 나디르족이 공격당해 결국 재산 모두를 버리고 메디나를 떠날 수밖에 없었다. 참호전 후에 공격당한 크라이자족은 더 비참하여 항복 후 성년남자는 모두 처형되고 여자나 아이들은 노예가 되는 비극적 상황에 처하게 되었다. 추방이나 처형된 유대교도들은 메디나 자산의 반 가까이를 소유하고 있었다고 말해진다. 그것을 전리품으로 하여 무함마드에 의해 재분배되었다. 그 결과 무함마드 자신은 메디나 최대의 자산가가 되어 이주자들도 중간 이상의 자본가들이 되었다. 메디나의 아랍도 그 나름대로 풍요로워진 듯하다. 유대교도가 공격을 받은 이유는 여러 가지로 설명되지만 모두 거의 트집이라고 해도 좋을 내용으로 처음부터 그들의 재산을 빼앗을 목적의 군사행동은 아니었을까라고 의심하는 사람들이 있는 것도 당연하다.

원래 메디나로 이주할 난계에서 무함마드는 자신들처럼 유일신을 믿는 유대교도들이 그를 신의 사도로 받아들여줄 것으로 기대하고 있었다고 한다. 그러난 유대교도의 랍비(교사)들은 그의 신앙을 조롱하여 무함마드는 그들과 논쟁하지 않을 수 없었다. 그런 과정에서 아마도 그는 유대교도와 결별을 결단하고 이후는 일변하여 그들에게 공격적으로 되었을 것이다. 아라비아의 유대교도가 친페르시아인 것은 잘 알려진 사실이었다. 히즈라 이후 정치적으로 매우 민감해진 무함마드에게 점차 그들이 위험한 존재로 생각되어졌음에 틀림없다. 이에 더하여 이주자들의 생활을 유지해야 하는 필요성이 겹치며 유대교도 부족에 대한 공격을 일으켰던 것은 아닐까.

여하튼 이리하여 메디나 전체를 완전히 장악한 무함

마드는 628년에 신도를 이끌고 메카로 작은 순례(움라)를 시도하였다. 이를 막으려 한 꾸라이쉬족과 후다이비야에서 교섭한 결과 10년간의 휴전과 무함마드의 순례단을 일단 메디나로 돌아가는 대신 다음해에는 무슬림들이 자유롭게 순례를 다닐 수 있도록 메카 주민들이 3일간만 도시를 비울 것을 약속하였다. 이를 후다이비야 화의라 부른다.

이에 기초하여 다음해 무함마드 일행은 평화리에 순례를 다녀왔다. 그러나 630년이 되면 부족 간 다툼으로 생긴 상해사건을 구실로 무함마드는 군대를 이끌고 메카를 공격하였다. 참호전에서는 메카군 편을 들었던 주변 유목민들도 이번엔 대부분이 무함마드 측에 서서 참전하고 있었다. 메카 측에는 더 이상 저항할 힘이 없어 이에 무함마드는 메카의 무혈정복에 성공했던 것이다. 같은 해 1월의 일이었다. 무함마드는 그길로 카바신전에 가서 내부의 우상을 모두 파괴했다고 전해지고 있다.

# 2 대정복의 시작

## 북방의 정세

메카 정복 후의 무함마드와 메디나 정권의 움직임을 논하기 전에 이 사이의 비잔틴과 사산조의 동향을 살펴보겠다. 이후 반도 밖으로 진출하는 아랍 이슬람군의 초기의 대성공에 밥상을 차려준 것이 바로 이 두 제국이기 때문이다.

앞장에서 말했듯이 비잔틴 황제 마우리키우스의 도움으로 복위한 호슬로 2세는 마우리키우스 재위 중에는 우호 관계를 유지하였기 때문에 그 사이에는 두 제국의 평화가 유지되었다. 그런데 602년 도나우강 방면 주둔부대가 반란을 일으켜 마우리키우스를 살해하고 반란군에 추대된 백인 대장 포카스가 제위를 찬탈하였다. 이에 호슬로는 마우리키우스의 원수를 갚는다는 명분으로 출병하여 이에 628년까지 양국을 크게 피폐시킨 원인이 되는 비잔틴·사산조 전쟁이 시작되었다. 페르시아군은 아나톨리아나 시리아로 공격해 들어가 시리아의 도시들을 점령하고 안티오키아를 포위하였다. 그러나 비잔틴 측도 잘 항전하였기 때문에 609년까지는 일진일퇴의 공방이 계속되었던 듯하다.

한편 카르타고 총독이었던 헤라클레이오스가 608년경에 포카스에 대해 반란을 일으켰다. 아들로 아버지와 동명인 헤라클레이오스는 선단을 이끌고 콘스탄티노플로 향했고, 그의 사촌 니케타스는 별동대를 이끌고 이집트로 쳐들어갔다. 그에 대응하여 시리아에 배치되어 있던 부대가 이집트로 급파되었기 때문에 시리아의 국경경비가 완전히 허술해져버렸다. 그리고 그 이후 그 허점을 노린 페르시아군의 비잔틴 영토로의 침공이 본격화되었다.

610년 10월 헤라클레이오스가 함대를 이끌고 콘스탄티노플로 공격해가자 수도는 불과 이틀 만에 함락되었다. 포카스는 체포되어 처형되었고 그 대신 헤라클레이오스가 황제로 즉위하였다(재위 610~641년). 그러나 즉위 직후에 안티오키아는 함락되고 페르시아군은 시리아, 팔레스타인의 도시들을 계속 점령하며 진격하였다. 그리고 614년에는 예루살렘이 함락되고 그리스도가 처형된 십자가의 조각이라 말해지는 성 유물(이른바 성십자가)을 호슬로 2세에게 빼앗기는 사태에 이르렀다. 그 후에도 페르시아군의 진격을 막을 자가 없어 결국 이집트까지 점령당해 버린 것은 이미 언급한 대로이다. 또 북방에서는 아나톨리아도 점령한 사산조는 일시적이기는 하나 이전의 아케메네스조의 영토를 회복하였다.

수 년간의 준비를 거쳐 622년 4월에 헤라클레이오스는 사산조에 점령된 영토를 탈환하기 위한 전쟁을 시작하였다. 황제가 이끄는 군대는 해로로 킬리키아로 상륙하여 갓파도키아를 탈환한 후 나아가 아르메니아로 진군하였다. 그러나 거기서 바로 동쪽으로는 가지 않고 북쪽으로 크게 우회하였던 것이다. 그 작전을 이해하려면 북방 초원지대의 정세를 알 필요가 있다.

당시 비잔틴 제국의 북쪽 헝가리 초원에는 서돌궐이 있어 아바르와 적대하는 한편 페르시아령으로의 침입을 노리고 있었다. 사산조가 아바르와 동맹을 맺고 황제 부재의 콘스탄티노플을 공격하게 했지만 수도 주류군이 분투한 결과 이 공격은 실패로 끝이 났다. 626년의 일이다. 다른 한편의 헤라클레이오스 황제는 서돌궐의 톤 야브그 카간(統葉護可汗)과 동맹하여 카프카스 방면으로부터 메소포타미아로 침공할 작전을 택했다. 627년 12월 12일에 앗시리아의 고도 니네베 근처에서 양군이 격돌하여 헤라클레이오스 황제가 몸소 진두지휘하는 비잔틴군이 승리하였다. 패배를 맛본 페르시아군의 저항은 약체화

5-4 아뇨르 갓디 작 「헤라클리우스 화제의 예루살렘 입성」, 피렌체이 산타크로체 교회의 프레스코화 「성십자가 전선」의 일부.
(M. A. Lavin, *Piero della Francesca*, London, 2002, 112쪽)

되어 헤라클레이오스 황제는 크테시폰 근처까지 진군하였다. 운하의 다리가 끊어져 있어 크테시폰 공격을 이루지는 못했지만 호슬로 2세의 궁전을 약탈하고 막대한 전리품을 획득하고 군대를 돌려보냈다.

패배를 맛본 페르시아군은 오랜 전쟁으로 피폐해진 것도 있어 호슬로에 대한 불만이 폭발하여 쿠데타가 발생, 호슬로의 아들 카와드 2세를 제위에 앉혔다. 호슬로는 처형되었다거나 옥사했다거나 하는 설이 있다. 628년의 일이었다. 카와드는 바로 헤라클레이오스에게 사자를 보내 강화를 요청하였고 역시 피폐해 있던 비잔틴 측도 가혹한 조건을 걸지 않고 이에 응하였다. 그런데 사산 조에서는 이 해 10월에 신왕이 사망하였으므로 사태는 복잡해졌다. 카와드의 아들로 아직 알다시르 3세가 뒤를 이어 즉위했지만 제국 내의 최대 실력자는 여전히 이집 트 점령을 계속한 장군 샤후르바라즈였다.

이에 헤라클레이오스는 샤후르바라즈와 교섭하여 이집 트로부터 철수하는 대신 그가 사산조의 제위를 찬탈하는 것을 돕는다는 합의에 달했다. 그 후의 사건 연대에 대해 서는 설이 나뉘지만 성십자가를 돌려준 것이 샤후르바라 즈로 헤라클레이오스 황제가 친히 이것을 갖고 630년 3 월 21일에 예루살렘으로 입성했다는 점에는 대개 의견의 일치를 보고 있다. 한편 사산조에서는 제위를 둘러싼 다 툼이 이후에도 이어져 국내는 혼란의 극에 달하였다.

**아라비아 반도 내에서의 선교와 정복**

무함마드가 메카 정복에 성공했을 때도 메카 남동의 후나인 땅에 2만이나 되는 대군이 집결해 있었다. 타이 프의 사키프족을 중핵으로 하는 하와진족 부대로 가족이나 가축까지 동반한 유목민들이 많이 가세해 있었다. 하필이면 이 시기 이 정도의 부대가 집결한 이유와 배경은 실은 확실치 않지만 메카의 라이벌이기도 한 타이프가 약체화가 두드러진 메카를 보고 이 기회에 한꺼번에 이를 공격하여 함락시키려 했던 것은 아닐까 하는 것이 이른바 통설이다. 그러나 그것이 하필이면 무함마드군의 메카 정복과 시기적으로 겹쳐버린 것은 그들에게 너무나 불행이라고밖에 할 수 없을 것이다. 무함마드가 메카 원정으로 이끌고 온 1만 군대에 메카군 2천명이 가세하여 이 부대와 격돌하였다. 결과는 전자의 완승으로 하와진족 측은 동반하고 있던 여자, 어린이 6천 명과 2만 4천 마리의 낙타를 버려두고 달아났다고 한다. 이것들은 모두 승자의 전리품이 되었다. 그 후 여자, 어린이는 돌려보냈지만 낙타는 전장에 버려졌던 무기와 말과 함께 전투 참가자들에게 나뉘어졌다.

630년 1월 말에 쌍방에서 1만 명 이상을 보낸 이 격전(후나인 전투)은 아라비아에서는 드물게 보는 큰 회전이었다. 이에 승리함으로써 반도 내에서의 무함마드의 명성은 한꺼번에 올라갔다. 예멘이 사산조의 지배하에 들어간 전 세기의 제4사분기 이후 아라비아의 대부분은 사산조의 세력권이 되어 있었다. 그 사산조가 비잔틴에 패해 한층 약해지면서 아라비아의 권력의 큰 공백이 생긴 바로 그때 무함마드가 이끈 메디나 정권이 새로운 지배자가 되려고 등장하였던 것이다. 이 비잔틴의 사산조에 대한 승리를 어느 학자는 '헤라클레이오스가 이슬람에 보낸 선물'이라고 딱 들어맞게 말하고 있다.

이후 아라비아 각지의 부족 수장들은 앞다투어 무함마드에게 사자를 보내 그 권위에 따를 것을 맹세하였다. 히즈라력 10년은 특히 사절이 많이 찾아온 해이기 때문에 '사절파견의 해'로 불린다. 예멘의 페르시아인 지배자인 바잔이 아브나로 불리는 페르시아로부터의 이주자들과 함께 개종한 것도 이 해의 일이라고 한다. 무함마드가 이들을 받아주는 조건은 알라를 유일신, 무함마드를 신의 사도로 인정하고 그 부족이 숭배해온 우상을 파괴하고 일정의 세금(사다카)을 납부하는 것이었다. 사자를 보내지 않은 부족이나 지역에는 무함마드 측에서 사절을 보내 복종을 촉구하고 따르지 않을 경우에는 무력으로 굴복시켰다.

이같이 하여 무함마드 생전에 거의 반도 전역이 그의 권위를 인정하게 되어 그는 말하자면 아라비아의 패자가 되었던 셈이다. 그의 관점으로 보면 유대교나 기독교도를 제외하고 반도의 거의 모든 아랍이 무슬림이 된 것이지만 메카에서 초기에 그의 가르침을 받아들인 신도들과 달리 메카 정복 후의 아랍의 개종은 대부분이 개인적인 회심이 아니고 부족의 존립을 무함마드로부터 보증받기 위해 집단적으로 개종한 데 지나지 않았다. 오랫동안 숭배해 온 우상신을 파괴하는 것은 괴로웠을 것이고 메디나 정권에 납세하는 것은 불만이었을 터이지만 어쩔 도리가 없었다.

그렇다고는 하나 아랍뿐 아니라 많은 사람들의 신앙은 현세기복적이다. 효험이 있는 신이야말로 추앙할 만한 신인 것이다. 후술하듯이 싸워 정복하라고 명령하시고 그에 복종하여 싸워 반드시 승리와 많은 전리품을 가져다주시는 알라는 틀림없이 고마운 신이었다. 승리를 거듭할수록 아랍의 알라에 대한 신앙심은 깊어져 갔다. 적어도 이슬람사 초기 단계에서는 아랍을 열심히 무슬림으로 만든 것은 무함마드가 설파한 교의가 아니라 지하드에서의 승리라고 해도 과언은 아닐 것이다. 또한 무함마드 사망 후에는 계속 싸워 승리하는 것 말고는 변덕 많은 아랍 유목민을 칼리파 정권에 묶어놓을 방도가 없었던 것이다.

## 무함마드의 죽음과 칼리파 정권의 성립

앞서 언급했듯이 헤라클레이오스 황제는 반환된 십자
가를 갖고 예루살렘으로 입성하였다. 유프라테스강 상
류에 가까운 히에라폴리스(현재의 만비주)까지 맞이하러
가서 그곳에서부터 예루살렘까지 성십자가와 동행했다
고 전한다.

그런데 무함마드는 비잔틴 황제의 이 움직임을 아라비
아로 원정하기 위한 군사행동으로 오인하고 있었던 듯하
다. 3만의 군대를 조직하여 비잔틴군과 맞서 싸우기 위
해 시리아 방면으로 출진하였다고 한다. 630년 말의 일
이다. 그러나 헤라클레이오스는 군대를 이끌고 콘스탄
티노플로 귀환한 뒤였기 때문에 무함마드는 아라비아 북
부의 어느 도시를 공격했을 뿐으로 그냥 귀국할 수밖에
없었다. 요컨대 이때의 원정은 내용 없이 끝났던 것이다.

조금 자의식 과잉의 느낌이 없지도 않지만 페르시아군
이 예루살렘을 점령했다는 소식을 듣고 무함마드는 바로

신도들을 에티오피아로 피난시킨 것을 생각해보면 그는 처음 포교할 때부터 외부세계로부터의 위협에 매우 신경을 곤두세우고 있었다고 말할 수 있지 않을까.『코란』에 '코끼리의 장'이 포함되어 있는 것을 보면 그 위기의식의 원천은 아브라하의 메카 원정으로까지 거슬러 올라갈지 모른다. 앞서 인용한 '그리스인 장'을 보는 한 처음에는 친 비잔틴이었던 무함마드가 아라비아의 패자가 된 이후에는 비잔틴을 적대세력으로 보고 있는 것이다. 한편 헤라클레이오스는 메디나 정권이 사산조를 대신할 위협이 될 것을 아마도 이 단계에서는 전혀 눈치채지 못하고 있다.

다다음해(632년)의 순례월에 무함마드는 드디어 대순례(하지)를 행하였다. 카바를 알라만의 신전으로 정한 이후 그가 순례월에 순례를 간 것은 이번이 처음이자 마지막이었다. 순례에서 메디나로 돌아온 무함마드는 컨디션 난조를 호소하다 3개월 뒤 숨을 거두었다. 같은 해 6월의 일로 향년 60세 정도였다.

카리스마적인 지도자가 세상을 떠난 뒤 후계자 선정으로 갈등을 빚는 것은 자주 있는 일이다. 메디나 정권의 경우 무하지른과 안사르의 어느 쪽 진영에서 지도자를 낼지 논쟁이 있었으나 결국 무함마드의 오랜 친구이자 초창기 개종자이며 그때까지 순례의 지휘 등 무함마드를 대행했던 일도 있는 아브 바크르가 선정되었다(재위 632~634년). 그러나 그는 신의 사도도 예언자도 아니고 '알라의 사도의 대리인(또는 후계자)'로서 이슬람공동체 움마의 대표자가 되었던 것이다. 아라비아어로 할리파, 일반적으로는 전와되어 칼리파로 불린다. 그에 이어 우말, 우스만, 알리까지 4대의 칼리파가 정통 칼리파로 불리고 있는 것은 대부분의 독자들이 이미 알고 있을 터이므로 이 사이의 설명은 생략하겠다. 제3대 칼리파 시대까지 이슬람 정권의 수부는 메디나에 두어져 있었지만 제4대 알리 치세에 다마스쿠스 및 바슬라를 중심으로 하는 반대세력과 싸우기 위해 이라크의 쿠파로 천도하였다.

제3장에서 썼듯이 당시의 동맹이나 주종 계약은 속인적인 것이었다. 계약의 한편의 당사자가 사망하면 그 계약은 일단 끝나게 되어 있다. 무함마드 사후의 칼리파와 부족 족장들과의 관계도 실로 그러하였다. 반도 각지의 많은 부족들은 아브 바크르가 대표하는 메디나 정권의 권위를 인정하려 하지 않았다. 세금 납부를 거부할 뿐 아니라 메디나의 칼리파 정권에 대항하는 세력을 결집하여 공공연하게 반기를 드는 자들도 나타났다. 그 중 몇 세력

은 예언자로 자칭하는 인물이 이끌고 있었다. 무함마드에 대항하는 예언자는 이미 그의 생전부터 나오고 있었지만 사후에 그 수가 더 많아졌던 모양이다. 이슬람 측으로부터는 '가짜 예언자(캇자브)'로 불리고 있다.

아브 바크르는 이러한 움직임을 이미 릿다, 즉 배교, 기교(신앙을 버림)로 보고 친메디나파의 유목민족 전사를 조직한 토벌군을 편제하여 각지로 파견하였다. 표면적, 형식적으로 복종하는 데 지나지 않았던 많은 부족들은 메디나 정권이 지배하에 두었던 것은 이 재정복활동을 통한 것이다. 아브 바크르가 파견한 하리드 이븐 왈리드가 야마마 지방에서 하니파족의 가짜 예언자 무사이리마를 죽인 이후 릿다는 종식되었다.

## 시리아 원정과 비잔틴제국과의 전투

릿다 평정 후 아브 바크르는 릿다 토벌을 위해 조직한 군대를 해산하지 않고 북방으로 향하게 했다. 일단 해산해버리면 그들을 통제하는 것이 매우 어려워지고 어떤 의미에서 위험한 것이기도 했다. 그들을 군으로 조직한 채 정권을 따르게 하려면 계속 전쟁하여 계속 이기는 것이 가장 좋은 방법이었던 것이다. 또 릿다 제압전으로 생긴 제압한 자와 제압당한 자와의 내적 긴장을 해소하는 최선의 방법은 새로운 바깥의 적을 만들어 그들을 향해 에너지를 쏟게 만드는 것이었다. 아라비아의 유목부족들은 메디나 정권의 통솔하에 싸워 승리하면 많은 전리품을 분배받고, 운 나쁘게 전사해도 지하드의 순교자로 천국행이 보장되었다.

또한 메디나 정부는 이리하여 내부 대립을 해소할 수 있을 뿐 아니라 지배 영역의 확대를 기대할 수 있었다.

나스르조와 자프나조를 멸망시킨 후 사산조와 비잔틴은 각각 다른 아랍세력에 하사금을 내리면서 국경 경비를 맡기려고는 했던 것 같다. 그러나 어느 부족의 수장도 나스르조의 문디르 3세나 자프나조의 하리스의 역할을 해낼 수 없었다. 그리고 호슬로 2세와 헤라클레이오스의 20년 이상에 걸친 전쟁 사이에 당연하게도 양국의 남쪽 국경의 수비는 약화되었다. 그 틈을 타 북아라비아의 유목 아랍은 빈번히 양국 남부의 도시나 마을로 침입과 약탈을 계속하고 있었던 듯하다. 따라서 사산조나 비잔틴 당국자의 눈에는 칼리파의 명령으로 북진해 오는 군대도 처음엔 이들 유목 아랍의 약탈부대와 구별하지 못했던 것은 아닐까.

633년 여름에 릿다 토벌전에 공을 세운 하리드가 이라크로 파견된 한편 같은 해 가을에는 3개로 나뉜 부대가 메디나에서 시리아로 파견되었다. 이른바 아랍의 대정복의 시작이다. 시리아는 메카 상인이 자주 방문하여 익숙한 곳이고 3년 전에는 예언자 자신이 군대를 이끌고 향했던 곳이기도 했다. 특히 예루살렘은 히즈라 직후에는 그 방향으로 예배를 드리는 키브라로 정해진 성지였다. 이곳을 정복하고자 비잔틴군과 싸운 것이 아브 바크르의 목적이었다.

시리아를 향한 군대는 아마 이 지방에서 약탈을 반복하던 유목 아랍을 흡수하면서 진군하여 큰 저항도 받지 않고 시리아 깊숙이까지 들어갈 수 있었다. 이 지방의 합성론파 기독교도나 유대교도는 칼케돈파의 기독교도 이외는 이단으로 보는 비잔틴 정부의 종교정책으로 오랫동안 박해와 탄압 아래 고통 받아 왔다. 그들의 눈에는 세금(지즈야) 납부에 응하기만 하면 신앙에 대해서는 특별한 규제가 없고 특정 교의를 강제하지 않는 이슬람 침입자는 오히려 환영할 만한 새로운 지배자로 비춰졌음에 틀

림없다. 그들 가운데에는 아랍군의 침공에 저항하기는
커녕 돕는 사람들도 있었던 것이다.

시리아에는 비잔틴 정부와 연결된 칼케돈파 기독교도
도 있어 그들은 물론 아랍군에 저항하고 자프나조 멸망
후에도 비잔틴과의 동맹 관계를 유지하고 있던 일부 갓
산족과 같이 합성론파에 속하면서 비잔틴 측에 서서 싸
우는 아랍도 있었다. 게다가 제국의 정규군도 시리아에
주둔하고 있었는데, 초반 아랍군과의 전투에서 패배를
맛보고 말았다.

점차 사태의 심각성을 알게 된 헤라클레이오스 황제는
아랍군의 진격을 막아내기 위해 콘스탄티노플에서 5만
이 넘는 대군을 시리아로 파견하였다. 한편 앞서 아브 바
크르의 명을 받아 사와드(이라크 남부의 곡창지대)에서 시리
아로 와서 싸우는 하리드는 시리아 각지에서 싸우고 있
던 부대를 자신의 지휘 아래 통솔하고 비잔틴군과의 대
결에 임하였다. 아랍군은 메디나로부터의 원군을 포함
하여 2만 5천에 달했다고 한다. 세계사의 일대 분기점이
라 해도 과언이 아닌 양군의 결전은 636년 8월 요르단강
으로 이어지는 야르무크 강가에서 벌어져 아랍의 승리로
끝났다. 이 소식을 안티오키아에서 들은 헤라클레이오스

는 "시리아여 안녕, 적에게 얼마나 멋진 땅인가"라고 결별의 말을 남기고 콘스탄티노플로 철수했다고 전해진다.

승리한 아랍군은 더욱 북상하여 다마스쿠스, 호므스, 하마 등의 도시들을 연이어 정복해 갔다. 한편 포위공격을 받고 있던 예루살렘에서는 총주교가 항복을 결의하였고 그의 요청에 응하여 메디나로부터 당도한 것은 아브 바크르 사망 후에 칼리파 자리를 이은 우마르(재위 634~644년)로, 638년 초엽 총주교와 교섭한 뒤 조약을 체결하여 이 성도를 점령하였다.

그리고 639년 12월 그때까지 팔레스타인 해안도시 카에살리아를 포위공격하고 있던 아무르 이븐 아르아스가 갑자기 4천 명의 병사를 이끌고 이집트로 진군하여 현재의 카이로 남쪽 교외에 있던 비잔틴의 바빌론성을 포위공격하였다. 이에 대해 알렉산드리아의 대주교 겸 총독이었던 큐로스가 2만 병사를 이끌고 원군으로 왔다. 한편 아랍 측은 메디나에서 1만의 원군이 달려와 640년 7월의 헬리오폴리스(아인 앗샤무스) 전투에서 큐로스군을 격파하였다. 아무르는 다음해 4월에 바빌론성을 함락시킨 후 알렉산드리아 공격에 착수하였다. 콘스탄티노플로부터의 원군을 기대할 수 없는 상황에서는 비잔틴 측의 저항도 오래가지 못하여 같은 해 11월에 큐로스는 항복하였다. 다음해인 642년에 아랍군은 알렉산드리아 시의 성문을 열었다. 이리하여 단기간에 아랍군은 시리아에 이어 이집트까지 비잔틴의 수중에서 빼앗아왔던 것이다.

### 사산조와의 전투

이야기를 633년으로 돌려보겠다. 이 해 여름, 릿다 평정의 여세를 몰아 하리드는 사와드로 진격하였다. 그리고 이 지방에서 약탈을 계속하던 아랍 부족민을 이슬람 깃발 아래 자신들 지휘하로 끌어들여 순조롭게 거듭 승리를 거두었지만 위에서 말했듯이 당시의 주전장이었던 시리아 전선을 지휘하라는 명령을 받고 이곳을 떠났다.

그 사이 사산조 측은 대세를 다시 정비하였다. 사산조 마지막 황제인 야즈데기르드 3세(재위 632~651년)가 즉위하여 수만 대군을 모아 장군 루스타므를 지휘관으로 임명하여 아랍군과의 결전을 준비하였다. 한편 이 소식을 들은 칼리파 우마르는 사드 이븐 아비 왓카스를 사령관으로 하는 유목 아랍의 전사들로 구성된 부대를 편제하여 이라크를 향해 출진시켰다. 이라크에서 행동하던 부대와 시리아로부터의 원군도 가세하여 약 만오천의 아랍군은 힐라의 남서 약 30킬로미터 떨어진 카디시야에서 포진하였다. 그리고 636/7년(정확한 연월일은 미상) 양군이 격돌하여 전투는 삼일밤낮으로 이어졌다 한다. 그 결과 아랍군이 승리하여 사령관 루스타므가 전사한 페르시아군은 패주했던 것이었다.

그리고 더 북으로 향하여 진군하는 아랍군 앞에 야즈데기르드는 수도를 버리고 이란 고원으로 도망. 크테시폰은 저항도 못하고 문을 열었다. 고대 메소포타미아의 땅인 사와드의 많은 주민들은 실은 아람계 사람들로 페르시아인은 인구적으로 소수파였다. 종교적으로는 기독교도나 유대교도가 많고 그 외에 사비아교도로 불리는 사람들도 있었으나 사산조의 국교인 조로아스터교도는 적었다고 생각된다. 따라서 그때까지의 지배자에 대해 그다지 친근감을 갖고 있지 못했던 사와드의 민중은 별저항도 보이지 않고 새 지배자를 따라, 아랍군은 쉽게 이일대를 정복할 수 있었다.

페르시아인의 본거지인 이란고원으로 철수한 야즈데기르드는 그곳에서 태세를 다시 정비하고 반격에 나섰

5-5 크테시폰에 남아 있는 '호슬로의 이완'이라 불리는 유적. 이는 1864년에 그려진 것으로 현재는 홍수로 정면 오른쪽이 소실되어 있다.


다. 그러나 사와드 탈환을 목적으로 진군한 페르시아군은 이란고원에서 사와드로 내려오는 도중 니하반드에서 아랍군과 격돌하여 대패하였고 이로써 사산조는 사실상 붕괴하였다. 642년의 일이었다. 야즈데기르드는 이후에도 재기를 꾀하여 이란 각지를 전전했으나 651년에 중앙아시아의 메르브에서 암살당하면서 이에 사산조는 멸망하였던 것이다.

# 3 이슬람의 탄생과 발전을 어떻게 볼 것인가

**네이티비스트 무브먼트**

    7세기 초 오리엔트 세계의 변경이라 해도 과언이 아닌 아라비아반도 일각에서 갑자기 나타나 눈 깜짝할 사이에 오리엔트 전역뿐 아니라 지중해 세계 남반을 정복한 아랍·이슬람 세력의 발전은 틀림없이 세계사의 획기가 되는 일대 사건이다. 따라서 그 시기 그 지역에서 도데체 왜 그런 종교가 탄생했는지, 게다가 그것이 단순한 종교 운동에 그치지 않고 정치 군사활동으로서 그처럼 단기간에 눈부신 성공을 거둘 수 있었던 요인은 무엇인가 하는 문제는 연구자뿐 아니라 일반 역사애호가들의 관심을 불러일으켜 왔다. 그러나 지금까지 그러한 의문을 만족시킬만한 해답이 나왔다고 생각되지 않는다.

    앞에서 메카의 사회적 모순에 고통을 겪던 무함마드가 그 해결을 모색하며 번민하다 알라의 계시를 얻었다는 설명으로는 아무래도 납득이 가지 않는다고 말한 바 있다. 그렇다면 그의 종교적 각성을 어떻게 이해하면 좋을까.

    나는 스케일의 대소나 외형의 차이는 있지만 기본적인 구조가 비슷한 종교적 정치적 그리고 군사적인 운동이 시대는 다르지만 세계의 다른 지역에서도 보인다는 점에 주목하고자 한다. 그것은 널리 네이티비스트 무브먼트로 불리는 운동의 한 종류로 역사상 유례를 찾자면 홍수취안을 리더로 하는 태평천국의 난이나 뉴질랜드에서 마오리족 데 우아 하우메네가 일으킨 파이 마리레교 등이 그것이다.

네이티비즘이나 네이티비스트 무브먼트라는 말은 특히 현대에서는 구미에서 보이는 이민배척이나 국내보호주의의 움직임을 가리켜 사용할 때가 많지만 여기서는 '토착주의운동' 내지는 그에 가까운 현상을 가리키고 있다. 이민족에 의한 지배나 외래의 이문화 요소를 배제하고 자신들이 원래 있어야 할 상태(대부분의 경우 행복했던 옛날)로 돌아가려는 운동을 가리켜 사용된다. 단 무함마드나 홍수취안의 초기 활동처럼 외국세력을 배제하기보다 국내의 구체제 타파에 큰 정력을 쏟는 경우도 있다. 종교운동에서 시작하는 일이 많으나 그런 경우 민족종교에 의거하는 것이 아니라 외래종교나 사상을 크게 수용하여 이에 민족적 요소를 첨가한 신종교가 만들어지는 것이 두드러진 특징이다.

**파이 마리레교**(하우하우 운동)

뉴질랜드는 1840년 와이탕기 조약으로 영국의 식민지가 되어 그 후 백인(바케하)에 의한 마오리족의 토지 매수가 진행되었다. 백인의 이주로 일어난 일련의 변동으로 전통적인 사회체제는 파괴되고 정치적 경제적으로 억압받는 상황에 놓이게 된 원주민들은 드디어 저항운동을 시작한다.

초자연적인 존재가 세속세계에 불가분하게 섞여 있는 사회에서는 사회의 큰 변동이나 모순을 전통적인 종교로는 설명할 수 없게 되면 가끔 돌발적으로 새로운 종교가 출현하고 이로써 사회질서를 재구성하려는 재생운동이 일어난다. 뉴질랜드에서도 이 시기 차례차례로 카리스마적인 예언자나 메시아가 등장하여 기독교, 특히『구약성경』의 가르침과 마오리의 전통적인 신앙·의례를 접목시킨 신종교를 발흥시켜 천년왕국적인 종교운동을 전개하였다.

그중에서도 유명한 것이 백인에 대한 토지전쟁이 일어난 북섬 서안의 탈라나키 지방으로 테우아 하우메네가 일으킨 파이 마리레교이다. 1862년에 대천사 가브리엘로부터 계시를 받은 그는 신앙요법으로 기적을 일으키고 여호와와 영적으로 교류하며 파이 마리레(선과 평화)를 시작하였다. 그는 자신을 예언자 모세의 화신이라 칭했다. 그에 의하면 마오리족은 유대민족과 조상이 같은 선민으로 뉴질랜드야말로 신이 약속한 땅이므로 이 세상의 종말과 천국의 도래가 이땅에서 이루어질 것이라고 설파하였다.

테우아 하우메네 자신은 군사적 투쟁을 지향했던 것은 아닌 듯하다. 그러나 재생운동이 백인과의 토지전생을 '성전'으로 자리매김하였기 때문에 운동은 점차 군사적, 투쟁적인 것이 되어 전쟁에 참가하고 있는 대부분의 마오리족이 신자가 되었다. 파이 마리레는 니우로 불리는 기둥을 중심으로 카라키아(주문)을 외우면서 춤추며 도는 의식을 행하고 카라키아의 '하우 하우'라는 말을 외치면 총탄이 맞지 않는다고 믿었다. 이로 인해 파이 마리레는 하우 하우라고도 불리며 백인들이 두려워하였다고 한다. 이 운동은 교조가 1866년에 체포될 때까지 계속되었다.

## 태평천국의 난

아편전쟁(1840~42년)에 패배를 맛본 중국은 이후 구미 열강의 격렬한 경제 진출과 침략을 당하게 되었다. 또한 패전과 구미문화의 유입은 그때까지의 전통적인 중화사상을 크게 흔들어놓았다. 이처럼 아편전쟁을 계기로 하는 구미 열강의 중국 진출은 정치, 경제, 문화 등 모든 방면에서 중국의 전통사회에 강렬한 충격을 주었다.

아편전쟁 후의 중국에서는 거액의 배상금 지불을 위한 중세(重稅)에 그 당시의 천재지변도 겹치면서 민중은 도탄의 고통을 맛보고 있었다. 지방의 치안도 악화되었기 때문에 민중 사이에는 결사를 만들어 서로 돕고 생활을 지켜가자는 움직임이 높아진다. 그리고 이들 결사는 이윽고 각지에서 반란을 일으키게 되었고 그 중 홍수취안이 있끈 태평천국의 난이 가장 규모가 컸다.

광동성 화현(花縣)의 객가 출신이 홍수취안은 과거에 여러 번 도전했으나 낙방하여 실의에 빠져 40일간 병상에 누워있을 때 꿈속에서 나타난 검은 옷의 노인으로부터 파사(破邪)의 검을 받았고, 중년남자로부터 요괴를 물리치는 도움을 받았다고 한다. 그 후 과거시험 때문에 갔던 광주에서 프로테스탄트 선교서인『권세양언』을 입수하여 꿈에서 본 검은 옷 노인이 '상제' 야훼, 중년 남성은 예수 그리스도임을 깨닫고 스스로를 야훼의 아들, 즉 예수의 동생 '천제(天弟)'라고 확신을 갖기에 이르렀다.

홍수취안은 기독교의 가르침 중에서도 상제가 유일신인 점을 특히 중시하여 열심히 우상파괴를 실천하였다. 중국은 원래 다신교적인 곳으로 유교, 도교, 불교 관계의 묘나 사당이 많았기 때문에 그것들을 파괴하고 상제만을 받들 것을 설파하며 돌아다녔다고 한다. 그 때문에 향리에서의 포교활동은 반대에 부딪히는 일이 많았고 몇 명의 찬동자를 얻었을 뿐 성공하지 못했다.

이에 1847년에 광서성 계평현(桂平縣) 금전촌(金田村)으로 이주하여 그곳에서 태평천국의 전신이 되는 배상제회를 조직하였다. 여기서는 찬동자의 한명이었던 풍운산(馮雲山)이 병의 주술치유 등 현세기복 중시의 포교를 했기 때문에 약 3천 명의 신도를 획득하였다. 그러나 조직이 확대되면서 공권력과 지역 유력자들과의 마찰, 알력이 커지게 되어 홍수취안은 그때까지의 종교활동에 한계를 느끼고 정치혁명으로 탈바꿈할 결의를 굳혔다. 그리고 결국 1851년 1월에 금전촌으로 신도를 모아 거병하여 태평천국의 건국을 선언하고 자신은 천왕(天王)으로 칭하였다. 이 시점에서 신도수는 1만에서 2만, 그중 성년남자는 3천 명 정도였다고 한다. 그러나 각지를 전전하는 동안 가난한 농민이나 유민, 비적 그리고 회당(정치적 비밀결사) 멤버 등을 흡수하여 거대 집단으로 성장한다. 1854~55년의 전성기에는 3백만 명에 달했다고 할 정도이다.

1853년에는 난징을 점령하여 수도로 정하고 천경(天京)으로 명명하였다. 그후 '천조전무제도'를 발포하고 상제 아래 모든 인간이 절대평등한 이상사회의 건설을 목표로 내걸었다. 또 '멸만흥한'의 민족주의적 슬로건을 내세워 변발을 자르고 청조타도의 의지를 표명하였다.

이에 대해 아편전쟁으로 소모한 데다 1856년 이후 영프연합군을 상대로 애로우호 전쟁을 해야할 정도로 궁지에 몰린 청조 정부는 태평군과의 전투에 전력을 집중시킬 수 없어 열세에 몰려 있었다. 그러나 나중에 태평천국의 내분을 기회로 형세는 점차 역전되었다. 한인관료들이 농촌에서 결성한 의용군(향군)이나 외국인 용병대인 상승군에 의해 태평군은 서서히 위축되어 1864년 6월에는 홍수취안이 병사하고 다음 달에는 천경이 함락되어 태평천국의 난은 종식되었던 것이다.

배상제회는 기독교계 종교결사이지만 상제는 유교에

서 말하는 하늘의 신을 야훼로 바꾼 것이고 실현하려 했던 천국도 역시 중국 고래의 대동사상이 주장하는 이상 사회라고도 말할 수 있다. 즉 본질에서는 매우 중국적인 성격을 띠고 있었다.


## 이슬람 탄생의 역사적 요인

무함마드의 종교적 각성의 주원인을 당시의 메카 사회의 특수 상황에서 찾지 않는다면 어디서 구하는 것이 좋을까. 나는 그것을 당시 아라비아 전체가 놓여있던 역사적 환경 속에서 찾고자 한다. 내가 그렇게 생각하는 큰 이유는 예언자의 출현이라는 현상이 메카뿐 아니라 대개 동시기 아라비아반도 각지에서 보여지기 때문이다. 이런 현상이 파이 마리레교가 발흥한 당시의 뉴질랜드에서도 나타나고 중국에서는 태평천국과 병행하여 회민(이슬람교도)의 반란이나 백련교도 계열 결사, 회당 등의 봉기가 각지에서 일어나고 있다.

이슬람 측으로부터는 이들 모두를 '가짜 예언자'로 보고 있지만 과연 그렇게 간단히 처리해도 좋을 문제인가.

기독교의 경우, 교리논쟁의 승자가 되어 정치권력과 이어진 칼케돈파에 의해 반대파는 모두 '이단'이라고 낙인 찍혀 이후 박해와 탄압을 받게 되는데 이슬람의 경우도 비슷한 것이 아니었을까. 즉 '가짜'라는 낙인은 어디까지나 승자 측이 찍은 것인 이상 그것을 그대로 받아들일 수 없는 것은 기독교의 '이단'과 같다.

'가짜 예언자'로 가장 유명하고 유력했던 인물은 현재의 리야드가 있는 야마마 지방에서 세력을 가진 하니파족의 무사이리마였다. 본격적인 활동은 무함마드 만년이라는 통설이지만 포교 시기는 무함마드보다 이전으로 보는 설도 있다. 앞장에서 다룬 '라흐만(경애하는 신)'에 대한 신앙을 주장하였다. 하늘의 왕국, 부활, 최후의 심판 등의 교리에는 하니파족에 신도가 많았던 기독교의 영향을 지적하고 있다. 나중에는 하니파족과 꾸라이쉬족과 반도를 양분할 계략을 무함마드에게 써서 보냈지만 무함마드 사후 아부 바크르가 파견한 토벌군과의 전투에서 패하여 살해당하였다.

이 무사이리마와의 제휴를 시도한 이가 모술 태생으로 말해지는 타밈족 여성 예언자 사자흐이다. 어머니들이 기독교도가 많은 타그리브족 출신이고, 사자흐 자신도 기독교도였다고 한다. 점술이나 예언도 행하고 있었던 듯하여 원래 무녀 같은 여성이었을 것이다. 무함마드 사후 예언자를 자칭했지만 교리 내용은 확실치 않다. 그 외에 예멘의 마즈시주족의 아스와드, 메디나 부근에 세력을 갖는 아사드족의 투라이하 등이 '가짜 예언자'로 이름을 남기고 있다.

이들 대부분의 예언자들은 무함마드의 성공에 자극받아 그것을 모방했다고 보는 듯하다. 물론 그렇게 보이는 인물도 있다. 그러나 오히려 주목할 점은 그런 인물을 예언자로 인정하여 그를 따르는 사람들이 많이 있었다는 사실이다. 즉 당시의 아라비아에는 예언자나 메시아를 대망하는 분위기가 충만해 있었던 것은 아닐까. 그렇다면 그 같은 사회적 분위기를 만든 주 요인은 무엇일까를 생각할 때 아라비아가 수세기 이래 받아온 외압을 주목하지 않을 수 없다.

앞에서도 썼듯이 3세기 이래 아라비아는 오리엔트 3대 열강에 낀 위치와 입장에 처해 있었다. 특히 반도 중앙부 지배를 목적으로 계속해서 원정군이 보내져 오고 외교적 획책이 있었던 것은 이미 상당히 자세하게 살펴본 바이다. 6세기부터 7세기 초에 걸쳐 세 열강이 각각 위성국을 끌어들여 특히 격렬한 전쟁을 벌였다. 그 결과 반도 대부분이 사산조의 세력권이 된 시기에 무함마드가 태어난 것이다. 그리고 그가 장년기에 달했을 때는 동서 양 제국이 20년 이상에 걸쳐 사투를 벌였다. 그 승패 여하에 따라 자신들의 이후 운명도 좌우되므로 아라비아 부족들은 마른 침을 삼키며 전황의 행방을 지켜보고 있었음이 틀림없다.

이같은 상황이 사람들에게 얼마나 중압감을 주었는지는 사료적으로 확인하기는 매우 어렵다. 유대교도와 기독교도의 싸움에, 정치적인 이민족 지배가 얽히는 전쟁이 계속되어 최종적으로 페르시아인의 지배를 받게 된 남아라비아 사람들은 특히 그러한 고통으로부터의 해방을 바라는 마음이 컸을 것이다. 또 전통적으로 페르시아인의 강한 압박 아래 놓여 있었던 야마마 지방 부족도 같은 바람을 갖고 있었을 터이다.

그에 비해 메카는 어떤 세력의 지배도 받은 적도 없고 어느 세력으로부터도 세금을 강요받지 않았다고 자주 말해진다. 그러나 6세기 후반 이후에는 일상적으로 그러한 위험에 처해있었음에 틀림없다. 아브라하 원정이 무함마드 시대까지 선명하게 기억되고 있었던 것은 메카 시민들의 위기의식을 보여준다. 또 이미 언급했듯이 호슬로 2세의 예루살렘 점령이나 헤라클레이오스 황제의 예루살렘 행차에 무함마드가 지나치다 할 정도의 반응을 보인 것은 북방세력의 히자즈 침공이 현실로 일어날 수 있다고 생각하고 있었기 때문이다. 그리고 그러한 위기의식은 아마도 무함마드 개인의 일이 아니라 당시 히자즈 지방 사람들의 공통된 인식은 아니었을까. 외압에서 오는 이같은 강한 집단적 스트레스 속에서 무함마드의 경우에는 유대교의 강한 영향을 받아 이슬람이라는 새로운 종교가 탄생되었다고 생각할 수 있지 않을까. 앞에서 나온 바이 마리레교나 태평천국의 난 사이의 수많은 유사점은 단순한 우연의 일치로 치기에는 너무나도 유사점이 많은 듯하다.

이상이 내가 이슬람 탄생을 일종의 네이티비스트 무브먼트로 해석하고자 하는 이유이다.


## 성공의 요인

아랍·이슬람군의 정복활동이 역사상 드물게 보는 성

공을 거둔 것은 무엇 때문일까.

우선은 무함마드의 후계자를 둘러싼 대립을 어떻게든 해결하고 이슬람 공동체 움마의 분열을 피할 수 있었던 것은 큰 의의를 갖는다. 아랍이 위기에 처하며 결속을 지킬 수 있었던 것은 기적이라고도 생각된다. 결속하여 릿다(배교, 기교)에 대응하지 않으면 메디나 정권이 붕괴한다는 위기감이 너무나 컸음에 틀림없다. 그러나 그 후에는 일이 있을 때마다 아랍은 대립, 분열, 항쟁을 계속하였고 그것은 지금에 이르러서도 변함이 없다. 이라크, 시리아, 예멘과 각지에서 아랍인끼리 피를 피로 갚는 전쟁이 오늘도 이어지고 있다. 부족주의와 섹트주의는 아랍의 적폐라해도 과언이 아닐 것이다.

다음으로 당시 아라비아를 둘러싼 국제정세가 아랍에 유리했던 것도 틀림없다. 즉 그때까지 아랍을 고통스럽게 했던 오리엔트 3열강이 이 시기 모두 약해져 있었던 것이다. 에티오피아의 악숨 왕국은 6세기 후반에 남아라비아 지배를 둘러싼 사산조와의 전쟁에서 패배하여 이미 반도로부터 철수한 뒤였다. 비잔틴제국과 사산조의 오랜 사투는 양 제국을 피폐하게 만들었다. 마지막으로 패배를 맛본 사산조는 그 후의 내분으로 국내는 혼란이 극에 달해 아라비아에 대한 지배력을 거의 상실하고 있었다. 그야말로 '헤라클레이오스가 이슬람에 보낸 선물'이라고들 하는 정황이 펼쳐졌던 것이다. 한편 비잔틴 지배하에 있던 시리아나 이집트에서 다수파를 차지하는 합성론파 기독교도들은 그들을 이단으로 보는 비잔틴 정부와 칼케돈파로부터의 해방자로 아랍·이슬람군을 오히려 환영하고 많은 도시가 거의 저항 없이 문을 열었던 것이다.

아랍군이 비잔틴이나 사산조의 정규군과의 전투에서 연전연승할 수 있었던 것은 무엇 때문인가라는 질문이 자주 제기된다. 병력으로는 제국군 측이 우위였을 터이고 무기 면에서도 그럴 것이다. 단 아랍군 특히 북아라비아 유목 아랍은 오랜 기간 어떤 때는 동맹자로 제국군과 행동을 같이 하였고 또 어떤 경우에는 제국군과 창을 겨눈 경험에서 제국군의 무기나 전술, 장단점을 숙지하고 있었음에 틀림없다. 또 아랍군은 꾸라이쉬족 유력자가 사령관을 맡았던 듯하지만 대부분의 병사들은 습격이나 약탈을 거의 생업으로 하던 유목 아랍 부족민들로 구성되어 있었다. 즉 처음부터 백년 연마된 이른바 전투집단이었던 것이다. 그 점이 뉴질랜드 마오리족이나 중국의 많은 농민들로 구성된 반란군과 크게 달랐다.

그리고 주 전장이 사막이나 그 주변으로 그들의 기동력을 최대한 발휘할 수 있는 환경이었다. 적지가 아닌 홈에서 싸우는 감각이었을 것이다. 그에 비해 기동력을 충분히 발휘할 수 없는 산악지대나 삼림지대가 이후 아랍군 진출의 한계가 되었다는 지적을 많이 받는다. 또한 아랍군 정복의 너무나도 빠른 속도는 13세기 몽골 원정군과 같이 이동이 생활의 일부가 되어 있는 유목민들이 중심이 된 군단에서 찾을 수 있을 것이다. 눈앞에 펼쳐진 것이 사막이나 초원인 한 그들은 어디까지라도 신속하게 진군할 수 있었던 것이다.

# 제6장
# 침체와 혼미의 수백 년
## —중세 아라비아

# 1 정통 칼리파시대부터 우마이야조까지의 아라비아

### 군영도시(미스르) 건설과 이주(히즈라)

제2대 정통 칼리파 우마르는 정복지의 아랍병사를 통솔, 관리할 목적으로 각지에 정해진 주둔지로 집주할 것을 명하였다. 이라크에서는 유프라테스강 서안으로 바슬라와 쿠파라는 군영도시를 새로이 건설하여 그곳에 아랍전사들을 모았다. 시리아에서는 다마스쿠스나 호므스 등 기존 도시의 한 구획이 아랍 병사들의 주둔지로 지정되어 모두 5곳이 정해졌다고 한다. 이집트에서는 현재의 카이로 남쪽 근교 후스타트에 새롭게 군영도시가 건설되어 이후 크게 발전하였다. 각 주둔지에 예배소와 집회소를 겸한 모스크가 건설되었고 대부분의 경우 부족마다 집주하며 거리가 형성되었다. 또 각 관할영역의 군사, 정무 일체를 맡는 총독(아미르)이 칼리파의 임명을 받았다. 시리아에서는 5개의 주둔지를 한 명의 총독이 통솔하였다.

무함마드는 메카에서 메디나로의 이주를, 신의 길로 이주하여 신의 길에서 싸우는 것이라 설파했지만 우마르는 주둔지로의 이주에 같은 의미부여를 하였다. 즉 아랍

전사가 각지의 주둔지로 이주(히즈라)하는 것은 신의 길로 이주하여 신의 길에서 싸우는 것이므로, 주둔지로의 적극적인 이주와 성전(지하드)에의 참가를 독려하였던 것이다. 나아가 우마르는 이 정책을 철저하게 실천하기 위해 메디나와 주둔지에 디완(장부, 거기서 파생되어 그것을 관리하는 관청을 의미함)을 창설하였다. 주둔지로 이주한 아랍은 각 디완에 전사(무카티라)로 이름을 등록하고 군무를 제공하는 대가로 봉급(아타)와 식량(리즈크)을 지급받게 되었다. 수급액은 원칙적으로 개개인의 이슬람에의 기여도에 따라 정해졌다.

이로써 아라비아 각지에서 자신들도 정복전의 수혜를 받으려는 사람들이 속속 주둔지로 이주하였다. 유목 아랍뿐 아니라 예멘에서 정주생활을 하던 부족들에서도 젊은이들을 중심으로 많은 이주자가 나왔다. 지원해서 전사가 되는 자들뿐 아니라 그 가족들도 나중에 뒤따랐다. 게다가 다수의 전쟁포로가 노예로 끌려왔기 때문에 모든 주둔지가 빠르게 인구가 증가하여 대도시로 성장하였다. 이렇게 성립된 군사기지로서의 도시를 미스르라고 한다.

그 한편으로 많은 인구가 이같은 형태로 유출된 아라

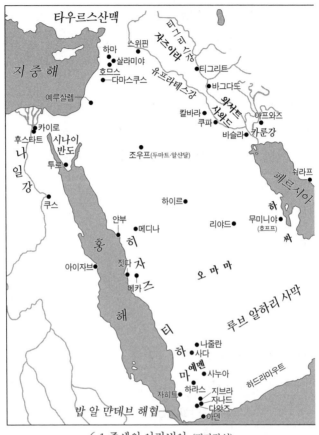

타우르스산맥

지중해

티그리스강
유프라테스강

자즈이라

스위핀
하마
살라미야
호므스
다마스쿠스

예루살렘

카이로
후스타트
나
일
강
시나이
반도
투르

쿠스

안부
메디나

아이자브

홍
해
히
자
즈
티
하
마
에멘

짓다
메카

조우프(두마트·알샨달)

하이르

리야드

티그리트
바그다드

칼바라
쿠파
바슬라

아프와즈

와시트
사와드

카룬강

쉬라프

페르시아

무미니아
(호프프)

오 마 마

루브 알하리 사막

나줄란
사다
사누아
하라스
지브라
자나드
다왓즈
이덴

하드라미우트

자히트

밥 알 만데브 해협

6-1 중세의 아라비아. (필자작성)

비아는 공동화되어 이후 수세기 동안 완전히 침체 상태
에 빠지게 되었다. 특히 패기 있는 많은 청년들이 빠져나
간 것이 큰 타격이었다. 이슬람 탄생의 무대가 되어 몇
백 년 안 가 아라비아는 이렇게 이전보다 더 한적한 시골

로 돌아가 버렸던 것이다. 또 이슬람 세계의 정치 경제의 중심이 시리아나 이라크로 옮겨져 버림으로써 메카와 메디나는 그저 종교의 중심지로서의 명맥만 유지하게 되어 실의에 빠진 주민들 사이에서 중앙정부에 대한 불만이 고조되었던 것이다.

### 우마이야조 성립을 재촉한
### 제1차 반란

　초기 이슬람의 제도들을 정한 우마르는 644년 개인적 원한으로 암살당하였다. 후임 칼리파로 선출된 우스만 시대에도 정복전쟁은 계속되어 그 사이에는 아랍 전사들의 불만이 밖으로 표출되지는 않았다. 그러나 650년대가 되면 초기의 정복활동이 정체를 면치 못하게 된다. 계속되는 전투로 인한 인력 감소나 현지주민(예를 들면 북아프리카의 베르베르인)의 완강한 저항, 타우루스 산맥이나 카프카스 산맥 등의 자연장해가 그 요인이었다.

앞장에서 서술했듯이 아랍 부족들의 메디나 정부에 대한 충성심은 전리품의 분배에 참여하는 것으로 유지되고 있었다. 그것이 지체되면 그들의 정부에 대한 불만이 바로 표출되었다. 또한 전리품 분배에 대한 불만도 컸다. 5분의 1이 정부, 국고로 들어가는 것도 마음에 들지 않았고, 고참 무슬림에 비해 일반 전사들, 특히 아라비아에서 유입되어 온 신참 병사들은 최전선에서 싸우고 있음에도 불구하고 고참 병사들에 비해 적은 액수밖에 받지 못했다. 그리고 우스만이 자신들의 일족인 우마이야가 사람들을 중용하여 각 미스르의 총독으로 임명한 데 대해 꾸라이쉬족의 다른 가계 사람들 사이에서 불만이 컸다. 그러한 상황에서 정치에 이슬람 이념의 반영이나 인사 쇄신을 직소하기 위해 메디나 사저로 쳐들어간 한 청년 그룹에 의해 우스만은 살해당하였다. 656년의 일로 이것이 계기가 되어 제1차 반란이 시작되었다.

이들 폭도나 다수의 메디나 고참 무슬림들에게 추대되어 무함마드의 사촌으로 딸 파티마의 사위이기도 했던 알리가 제4대 칼리파로 선언했지만 적지 않은 유력 무슬림들이 이에 이의를 제기하였다. 우선 무함마드의 애첩이었던 아이샤와 결탁한 고참 무슬림인 카르하와 즈바이르가 이에 항거하여 반기를 들었다. 당시 아랍군의 대부분이 미스르에 있었기 때문에 그들은 바슬라로 가서 그곳의 주둔군을 아군으로 만들었다. 다른 편의 알리도 메디나에서 쿠파로 가서 그곳의 주둔군의 지지를 얻었다. 바슬라와 쿠파의 주둔군 사이의 전투(낙타전투)는 후자의 승리로 끝났고 타르하와 즈파이르는 전사하였다.

알리는 메디나에서 쿠파로 천도하고 우스만이 임명한 총독을 경질하려 했는데 이에 저항한 이가 시리아 총독이었던 우마이야가의 무아위야이다. 그는 657년에 우스만의 복수와 칼리파 자리의 찬탈자 알리와의 전쟁을 부르짖으며 시리아 주둔군을 이끌고 알리가 이끄는 이라크군과의 결전에 임했다. 그러나 양군의 격전이 쉽게 끝나지 않는 것을 보고 시리아 측으로부터 나온 화평조정회의 제안에 알리도 동의하였다.

그러나 옳음과 사악함의 판단과 칼리파 자리의 결정은 신의 판단(즉 전투의 승패)에 맡겨야 한다고 생각하는 한 집단이 알리의 어정쩡한 타협을 비판하여 진영에서 이탈하였다. 하와리주파(탈출자들)로 불리게 되는 그들에게 무아위야는 물론 그와 타협한 알리도 더 이상 진정한 칼리파가 아니고 적으로 간주되게 된 것이었다.

한편 결론이 나지 않은 채 조정회의가 길어지는 가운데 무아위야는 660년에 예루살렘에서 스스로 칼리파임을 선언하였다. 이에 대해 두 명의 칼리파의 암살을 획책한 것이 하와리주파였는데 알리만이 그 희생이 되었다. 알리의 암살이라는 사태에 직면한 구파 주둔군은 그의 장남 하산을 칼리파로 추대하였다. 그러나 그는 무아위야와 교섭하여 거액의 연금을 받고 칼리파 자리를 사퇴하고 메디나에서 편한 생활을 보내는 길을 택하고 말았다.

이리하여 무아위야가 유일한 칼리파(재위 661~680)가 되어 제1차 내란은 종결되었다. 다마스쿠스를 수도로 정한 무아위야는 아랍 전사들을 결속하여 정권기반을 굳히고 이슬람을 국가의 정치제도화하는 것에 힘썼다. 우마이야 가문 출신자가 이후 그를 포함하여 14대에 걸쳐 칼리파 지위를 독점하면서 이 정권은 우마이야조로 불리게 되었다.

## 신구시대의 분기가 된 제2차 반란

　무아위야는 만년에 유력자들을 움직여 아들인 야지드를 후계 칼리파로 앉히도록 종용하고 있었다. 그러나 칼리파 지위의 세습은 관례를 벗어난 행위였고 실력자였던 무아위야의 죽음은 그때까지 억압받아 온 반체제파에게는 반격을 위한 절호의 기회로 비춰져 이에 저항하는 움직임이 뒤를 이었다. 우선 쿠파의 알리파(나중에 시아파가 됨)가 메디나에 은둔하고 있던 알리의 차남 후세인을 칼리파로 추대하기 위해 초청하였다. 그러나 일족과 함께 쿠파로 가던 후세인은 680년에 유프라테스강 서안의 칼바라에서 야쥐드파의 군대에 포위공격당해 절명하는 변을 당했다. 예언자 무함마드의 손자에 해당하는 후세인이 이른바 참살된 이 사건은 이후 많은 무슬림들에게 비극으로 기억되게 되었다. 특히 시아파 신도들에게 그의 죽음은 그들 종교의 아이덴티티의 원점이 되었다고까지 말해진다.

　그런데 야쥐드가 재위한 지 불과 3년 만에 급사하였기 때문에 시리아 주둔군은 아들 무아위야 2세를 칼리파로 추대하였다. 그러나 그가 어리기도 하여 다른 미스르의 아랍전사들은 누구도 이를 인정하려 하지 않았다. 이 기회를 잡은 것이 낙타 전투에서 전사한 즈바이르의 아들 이븐 즈바이르였다. 아부 바크르의 장녀를 어머니로 하여 메디나에서 수면 밑으로 강한 세력을 갖고 있는 그는 야쥐드의 칼리파 즉위를 인정하지 않고 메카로 망명해 있었지만 카르발라에서 후세인이 학살당한 것을 기회로 스스로 칼리파를 선언하기에 이르렀다.

우마이야가의 지배에 불만을 품은 각지의 무슬림들이 이에 호응하여 시리아 주둔군의 반을 제외한 대부분의 무슬림이 그를 칼리파로 인정하였기 때문에 두 명의 칼리파가 존재하게 되어 이에 제2차 내란이 시작되었다. 게다가 그 와중인 685년 시아파의 무흐탈이 알리의 아들 중 한명으로 후세인의 이모형제인 무함마드 이븐 하나피야를 이맘(교주)으로 하여 스스로 마프디(구세주)의 대행자라는 시아파 정권을 쿠파에 수립한 결과 삼파전이 계속되게 되었다. 세력 확대를 꾀한 무흐탈은 그때까지 아랍의 특권이었던 봉급 수급 권리를 비아랍 무슬림(마왈리)에게도 부여하여 병력으로 활용하였다. 그러나 결국 이븐 즈바이르의 이복형제로 바슬라 총독인 무스아브의 공격을 받아 무흐탈이 전사하였기 때문에 무흐탈의 난은 2년에 끝나고 이븐 즈바이르 진영이 쿠파를 탈환하였다.

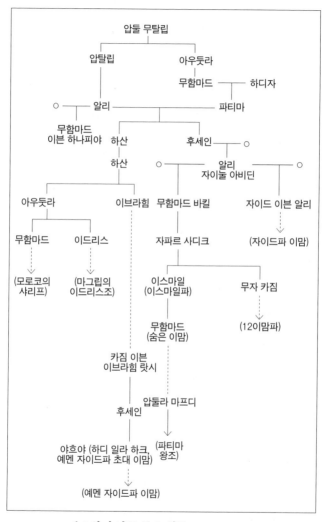

6-2 알리 가문 주요 혈통도. (필자 작성)

한편 우마이야조에서는 무아위야 2세가 재위한 지 불과 20일 정도에 급사하였고 서둘러 뒤를 이은 장로 마르완도 재위 2년 만에 병사하는 등으로 반격 태세가 좀처럼 갖춰지지 않았다. 그러나 마르완의 아들로 우마이야조 제5대 칼리파로 취임한 압둘 말리크(재위 685~705년) 아래 겨우 정권이 안정되고 강력한 군대를 조직하여 이븐 즈바이르와의 전투에 임하였다. 압둘 말리크는 몸소 군대를 이끌고 이라크로 쳐들어가 691년 무즈아브를 전사시키고 쿠파로 입성하였다. 한편 그의 휘하의 핫자즈는 메카를 6개월에 걸쳐 포위하여 순례기간 중에도 주변의 산에서 노포(弩砲)로 돌을 던지며 공격하였다. 항복을 거부하고 출격한 이븐 즈바이르는 전사하고 이로써 10년에 걸친 제2차 내란이 겨우 종식되었던 것이다.

이븐 즈바이르의 행동은 그가 메카에서 칼리파로 선언하고 그로부터 지령을 내린 것으로 보아 아라비아가 이슬람세계의 중심으로서의 지위를 회복하려는 복고운동이었다고 말할 수도 있을 것이다. 그러나 그것은 덧없이 실패하였다. 다른 한편의 무흐탈의 난은 똑같이 실패로 끝나기는 했지만 이맘과 마흐디 개념을 이슬람에 처음으로 도입하고, 마왈리에 아랍 무슬림과 동등한 권리를 인정하는 등 이슬람의 신시대의 선구로서의 성격을 갖고 있다. 이처럼 제2차 내란을 신구 양 시대의 획기로 볼 수도 있겠다.

### 그 후의 메카와 메디나

메카에서는 핫자즈가 카바를 재건하였다. 카바는 683년에 시리아군의 공격으로 무너졌던 것을 이븐 즈바일이 확장하여 재건하였는데 그것이 핫자즈의 노포 공격으로 다시 파손되었던 것이다. 크기는 원래 규모로 돌아왔고 내부에 안치되었던 흑석은 바깥에 붙여졌다. 706년에는 나중에 우마이야조 제8대 칼리파(재위 717~720년)가 되는 우마르(2세)가 히자즈 총독으로 임명되었다. 독실한 무슬림으로 명망 높은 총독 아래 메디나도 메카도 평화와 번영을 누려왔다. 그는 순례자들을 위해 순례로를 정비하였고 역참에는 우물을 파고 메디나와 메카에도 샘물을 만들었다고 한다.

메디나에서 세력을 갖고 있는 알리파도 우마이야조에 저항할 정도의 힘은 없었다. 이에 다음 장에 쓰듯이 우마이야조에 대한 반란을 기도한 알리의 증손 자이드는 메디나에서 쿠파로 가서 그곳의 알리파를 의지할 필요가 있었다. 메디나의 유능한 지식인들은 이즈음부터 정치 세계를 떠나 쿠란이나 하디스(무함마드의 언행에 관한 전승)를 연구하는 학문에 몰두하게 된다. 그러나 그런 한편으로 권력의 중추에서 배제되었다는 패배감과 무력감은 치유하기 어려워, 시나 가요의 명수들이 모여 기량을 겨뤘다고 하면 보기엔 그럴싸해도 실은 상당히 허무적 퇴폐적인 분위기가 팽배해 있었다.

## 2 압바스조 시기의 아라비아——비주류파들의 활동

### 압바스조 시기의 아라비아

우마이야조 지배에 불만을 갖고 무함마드가문 출신의 통치를 바라는 사람들의 지지를 모아 무함마드의 숙부 압바스의 자손인 아브 알 압바스(삿파흐)가 749년에 쿠파에서 칼리파임을 선언(재위 749~754년)하였다. 다음해에는 우마이야조 마지막 칼리파가 살해당하며 압바스조가 정식으로 성립하였다. 수도는 처음엔 쿠파, 그후 바그다드로 정해져 정치의 중심은 시리아에서 이라크로 옮겨졌다. 이 시대가 되면 이주하여 정복자로서의 혜택 받은 생활에 젖어있던 아랍은 이전의 소박함이나 강건함을 잃고 지배자 칼리파에게 위험은 되어도 의지는 되지 않는 존재가 되어버렸던 것이다. 그 때문에 압바스조 정권은 정무나 재무에 대해서는 이란인 관료, 군무에 관해 튀르키에게 노예(맘룩)에 의존하게 되었다.

아라비아는 성지 메카와 메디나는 제외하고 그 외 지역은 변경 취급을 받았다. 앞서 언급했듯이 정치적으로는 이슬람 탄생 이전과 변함없는 상태로 돌아가 버렸던 것이다. 다른 한편 종교적으로는 주류파 순니파 측에서 보아 이단적인 비주류파의 도피처가 되었다. 앞으로 그들 여러 파에 대해 살펴보겠다.


**이바드파**

하와리주파의 계통을 잇지만 과격파인 아즈락파와는

달리 타종교에 온건한 종파로 첫 지도자인 압둘라 이븐 이바드 때문에 그렇게 불린다. 684/5년경에 바슬라를 중심으로 일어났다. 이라크에서의 세력은 압바스조가 되자 쇠퇴했지만 적극적으로 포교활동을 행한 결과 아라비아에서는 오스만에서 세력을 얻었다.

이 파의 사상으로 가장 특징적인 것은 이슬람 공동체의 통치자 이맘에 관한 이론이다. 이바드파는 이맘은 알리의 자손이나 꾸라이쉬족에 한하시 않고 독실하고 자질까지 갖춘 무슬림이면 누구라도 이맘이 될 수 있다고 하였다. 실제로 이맘은 같은 파의 유력한 우라마들이 선출하며 부족사회의 유력자들의 승인을 거쳐 실효성을 획득하였다.

오만으로는 8세기 초 무렵 전래되어 지배적인 종파가 되어 우마이야조 말기에는 하드라마우트 지방에도 전해져 한때 권력을 장악하였다. 그리고 747년에는 우마이야조 지배에 항거하여 일어나 예멘에서 북으로 진군하여 메카와 메디나를 점령하고 꾸라이쉬족을 비롯한 시민을 살육하고 약탈을 자행하였다고 한다. 그러나 3개월 후에는 우마이야조가 급파한 군대에 패하여 예멘까지 추격당해 하드라마우트 정권도 소멸하였다.

6-3 이맘의 수도 니즈와. (필자 촬영)

오만에서는 압바스조가 발족된 직후인 750년경에 주란다 이븐 마스우드가 이바드파의 5대 이맘으로 선출되었다. 이 파의 열렬 신자였던 그의 노력으로 이 파의 세력, 오만의 영토도 확대되었지만 독립을 인정하지 않는 압바스조가 파견한 군대에 패배하여 그 통치는 2년 정도로 끝났다.

압바스조는 오만을 통치하기 위해 중앙에서 사람을 파견하거나 현지인을 임명하기도 했지만 특히 주란다 이븐 마스와드에 의해 처형된, 이바드파에는 속하지 않은 주란다 일족 사람들을 중용하였다. 다른 한편의 이바드파에서는 부족간 세력다툼이 화가 되어 주란다 이븐 마스와드의 후임을 세우지 못한 채 수십 년이 지났다.

그러나 드디어 8세기 말에 이르러 유력 부족간에 조정이 성립되어 아즈드족 일파인 야프마다가의 통치자를 추방하여 압바스조로부터의 독립 의지를 선명히 하였다. 그리고 그 후 9세기 말까지 약 1세기 동안 세습은 아니지만 주로 야프마드족 사람이 이맘으로 선출되어 오만을 통치하는 시대가 계속되었다. 이 시기의 이맘 정권의 중심은 내륙인 니즈와였다.

야흐멧계의 이맘 통치는 내전을 틈타 침입한 압바스조

군에 의해 제9대 이맘인 앗잔이 살해되었기 때문에 종지부가 찍어졌다. 이같이 부족 간 대립이 오만 통치와 독립의 장애가 되는 일은 가끔 있었지만, 이바드파의 이맘제도는 오만 부족사회에 맞았던 듯 점차 이곳에 정착하여 그 후에도 단속적으로 이맘이 선출되어 통치를 행하였다.


## 자이드파

자이드파의 조상이 되는 자이드 이븐 알리는 칼바라에서 전사한 후세인의 아들 알리 자이주르아 비딘의 아들이므로 제4대 정통 칼리파인 알리의 증손에 해당된다. 대부분의 일족이 칼바라에서 살해된 가운데 마침 병상에 있던 그의 아버지는 살아남아 메디나로 돌아가 이맘 자리(12이맘파 제4대)를 계승하였다. 그리고 12이맘파란 제12대 이맘이 신자들 앞에서 모습을 감추고(은둔 이맘) 나중에 마프디가 되어 이 세상에 재림하여 정의와 공정을 가져온다고 믿는 일파를 말한다.

온건노선을 취하는 이복형 무함마드 바킬(12이맘파 제5대 이맘)과는 달리 자이드는 우마이야조 타도를 지향하는 강경노선을 택했다. 그러나 메디나에서는 목적달성을 위한 충분한 지지를 얻지 못해 쿠파로 가서, 그곳에서 그를 제5대 이맘으로 인정하는 많은 시아파 교도의 지지를 받아 740년에 우마이야조에 대한 반란을 시도하였다. 그러나 반란은 실패로 끝나고 그는 쿠파에서 처형당했다. 그러나 그의 적극적인 무력투쟁을 장려하는 사상은 후대로 이어졌다. 그를 제5대 이맘으로 지지한 집단과 반란 진압 이후에도 지이드 같은 적극적인 정치·군사활동을 이맘에게 요구하는 시아파계 집단들은 자이드파라 통칭하고 있다. 이 파에서는 이맘의 요건으로 전 이맘으로부터의 지명(낫스)이나 후세인의 혈통 등이 아닌 전투활동의 지휘 등 구체적인 정치력을 중시하고 있다.

아라비아에서는 9세기 말에 예멘 북부 부족들에게 수용되어 사파시를 중심으로 고지대 부족민 사이에서 강한 세력을 계속 유지하고 있다. 이곳의 초대 이맘이 된 야흐야 이븐 후세인은 알리의 아들 하산의 후예로 말해지는 카심 이븐 이블라힘 랏시의 손자로 893년에 예멘 북부 산악지대 부족간 항쟁의 조정자로서 사다로 초청되었다. 분쟁의 조정에 성공한 외에도 강우나 풍작 등을 가져오는 바라카(운력[靈力])의 소유자로 간주되었기 때문에 하시드 부족연합이나 바킬 부족연합에 속하는 지역민들이 연이어 자이드파로 개종하였다. 그같은 정세 속에서 897년에 야흐야는 일족을 이끌고 메디나에서 이주하여 이맘임을 선언하고 하디 일라 하크(정의를 이끄는 자)로 칭하였다. 그후 북으로는 나줄란, 남으로는 사누아까지 세력을 확대하였다고 한다.

덧붙여 당시의 예멘에는 압바스조의 종주권을 인정하는 두 개의 지방 정권이 있었다. 티하마를 중심으로 하는 해안부는 9세기 초에 이 지방의 부족 반란을 진압하기 위해 압바스조로부터 아미르로 파견된 무함마드 이븐 쥐야드가 신 수도인 자비드를 건설하고 그곳에 그대로 눌러 앉아 있었다. 그의 지배는 즈파르 지방의 미르바트까지의 반도 남안 일대에 이르렀다고 한다. 그의 자손에 의해 11세기 초까지 2세기 동안 계속된 왕조를 즈이야드조라 부르고 있다. 자비드는 그 후 예멘에서 자이드파에 대항하는 순니파인 샤피파의 중심으로 발전한다.

한편 고원부에는 사누아를 수도로 9세기 중엽에 성립한 야흐르조라는 지역 정권이 남부 자나드 근처까지를 지배권에 넣고 10세기 말까지 존속하였다. 사다의 자이드파 정권이 사누아의 지배를 둘러싸고 일진일퇴의 전투를 계속 벌인 것은 이 왕조와의 일이다.

야흐야와 그 일족의 자손들은 사이이드(예언자 무함마드의 친족)로서 특권계급을 형성하고 유력 사이이드에서 이맘을 교대로 뽑았다. 그렇지만 자이드파의 이맘 자리의 계승은 세습을 인정하지 않는 것이 원칙이어서 예멘에서는 왕조라 부를만한 이맘 정권은 적다. 또한 이맘이 선출되지 않고 부재한 시기도 있어 자이드파가 세력을 펼친 예멘 북부의 신악지대의 정치는 전통적으로 유력 부족연합의 의향이나 부족 간의 권력 관계에 좌우되는 일이 많았다.


**이스마일파**

765년에 이맘인 자팔 사디크(무함마드 바킬의 손자)가 세상을 떠나자 그의 아들인 무사 카짐이 7대 이맘이 되었으나 이를 인정하지 않고 이맘 자리는 그의 형 이스마일(아버지에 앞서 사망)에게 이미 계승되어 있었으므로 그 아들인 무함마드야말로 정통 이맘이라고 주장하는 일파가 있었다. 이 파를 이스마일파로 부르고 있다. 그 후 약 백

년 간의 활동 내용은 분명치 않으나 비밀리에 조직망을 만들고 있었던 듯하다. 처음엔 바슬라나 이란의 아프와즈를 이어서 시리아의 호므스와 하마 사이에 위치하는 살라미야를 본거지로 했던 것 같다.

그것이 9세기 후반에 들어가면 은둔 이맘으로 되어 있던 무함마드가 가까운 미래에 구세주 카임(마프티)으로 재림할 것이라고 주장하며 이슬람 세계 각지에 다이(선교원)를 파견하여 대대적인 선교활동을 전개하였다. 아라비아에서는 예멘에 만스르 알야만으로 알려져 있는 이븐 하우샵과 알리 이븐 파드르 두 명이 다이로 보내져, 사누아 북서부 산악지대 부족민들 사이에서 큰 성공을 거두었다. 그리고 그 후 예멘이 새로운 포교의 센터가 되었던 것이다. 즉 883년에 이븐 하우샵은 조카 하이삼을 신드 지방으로 파견하여 인도 선교를 시작하게 했다. 이어서 사누아 출신의 아브 압둘라를 북아프리카로 파견하였다. 현재의 알제리아 동부인 베르베르인 쿠타마족의 지지를 얻는 데 성공한 그는 이 부족에서 모은 전사를 이끌고 튀니지의 아그라브조와 싸워 결국 909년에 이 왕조를 멸망시켰다.

한편 살라미야의 이스마일파 선교조직본부에서는 이

스마일 직계자손으로 마프디라 자칭하는 우바이둣라(압둘라)가 지도권을 장악하고 899년에 스스로 이맘임을 선언하였다. 그러나 이를 인정하지 않는 일파(칼마트파)의 위협을 당한 일도 있어, 아브 압둘라의 초청에 응한 우바이둣라는 살라미야를 떠나 마그레브(튀지니 이서 북아프리카)로 향했다. 그가 아그랍조의 수도였던 카이라완의 남서 궁정도시 랏카다에 도착하여 스스로 칼리파임을 선언한 것은 910년 1월이었지만, 일반적으로는 파티마조 성립 연대로서 909년이 통용되고 있다. 왕조명은 우바이둣라가 예언자 무함마드의 딸 파티마의 자손이라 주장한 데서 유래한다. 즉위 당초 신 칼리파는 신왕조 창립의 공로자이며 은인인 아브 압둘라와 그의 형제를 자신의 권위를 위협할지도 모르는 위험인물로 간주하여 숙청하고 독재권을 확립하였다. 그리고 969년 제4대 칼리파인 무잇즈 때 이집트를 정복하고 신도시 카이로를 건설하여 왕조의 본거지로 삼은 것은 잘 알려져 있다. 그 후에는 시리아와 아라비아 반도에도 세력 확대를 꾀하였다.

이 사이 아라비아의 근거지였던 예멘에서는 앞의 두 명의 다이가 사망한 뒤 주변 세력의 공격을 받은 이스마일파는 열세를 면치 못하여 카이로의 칼리파 지지자는 소수에 머물러 있었다. 그러나 1047년에 파티마조를 따르는 슬라이프조가 성립함으로써 예멘에서의 이 파의 세력은 일거에 강해졌다. 왕조 창시자인 알리 이븐 무함마드 슐레이히는 사누아 남서부 산악지대 하라즈에서 샤피파의 교육을 받으며 자랐는데, 파티마조에서 보낸 다이로부터 비밀리에 이스마일파의 교의를 전수받아 전향하였고 그 자신이 다이 자격을 부여받았다. 무장 봉기 후에는 북부 자이드파 세력이나 티하마에서 11세기 초에 에티오피아인 노예가 발흥시킨 순니파 나자프조와 싸워 영토를 확장하고, 한때는 사누아 이남의 예멘 전토를 지배하에 둘 정도로 발전하였다.

알리를 이은 아들인 무캇람 아흐멧은 1069년에 알와 빈드 아흐멧와 결혼하여 4명의 자식을 본 뒤 국정을 부인에게 맡겼다고 한다. 이윽고 사누아를 유지하는 것이 힘들어진 알와는 1087년경 수도를 남쪽 지브라로 옮겨 1138년에 88세 나이로 사망하기까지 약 반세기간 남부 예멘과 티하마를 훌륭히 다스렸다고 전해진다. 예멘에서는 '소 빌키스(빌키스는 셰바 여왕의 아라비아명)'으로 불리며 거의 전설이 된 여왕이다.

그리고 아덴을 중심으로 한 예멘 최남부는 역시 파티

6-4 여왕 알와의 수도 지브라. (필자 촬영)

마조를 따르는 즐라위조가 11세기 말부터 약 백 년간 지
배하였다. 아덴은 알와가 무캇람과의 결혼 때 무캇람의
아버지로부터 선물로 받은 곳인데, 그 관리를 맡고 있던
관리가 나중에 독립하여 신왕조를 열었던 것이다. 여하
튼 슬라이프조 통치하의 예멘에서 이스마일파는 크게 세
력을 펼쳤을 뿐 아니라 인도에 다이를 파견하여 특히 구
지라트 지방에 많은 신도를 획득하였다.

**칼마트파**

   이 이스마일파와 밀접한 관계에 있었던 것이 칼마트파이다. 창시자 함단 칼마트는 이라크의 와시드 지방의 농민이었지만 이스마일파 다이의 감화를 받아 877년/8년경에 개종하고 나중에는 그 자신이 다이가 되어 선교하여 사와드 농민이나 주변 베두인들 사이에 많은 지지자를 획득하였다. 890년에는 쿠파 동방으로 타르 알히즈라라는 본거를 마련하였는데 조직은 비밀결사였다. 교단 멤버는 교단 운영비와 은둔 이맘 무함마드가 마프디로 출현할 때를 위해 각 수입의 5분의 1을 염출하였다, 공공적 이용가치는 있지만 사유는 인정하지 않고 일종의 공산제를 지향하고 있었던 듯하다.

   앞서 언급한 899년에 우바이둣라가 스스로 마프디라 하고 이맘임을 선언했을 때 그것을 인정하지 않고 어디까지도 무함마드가 마프디로 재림할 것임을 믿고 중앙지도부와 대립하였고 이를 기회로 분파하였다. 그런데 그 후 얼마 안 가 함단이 모습을 감추어버린다. 암살당했다고도 말해지지만 진상은 알 수 없다. 나중에 남은 자들이 거병하여 시리아 도시들 정복을 시도했으나 실패하였고 이라크에서도 압바스조에 의해 대학살을 당하면서 907

년에 제압당해 끝이 났다. 그러나 이 파가 이슬람 역사상 특필할 만한 활동은 전개한 것은 실은 그 후이다.

무대가 된 것은 페르시아만 연안의 하싸 지방이다. 문헌에는 바레인으로 불리고 있다. 아브 사이드 핫산 잔나비라는 인물이 다이로서 이 지방에 보내져 894년경부터 포교를 시작하였다.

그리고 그 지역 부족의 지지를 얻어 899년까지 하싸 전역을 지배하게 되었고 칼마트파의 공화국이라 할 수 있는 것을 수립하였다. 이어서 야마마 지방을 정복하고 오만에까지 침입하였다. 아브 사이드가 913년/4년에 자신의 노예에게 암살당한 뒤 최종적으로 가장 어린 아들 아브 타힐 술레이만이 그의 뒤를 이었다. 그는 923년의 바슬라 공격으로 첫 전공을 올렸다. 야밤을 틈타 이 도시로 침입하여 17일 사이에 지사를 비롯한 시민 다수를 살육하고 많은 전리품을 획득하여 개선하였다. 이때부터 944년 38세의 젊은 나이로 사망할 때까지 20여 년 사이에 그가 지휘하는 칼마트파 부대는 이라크에서 아라비아에 걸친 지역에서 약탈을 자행하며 일대를 공포로 몰아넣었던 것이다.

특히 이라크와 메카 사이를 왕복하는 순례단은 그들에

게 안성맞춤의 사냥감이었다. 924년에 메카에서 이라크로 돌아오는 도중의 순례단은 무장한 호위병이 있었음에도 불구하고 공격당하였다. 순례단의 많은 남녀가 살육당하거나 포로가 되었고 막대한 약탈품은 은만으로도 100만 디날에 달했다고 전해진다. 다음해 바그다드를 출발하여 메카로 향하려던 순례단은 도중에 칼마트 교도를 만나 다시 돌아갔기 때문에 그 해의 메카에서 하지를 한 것은 시리아와 이집트에서 온 순례단뿐이었다고 한다. 이후에도 종종 순례단을 덮쳐 막대한 피해를 내고 있다.

또한 926년에는 쿠파를 습격하여 응전하던 칼리파군을 격파하여 많은 부녀자와 재물을 빼앗았고, 그리고 다음해에는 유프라테스강을 건너 바그다드로 쳐들어가 수도의 주민을 공포에 빠뜨렸다. 게다가 칼마트군은 유프라테스강을 따라 진격하여 시리아를 침입하였고 근방 도시들을 습격하여 황폐화시켰다, 또한 930년에는 반도를 횡단하여 메카를 습격하였다. 마침 순례달이어서 각지에서 많은 순례자들이 모여 있었고 이를 공격한 칼마트군은 지역민, 순례자 할 것 없이 살육하여 희생자가 3만 명에 달했다고 전해진다. 카바신전에도 주저없이 침입하였다. 신전 문에 붙어 있던 황금판을 떼어내고 내진에

도 난입하여 금,은, 보석 등의 장식품을 약탈한 것만으로
도 모자라 동남쪽으로 붙어 있던 흑석을 빼내고 신전을
덮고 있던 천(키스와)까지도 벗겨서 가져갔다. 그들이 메
카를 습격한 것은 930년 1월 17일 금요일로 그로부터 8
일간 학살과 약탈을 자행한 끝에 다수의 남녀를 끌고 갔
다고 전해진다. 이와 같은 해에 아브 타힐은 오만의 정복
에도 성공하고 있다.

이같이 샤리아(이슬람법)의 정지를 선언하고 메카나 카
바의 신성성이나 권위도 무시하여 마지않는 칼마트 교도
는 기성 이슬람의 가르침과 질서를 부정하고, 그와는 다
른 새로운 원리에 기초한 사회 건설을 지향하고 있었던
듯하다. 하싸 무미냐(현재의 호플라)를 수도로, 수립된 국가
조직에 대해 자세한 것은 모르지만 아브 타힐 사후는 과
두제적인 공화정체를 취했던 듯하다.

11세기에 이란의 나쉬르 후스라우가 남긴 여행기에 의
하면 수도에는 무기를 들 수 있는 사람만 2만이 넘는 주
민들이 있고 국정은 6명으로 구성된 최고위원회(사다)가
집행하고 있었다고 한다. 최고위원회가 소유하는 3만의
노예가 있어 농작업을 하고 있었다. 기도나 단식, 순례를
비롯한 이슬람 의례는 일체 행하지 않고, 세금이나 자카

트 같은 종교적 헌금의 징수도 하지 않았다. 그리고 빈자나 채무자들에 대한 보조나 이주해 오는 기술자들에 대한 자금원조, 국영의 무료 제분소 등의 존재 등등의 기사를 언급하며 필자는 이 나라의 이러한 제도들을 칭찬하고 있다.

그러나 이 무렵을 경계로 이 특색 있는 교단국가의 세력도 쇠퇴하여 이윽고 역사의 무대에서 그 모습을 감추게 되었다. 카바 신전에서 빼앗긴 흑석은 압바스조에 의한 거액의 거래로 951년에 제자리로 돌아왔다고 한다.

## 3 향신료무역의 성황과 아라비아

### 홍해 루트에 의한 향신료무역의 부활

869~883년에 알리 이븐 무함마드가 사와드의 농장에서 일하는 흑인노예를 조직하여 일으킨 압바스조에 대한 반란으로 페르시아만과 바그다드 사이의 교통은 크게 방해받았다. 게다가 10세기에 들어와 하싸 칼마트파 교단

국가가 성립되어 930년에는 오만이 이 교단에 정복되면서 페르시아만을 경유하는 교역은 큰 타격을 입었다. 한편으로 홍해 루트에 의한 교역은 9세기 초 무렵부터 차차 회복의 징조가 보이기 시작했다. 이는 아랍·이슬람군의 정복이 끝나면서 지중해세계에서 비잔틴제국과 압바스조의 관계가 안정된 것과 서유럽의 대륙부도 카롤링거조의 지배하에 정치적으로도 경제적으로도 안정되어 번영을 누릴 수 있는 시대가 되었던 것이 요인으로 생각된다. 또한 스페인에서도 압드 알라흐만 1세(재위 756~788년)에 의해 기초가 다져진 후의 우마이야조가 번영의 시대를 맞이하려 하고 있었다.

이런 이유로 지중해세계와 인도양세계 사이의 교역이 점차 부활하고 그 루트인 홍해와 결절점인 예멘에도 다시 빛이 비치는 시대가 찾아온 것이었다. 특히 파티마조가 카이로를 건설하여 이집트에 본거를 둔 효과는 컸다. 압바스조의 약체화와 파티마조의 융성으로 동서를 잇는 해상교역 루트의 간선은 페르시아만에서 홍해로 옮겨졌다. 파티마조는 이 홍해 루트를 항행하는 크고 작은 수송 선단(카림 선단)을 보호, 관리하기 위해 해군(샤와니 선단)을 배치하였다. 그리고 카림 선단 상인들로부터 보호세(샤와

니세)를 징수하고 이를 샤와니 선단의 유지·운영비로 충당하고 있었다. 이 정책은 그 후의 아유브조나 맘룩조로도 계승되었다.

이 시대의 인도양 세계의 주력상품은 인도나 동남아시아산 후추, 생강, 계피, 정향(클로브), 메이스, 육두구, 카르다몬 등의 향신료(스파이스)였다. 왜냐하면 이들 향신료는 유럽, 특히 알프스 이북에서는 요리나 음료수의 풍미를 올릴 뿐 아니라 가을 끝 무렵에 잡은 가축(주로 돼지)의 고기를 이듬해 봄까지 보존하기 위한 방부제로도 없어서는 안 되었기 때문이다.

아유브조 때부터 맘룩조에 걸쳐 인도양의 국제무역에서 활약한 무슬림 상인 그룹은 특히 칼리미 상인으로 불린다. 그들은 인도양과 홍해가 만나는 예멘을 거점으로 국제적인 중계무역의 주도권을 장악하였다. 향신료는 주요 적출항인 클람이나 칼리쿠트(칼리캇, 현 캘커타)가 있는 인도 남서부의 말라바르 해안으로 가서 사들이거나 인도 상인이 아덴으로 수송해 온 것을 사서 예멘이나 시리아 방면으로 전송, 전매하였다.

한편 지중해에서는 12세기 이후는 십자군운동을 틈타 동지중해로 진출한 제노바, 피사, 베네치아 등 이탈리아의 항만도시 상인들이 이집트나 시리아의 항구에서 사들인 이들 향신료를 유럽 각지로 수송, 판매하여 큰 이익을 올리고 있었다. 그러나 십자군을 너무 편을 든 나머지 제노바나 피사는 십자군이 열세가 몰리고 최종적으로 시리아와 팔레스타인에서 철수하게 되자 교역거점을 잃고 궁지에 몰렸다,

그에 비해 베네치아는 아유브조 공략을 위해 이집트로 갈 예정이었던 제4차 십자군을 콘스탄티노플로 인도하여 이를 함락시킴으로써 아유브조를 구해준 셈이 되었다. 이렇게 장사에 중요한 파트너인 이집트와 양호한 관계를 유지한 데다 콘스탄티노플의 라틴제국을 둘러싼 이후의 전개에도 교묘히 처신하여 베네치아는 동지중해의 제해권과 지중해의 향신료 무역을 거의 독점하기에 이르렀다.

이리하여 홍해 루트에 의한 향신료 무역은 바스코 다가마의 신항로 발견으로 동서교역의 근간이 희망봉을 도는 루트로 바뀌기 전까지 크게 번영하였고, 루트의 결절점에 해당하는 예멘이나 길목의 히자즈에도 번영을 가져다주었던 것이다.

## 아유브조에 의한 예멘 지배

이라크의 티그리트 출신인 쿠르드족 살라딘은 이라크 북부와 시리아를 지배하고 있던 잔지조의 누르 앗딘의 부하였으나 파티마조 말기의 이집트로 파견되어 1169년에 재상(와지르)이 되어 실권을 장악하였다. 그리고 1171년에는 이스마일파의 파티마조 칼리파를 폐위하고 압바스조 칼리파의 권위를 인정하여 이집트에 순니파 이슬람을 부활시켰다. 아유브조라는 왕조명은 그의 아버지 이름에서 따온 것이다. 파티마조처럼 아유브조에도 홍해 경유의 교역 루트의 안전 확보는 시급한 과제였다. 1173년 이 루트의 가장 중요란 결절점인 예멘을 지배하에 두기 위해 살라딘은 형인 뚤란 샤가 이끄는 쿠르드인과 튀르키에인으로 구성된 부대를 파견하였다. 예멘에 세력을 갖고 있는 친파티마조의 이스마일파를 소탕하는 것이 원정의 또 하나의 목적이었다.

당시 예멘에서는 각지에 지방정권이 할거하여 정치적으로는 실로 사분오열의 상태였다. 해로로 남하한 아유브조 군대는 여러 세력을 차례차례로 물리치고 예멘에서 패권을 확립하였다. 그렇지만 자이드파나 함단족이 세력을 펼치고 있는 북부 지배에는 어려움을 겪었던 듯하다. 종교적으로는 아유브조 지지를 받은 순니파인 샤피파가 북부 자이드파의 지배영역을 제외한 지역에 광범위하게 퍼졌다. 그러나 이스마일파도 정치권력은 잃었지만 서부 산악지대에 여전히 뿌리를 내리고 있었다. 여하튼 외국인부대가 본격적으로 예멘으로 진주한 것은 이슬람시대가 된 이후 최초였지만 이후에도 외래 왕조의 지배가 이어지게 된다.

아유브조의 예멘 지배는 1228/9년에 라술조로 바뀌기까지 반세기 정도에 지나지 않았지만 이 사이에 6명의 아유브 일족 인물들이 바뀌가며 술탄으로 통치하였다. 그러나 초대 뚤란 샤를 비롯하여 임지를 떠나 시리아나 이집트로 돌아가는 일이 적지 않았기 때문에 통치를 맡은 부관이나 가신에 해당하는 맘룩이 실권을 쥐는 기회가 많았던 것도 이 시대의 특징이다. 아유브조의 예멘 지배는 9세기 이후 분열 상태에 있었던 이곳을 다시 통일하고 다음의 라술조 번영의 터전을 닦았다는 점에 그 의의가 있다 하겠다.

## 예멘, 라술조의 성립

라술가가 예멘으로 들어온 시기에 대해서는 뚤란 샤와 함께 1173년에 침공했다는 설과 그의 형제로 라술조 2대 술탄이 된 투그타킨과 함께 1183년에 예멘으로 왔다는 두 가지 설이 있다. 그들 자신은 아랍 출신임을 주장하고 있지만 튀르키에 계통, 그것도 투르크만 계통이 아닌가 라는 설이 유력하다. 가문 이름은 시조인 무함마드 이븐 할룬의 별명 라술(使者, 사자)에서 유래한다. 무함마드가 칼리파의 사절로 종종 시리아나 이집트로 파견된 데서 붙은 별명이라 한다. 여하튼 12세기 후반에 무함마드의 아들인 샤무스 앗딘 알리와 그의 네 명의 아들은 이집트에서 파견된 아유브조 술탄의 아미르로서 예멘으로 들어왔다.

예멘 아유브조 6대 술탄인 마스우드 유스푸는 샤무스 앗딘의 아들들 중에서도 특히 눌 앗딘 우마르에게 두터운 신뢰를 갖고 1220년대 초에 메카를 정복하자 이곳을 이쿠타(징세권을 인정한 토지)로 그에게 하사하였다. 그러나 1223년에 자신이 이집트로 귀환할 때가 되어 그를 예멘으로 불러들여 버린다. 그런데 마스우드 부재중에 예멘 정세가 악화되었고 이에 1227년에 일단 예멘으로 돌아와 사태 수습에 힘썼다.

1228/9년 새 임지인 다마스쿠스로 향하며 마스우드는 이집트에서 새로운 술탄이 파견되어 올 때까지 직무대행자로 눌 앗딘을 지명하였다. 그러나 마스우드는 여행 도중 메카에서 사망하였고, 이집트에서는 다음 지배자가 파견돼 오지 않은 채 1235년에 압바스조 칼리파인 무스탄쉬르로부터 예멘 지배를 공식적으로 승인받기에 이르러 명실상부하게 독립국으로서의 라술조가 성립되었던 것이다.


### 라술조의 세력 확대

라술조의 초대 술탄이 된 눌 앗딘은 만수르(승리자)로 칭하게 되었다. 실권을 장악한 이후 만수르 우마르는 자비드를 중심으로 하는 티하마나 남서 산악지대인 타잇즈에서 자이드파 이맘의 세력이 강한 북부의 사누아에 이르기까지 지배영역을 넓히고 있었다. 또한 아유브조가 십자군 세력과의 전쟁으로 망해가는 틈을 타 히자즈에서 거병하여 1241/2년에는 메카에서 아유브조 세력을 배제하는 데 성공하였다. 나아가 메디나의 외항 얀부의 지배권을 획득하였으나 1249/50년에 타잇즈의 북쪽 자나드에서 맘룩들에 의해 살해당했다. 그 후 남겨진 세 명의 아들 사이에 이후에도 자주 보이는 형제간의 격한 후계자 다툼이 일어났다. 이 투쟁을 거쳐 2대 술탄 자리에 오른 이가 무자파르 유수프이다. 1295년까지 반세기 가까이 이어진 술탄의 치세는 라술조 역사상 최전성기였다는 평가를 받고 있다.

술탄 무자파르는 북으로는 히자즈, 동으로는 하드라마우트까지를 지배하에 두었고, 동방의 즈파르를 정복하기 위해 원정군을 파견하였다. 예부터 향료산지로 유명했던 이곳은 9, 10세기 이후 인도 방면으로부터 사탕수수, 바나나, 코코야자, 벼, 빈랑나무 등 유용작물이 이식·재배되고 있었다. 또한 인도, 아라비아, 페르시아만 연안, 동아프리카 등을 잇는 해상교역 루트의 중요한 요충지로 각지에서 수송되어 오는 상품의 거래가 활발하였다.

카말만에 면한 중요한 항구도시로서 동으로는 밀바트, 서로는 라이스트 그리고 중앙은 현재 살랄라에 유적이 남아 있는 바리드 세 곳이었다. 밀바트는 페르시아만의 쉴라흐 출신의 만주가 사람들이 건설했다고 전해진다. 그곳이 인도로 수출되는 아랍말의 집하장이었던 것이 지명의 유래라고 한다. 당시 북인도의 델리 술탄조와 대립하는 데칸고원이나 남인도 정권에 군마 수요가 무척 많았고, 말은 아라비아에서 인도로 수출되는 중요한 상품이 되었던 것이다. 내가 이전에 여름 몬순의 끝 무렵인 9월에 즈파르를 방문했을 때, 신슈(信州)의 고원을 연상시키는 산들은 초록의 초목으로 덮여 있고 그 위를 낙타의 무리가 풀을 뜯고 있는 모습에 놀랐던 기억이 있다. 이 정도라면 인도로 가는 말의 사육도 가능했으리라 생각되었다.

그런데 13세기 초 이 만주가 단절되자 그 밑에서 해운업을 하던 하드라마우트의 합다 출신의 아흐멧라는 사람이 지배권을 장악하였다고 한다. 그는 미르바트를 파괴하고 새롭게 아프마디야(발리드 유적이 이에 해당한다?)를 건설하고 이곳을 수도로 할람조로 불리게 되는 왕조를 창시하였다. 라술조 술탄 무자파르가 즈파르로 파병한 것은 이 왕조가 이곳을 통치하고 있던 시기였다. 원정은 1279년 여름 몬순이 잦아들면서 시작되었다. 합디조 측에서는 당시 술탄이었던 살림이 격하게 저항했지만 육지와 바다에서 밀려오는 라술조군의 맹공에는 견디지 못하고 패배하여 처형당하였다고 한다. 이렇게 즈파르도 라

6-5 즈파르의 산중에서 초목의 잎을 뜯는 낙타 무리.
(Oman, *People and Heritage,*(Muscat,) 1994, 130쪽)

술조가 지배하게 되었다. 무자파르는 더 나아가 바브 아
르만데브 해협 건너편까지 지배의 손을 뻗쳐 홍해를 통
해 인도양 세계와 지중해 세계를 잇는 해상 루트의 중요
거점을 완전히 제압하기에 이르렀던 것이다.

**맘룩조와의 알력**

이와 같이 유리한 입장을 최대한 살려 라술조는 해역

의 지배와 교역의 독점을 꾀하였다. 지배하에 있는 주요 항구도시로의 교역선의 출입을 엄격하게 관리하고, 입항세 징수는 물론 수출입품에는 품목마다 상세하게 규정한 관세를 부과하였다. 특히 아덴항으로의 입항이 의무화되어 이에 허가증을 교부받지 못한 상선은 해협을 통과하여 홍해로 갈 수 없게 되었다. 앞에서도 언급한 자와니 상단이 바브 아르만데브 해협에서 눈을 부릅뜨고 상선의 안전통항을 지키는 한편으로 위반선이 해협을 통과하지 못하도록 감시하고 있었다. 이 상단의 유지, 운영 명목으로 샤와니세가 징수되었음은 말할 것도 없다.

라술조에 의한 이같은 무역통제에 가장 반발한 세력 중 하나가 1250년에 아유브조를 타도하고 이집트 지배를 장악한 맘룩조이다. 이 왕조의 경제정책도 라술조와 같이 인도양에서 유입되는 상품에 대한 관세나 매매거래 이익에 중점을 둔 것으로, 이 흐름이 도중에서 방해받는 것은 큰 문제였다. 이 홍해의 교역활동을 둘러싼 대립에 더해 히자즈 지방의 지배권을 두고 두 왕조는 긴장 관계에 있었다. 이에 맘룩조 술탄들은 이같은 정세를 타개하고자 히자즈나 예멘에 맘룩군을 파병할 계획을 몇 번이나 세웠지만 실제로 예멘으로의 파병은 1325년 한 번뿐이었다.

다음 쪽에서 보듯이 10세기 후반에 성립된 메카의 샤리프 정권은 자신의 강한 병력을 갖고 있지 못한 데다 아밀 자리를 두고 일족의 대립 항쟁이 격렬했기 때문에, 이집트나 예멘 정권은 이 틈을 파고들어 서로 질세라 개입이나 지배를 계속해왔다. 그것은 성지 지배를 목적으로 하는 종교적인 의미의 강한 다툼이었지만, 14세기 후반이 되면 이에 다른 요소가 더해져 사정은 일변한다.

즉 홍해를 경유하는 해상 루트의 이집트 측 기점인 나일강가의 쿠스와 홍해안의 아이자브를 잇는 대상로가 아랍계나 베자계 유목민의 습격으로 통행불능이 된 결과 그때까지 아이자브에서 배로 대안인 짓다로 건너가 거기서부터 메카로 향하던 순례자들이 시나이 반도 서안의 첨단부에 가까운 루트를 경유하여 아라비아의 서안을 따라 남하하는 루트를 택하게 되었던 것이다. 이집트로의 물자 왕래도 이 루트로 변경되었기 때문에 홍해를 북상해 온 교역선은 이집트 측이 아닌 히자즈의 항으로 들어오게 되었다. 이리하여 히자즈의 경제적 중요성이 높아지면서 거기서 얻어지는 이익을 두고 여러 세력의 다툼이 격화되었다.

6-6 짓다항에서 하선 준비를 하는 순례자들. (Facey, *Saudi Arabia*, 45쪽)

맘룩조는 15세기에 들어 술탄 발스바이 치세가 되어 본격적으로 히자즈 진출을 시도하였다. 1424/5년 그는 라술조의 히자즈지방으로의 군사통제력이 국내 혼란으로 느슨해진 기회를 놓치지 않고 메카와 짓다로 맘룩군을 파견하여 실권을 장악하고 짓다를 아덴을 대신하는 인도양 교역의 최대 거점으로 만들려 하였다. 그러나 그가 짓다로 내항하는 선박이나 상인, 순례자들에까지 효

과적으로 징세하기 위해 편 시책은 매우 가혹한 것이었
다. 한편 라술조 측은 상선의 아덴 입항을 촉진하기 이해
내항자들에게 우대책을 내세우는 등 해상교역으로 얻을
이익을 둘러싸고 두 왕조는 서로 경쟁하였다. 그러나 그
사이에도 술탄 자리를 두고 라술조 안의 권력투쟁이 해
결되지 못하여 결국 이로 인해 피폐해진 왕조는 1454년
지역 정권인 타힐조가 차지하게 되었다.

## 메카의 샤리프 정권

시계바늘을 조금 되돌리면 10세기는 서방에서 이스마
일파의 파티마조가 칼리파 정권을 수립하는 한편, 동방
에서도 12이맘파인 부와이프조가 압바스조 칼리파를 괴
뢰화시키고 실권을 잡는 등 이슬람 세계 전체에서 시아
파 세력이 강해진 시기였다. 특히 파티마조가 이집트로
진출한 세기 후반에는 아라비아 서부에서도 알리의 후예
를 자칭하는 일족의 영향력이 커졌다. 메카에서는 하산
계인 샤리프가 권력을 잡은 데 대해 메디나에서는 후세
인계의 힘이 강했다.

960년대 후반에 하산계 샤리프인 자파르 이븐 무함마드가 메카 정권을 장악하였다. 시조의 이름을 따서 무사조로 불리는 이 정권은 백년 가까이 이어졌다. 1세기 초 자프르의 아들 아부르후투프(아브 알후토프) 때는 파티마조의 쇠퇴를 틈타 칼리파를 자칭하고 파티마조를 따르는 메디나 정권과 싸우기도 했으나 물론 메카에서 칼리파 자리를 빼앗으려는 이같은 시도가 성공할 리가 없었다. 그의 아들 슈크르가 후사를 남기지 않고 사망하여 무사조가 끊긴 후 이 계통인 방계의 몇 개의 왕조가 이어졌다.

1200/1년 우마이야조 시대부터 얀부에 재산과 세력을 갖고 있던 같은 하산계의 카타다 이븐 이드리스가 메카의 실권을 장악하여 아미르가 되었다. 얀부는 짓다에 그 지위를 빼앗길 때까지는 히자즈 지방 최대의 교역항이었기 때문에 카타다 일족도 홍해교역으로 큰 부를 얻고 있었다. 카타다는 역대의 메카 아미르 중에서도 걸출한 인물로, 바그다드의 압바스조나 카이로의 아유브조에 대항하여 메카를 중심으로 하는 히자즈의 독립을 도모하기 위해 분투하였다. 외국세력으로부터 아라비아를 해방시킨다는 관점에서 같은 하산계인 예멘의 자이드파 이맘

정권이 아유브조에 대항하는 것을 원조하였다.

또한 순례로를 수복, 정비하여 치안유지에도 힘썼기 때문에 여러 나라로부터 순례자들이 안심하고 메카를 방문할 수 있게 되었다. 그때까지는 주변이 불모지여서 농지에 대한 징세를 기대할 수 없는 메카에서는 순례자나 상인들에게 마스크(이슬람법에서는 부정으로 보는 각종 잡세)를 착취하는 것이 정권의 일이라 해도 과언이 아닌 상황이 이어졌던 것이다. 이후 제1차 세계대전 후 사우드가의 압둘 아지즈에게 패하여 메카를 쫓겨나게 되는 후세인에 이르기까지 이 카타다 일족이 메카의 아미르 지위를 이어갔다.

이처럼 유능한 실력자였던 카타다도 아미르 지위를 둘러싼 항쟁의 소용돌이를 피할 수 없었다. 재위 20년 정도에 아버지로부터의 아미르 자리 계승에 불안을 품은 아들 하산에 의해 다른 아들들이 함께 살해되었다. 그러나 이러한 하산의 폭거가 용서될 리 없어, 예멘 아유브조의 술탄 마스우드는 바로 파병하여 이를 제압하고 심복이었던 누르 앗딘에게 메카를 이쿠타로 수여한 것은 앞에서 언급한 대로이다.

그러나 그 후 얼마 안 가 누르 앗딘은 예멘으로 소환되었고, 마스우드도 다마스쿠스로 향하는 도중 메카에서 사망하였기 때문에 이 도시의 지배권은 다시 카타다 일족에게 돌아갔다. 하지만 아미르 자리를 둘러싼 동족투쟁은 좀처럼 가라앉지 않았고, 한편으로 이집트의 아유브조에도 메카에 주의를 기울일 여유가 없어졌다. 이에 예멘의 라술조가 지배 범위를 넓혔지만, 이집트에 새로운 맘룩조가 성립한 뒤에는 이도 이미 서술했듯이 이 두 왕조가 성지의 지배권을 두고 대립하게 되었던 것이다.

# 제7장
# 유럽인의 내항과
# 오스만조의 지배
## —근세의 아라비아

# 1 포르투갈과 오스만조

**바스코 다 가마의 신항로 발견**

15세기에 들어 엔리크 항해 왕자의 노력으로 포르투갈의 해외무역의 기초가 성립된 것은 잘 알려져 있다. 그것이 열매를 맺은 것이 바스코 다 가마에 의한 인도로의 신항로 발견이었다. 국왕 마누엘 1세의 명을 받아 1497년 7월에 리스본을 출항하여 아프리카 희망봉을 돌아 인도양으로 들어간 뒤, 마린디에서 구한 아랍계 항로안내인의 인도로 1498년 5월에 인도 남서안의 캘리컷에 도착하였다. 다음해 1499년 여름에 출항한 지 2년 만에 리스본으로 귀항하

7-1 근세의 아라비아.
(필자 작성)

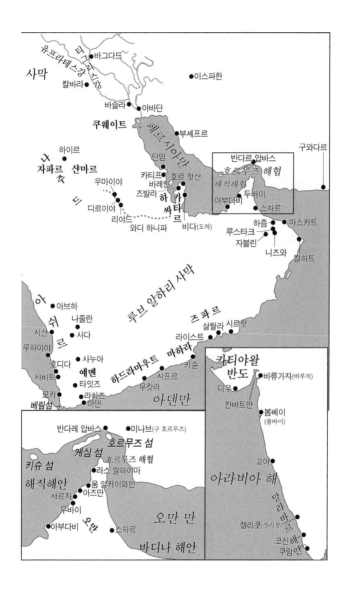

유프라테스강

티그리스강

바그다드

사막

칼바라

이스파한

바슬라

아바단

쿠웨이트

페르시아만

부셰프르

구와다르

하이르

단맘

반다르 압바스

호르무즈 해협

자파르 산마르

나

우마이야

카티프

호르 핫산

바레인

해적해안

즈발라

하

카

타

리

디르이야

리야드

싸

아부다비

두바이

스하르

와디 하니파

비다(도하)

하즘

마스카트

루스타크

자블린

니즈와

칼하트

아

아브하

나줄란

루브 알하리 사막

즈파르

시르핫

실랄라

시산

사다

라이스트

르

루하이야

사누아

하드라마우트 마하라

키슌

카티야왈 반도

호디다

예멘

시프르

바류가자(바루치)

사비트

타이즈

무캇라

다우

모카

라히즈

아덴만

봄베이(몸바이)

베림섬

아덴

칸바트만

아라비아 해

반다레 압바스

미나브(구 호르무즈)

호르무즈 섬

고야

케심 섬

키슈 섬

호르무즈 해협

해적해안

라스 알하이마

아라비아 해

옴 알카이와인

사르자

아즈만

말라바르

두바이

오만 만

캘리컷(갤리컷)

아부다비

스하르

코친해

바티나 해안

쿠림안

여 인도로의 신항로 발견을 왕에게 보고하였다.

　동서 해상교역의 근간이 이 신루트로 옮겨지면서 그때까지 홍해루트 교역으로 큰 이익을 올렸던 베네치아, 이집트, 예멘 등의 나라들은 큰 타격을 입게 되었다. 또 향료의 획득과 더불어 기독교(가톨릭) 포교를 아시아 진출의 목적으로 하고 있던 포르투갈은 이슬람 세력과의 전투를 처음부터 염두에 두고 있었다. 그들에게 그것은 레콩키스타의 연장이었다. 포르투갈선의 돛에 크게 그려진 흰 바탕의 붉은 십자가는 십자군 시대 순례자 보호를 위해 설립된 템플기사단의 후예라 할 수 있는 포르투갈의 기독교 기사단의 표장이다. 이 종교적 동기에 의해 이슬람교국이 압도적으로 많은 인도양 주변에서의 그들의 행동이 필요 이상으로 공격적이고 침략적이었음은 부정할 수 없다.

**포르투갈의 진출과 아라비아**

　바스코 다 가마의 귀국 다음해부터 향료의 획득과 인도양 연안의 요충지에 요새를 건설할 사명을 띠고 포르투갈 함대가 차례차례 리스본을 출항하였다. 그렇기는

7-2 바스코 다 가마의 산 가브리엘호

하나 제1의 목적은 인도나 동남아시아산 향신료의 획득이었고, 인도로의 항로는 아프리카 동안 항구에서 인도양을 횡단한 직후 인도 서안에 도달하는 것이었기 때문에 처음부터 도중의 아라비아는 그들의 관심 밖이어서 포르투갈 배가 내항하는 일도 없었다. 그러나 아폰소 데 알부케르케가 인도 총독으로 임명되기에 이르러 사정은 일변하였다.

　1506년에 알부케르케는 16척으로 구성된 함대를 이끌고 1507년에 아덴만의 소코트라섬을 점령하여 요새를 쌓고 수비대를 배치하였다. 이를 거점으로 함대로 하여금 이리저리 순시하게 하여 홍해로 가는 배의 출입을 감시하고 향신료 등을 적재한 상선은 발견 즉시 습격·약탈할 계획이었다. 그때까지 이 섬은 아라비아 본토 마라하의 술탄이 영유하고 있었다.

이어서 알부케르케의 함대는 오만 해안의 항구를 차례차례로 공격·점령하면서 페르시아만 입구인 호르무즈 섬을 향해 갔다. 14세기 초에 본토 호르무즈로부터의 이주자로 건설된 신호르무즈는 항구도시로 크게 발전하였고, 호르무즈 왕은 2세기에 걸쳐 칼하트, 마스카트, 스하루 등 중요항이 위치하는 오만 해안뿐 아니라 페르시아만의 바레인, 키슈 섬 등의 요지도 지배하에 두고 있었다. 이 호르무즈에 요새를 쌓고 페르시아만으로 가는 배의 출입을 감시, 통제하려는 것이 알부케르케의 목적이었다. 1507년에 일단 점령했지만 부하의 반란 때문에 철수할 수밖에 없어졌고 최종적으로 포르투갈이 이곳을 점령하여 요새를 구축한 것이 1515년의 일이었다.

1509년에 프란시스코 데 알메이다와 교대하여 포르투갈령 인도통치 책임자가 된 알부케르케는 1510년에는 고아섬을, 다음해 1511년에는 말라카섬을 점령하였다. 고아는 이후 포르투갈의 아시아 지배의 거점이 되어 인도 총독 내지 부왕의 주둔지가 되었다. 인도양의 포르투갈 함대의 활동으로 홍해 루트를 통해 이집트로 유입되는 상품의 양은 눈에 띄게 감소하였다, 이에 위기감을 느낀 맘룩조는 같이 궁지에 빠진 베네치아의 요청도 있어 해군 함대를 급파했지만, 1509년에 카티야왈 반도 남단 디우 해전에서 패하여 이후는 짓다의 요새를 강화하여 포르투갈 함대의 홍해 침입에 대비하는 작전을 취하였다.

포르투갈은 아덴이야말로 홍해 입구를 제압할 해항임을 바로 이해하였다. 게다가 소코트라는 수비대원들이 식량부족과 말라리아가 원인으로 차례차례 쓰러져버리는 바람에 몇 년 못가 철수할 수밖에 없었다. 이에 포르투갈 왕의 명을 받은 알부케르케는 아덴을 점령하기 위해 1513년에 함대를 이끌고 고아를 출항하였다. 그러나 당시 타힐조 치하였던 아덴의 수비는 강하여, 습격이 실패로 끝난 포르투갈 함대는 홍해로 진입하였다. 짓다를 공격·점령하는 한편 에티오피아를 다스리고 있다고 여겨지고 있던 전설적인 기독교 군주 프레스타 존과의 접촉을 시도하려 하였다. 그러나 이때는 어떤 목적도 달성하지 못하고 아랍 상선을 약탈하거나 불지르기만 하고 고아로 돌아올 수밖에 없었다.

포르투갈 함대를 누르기 위해서는 이집트의 항이나 짓다가 아닌 예멘을 기지로 출격하는 것이 최적임을 깨달은 맘룩조는 이곳을 정복하기 위해 1515년에 해로로 파병하였다. 이에는 메카의 샤리프나 예멘의 자이드파 이맘도 가세하였기 때문에 다힐조는 공격에 견디지 못하고 1516년에 자비드를 점령당한 데 이어 고지대의 타잇즈, 사누아도 함락되어 결국 1517년에 이 왕조는 멸망하였다. 다만 아덴만큼은 방비가 탄탄하여 여전히 저항을 계속하였다.

이러는 사이 청천벽력 같은 사태가 일어났다. 1517년에 이집트의 맘룩조가 셀림 1세 치하의 오스만조와의 전쟁에서 패하여 멸망하고 말았던 것이다. 메카의 샤리프는 이 정세에 발빠르게 대응하여 오스만조 술탄의 히자즈 지방에 대한 종주권을 일찌감치 인정하고 튀르키에군의 예멘 진출을 측면 원조하였다. 이에 예멘에 주둔하고 있던 맘룩군도 투항할 수밖에 없었지만 아덴만큼은 적인 포르투갈과도 내통하여 완강한 저항을 계속하였다.

튀르키에 해군의 진출로 홍해에서는 고전을 면치 못하게 된 포르투갈도 페르시아만 방면에서는 호르무즈를 굴복시킨 후에는 거의 계획대로 활동할 수 있게 되었다. 왜냐하면 원래라면 호르무즈 왕의 종주로서 페르시아만의 지배권을 주장할 이란의 사파비조가 튀르키에군에 제압당해 그곳까지 신경쓸 수 없는 상태였기 때문이다. 오만만 연안과 페르시아만 연안 쌍방에서 그때까지 호르무즈 왕이 영유하고 있던 항에는 차례차례로 포르투갈 요새가 구축되어 갔다. 15세기 후반 이후 하싸 지방의 카티프를 본거지로 하는 자브리가 일족이 점거하고 있던 바레인도 1521년에 탈취하여 그 후 거의 80년간에 걸쳐 지배하게 되었다.

### 오스만조의 아라비아 지배

맘룩조를 멸망시킨 오스만조는 바로 홍해로 진출하여 히자즈 지배권을 장악한 다음 예멘의 타힐조를 멸망시킨 직후의 맘룩군도 항복시켰다. 그렇기는 하나 이때의 튀르키에군은 해군이 주력이었기 때문에 그들의 지배는 내륙부까지는 미치지 못했다. 이에 오스만조가 예멘 전체를 장악하는 1538년까지의 20년 정도는 자이드파 이맘이 북부뿐 아니라 예멘 남부까지 지배하였다. 그러나 이해는 그 대단했던 아덴도 함락되고 타힐조 멸망 후에는 독립의 움직임을 보이고 있던 하드라마우트의 카썰가 일족도 오스만조 술탄의 종주권을 인정하였기 때문에 아라비아 서부에서 남부 전역이 그 지배하에 들어갔다. 다만 후술하겠지만 히자즈에 내한 튀르키에 지배권은 1916년까지 중단된 적이 없지만 예멘에서는 가끔 격렬한 저항이 있어 깊게 뿌리를 내릴 수가 없었다.

그 사이에도 포르투갈은 종종 홍해로의 진입을 시도하였다. 그러나 수에즈를 기지로 하는 튀르키에 해군의 응전으로 아라비아 연안에서는 이렇다 할 전과를 올릴 수는 없었다. 그러나 아프리카 측에서는 이스라엘 왕 솔로몬의 후예로 칭하는 에티오피아의 솔로몬조의 왕을 원조하여 그 나름의 성과가 있었다. 즉 오스만조의 후원을 받은 아흐멧 이븐 이블라힘 알가시(통칭 그란=왼손잡이)가 이끄는 무슬림군에 국토의 주요부를 유린당하고 위기 상황에 처한 에티오피아 왕의 요청에 응하여 육군부대를 상륙시켜 그란을 전사시키고 무슬림군을 격파하여 기독교국 에티오피아의 이슬람화를 막을 수 있었기 때문이다.

그리고 1514년의 찰디란 전투에서 사파비조의 기마 군단을 격파한 튀르키에군은 그후 슐레이만 1세(재위 1520~66년) 아래 이라크·이란 방면으로 계속 진출하여 1534년에는 바그다드를 점령하였고, 1536년에는 결국 이라크 전토를 정복하는 데 성공하였다. 이로써 그들은 바슬라를 통하여 페르시아만으로 접근하는 것이 가능해 져 포르투갈의 위협에 노출되어 있던 카티프의 자브리 가는 바로 오스만조의 종주권을 인정하고 그 비호를 받 았다. 그러나 나중에 파샤(태수)가 임명·파견되어 하싸 지방 전체가 오스만조의 직접지배하에 놓이게 되었다.

이리하여 홍해와 페르시아만 그리고 아라비아해의 패 권을 걸고 포르투갈 함대와 오스만조 해군이 직접 대치 하는 형세가 되었다. 그러나 홍해와 달리 이미 포르투갈 이 요충지에 많은 요새를 세우고 감시하고 있는 페르시 아만에서는 포르투갈이 여전히 우위를 차지하였다. 특 히 오만에서 그들은 마스카트를 비롯한 해항뿐 아니라 내륙의 고지에도 요새를 구축하고 수비대를 배치하고 있 었다.

## 영국과 네덜란드의 진출

16세기 중엽부터 러시아 경유로 이란의 사파비조와의 접촉을 시도하는 등 동방으로 진출 루트를 모색하고 있던 영국은 프란시스 드레이크의 세계일주나 스페인 무적함대(알마다)에 대한 승리로 해로를 통해 진출할 가능성이 크게 열렸다. 그리고 1600년 엘리자베스 1세로부터 동인도회사에 특허장이 발부되자 준비를 마친 영국 배는 아시아의 바다로 진입해 왔다.

실은 이와 같은 시기에 이란에서도 큰 변화가 일어나고 있었다. 영국 해군의 알마다 격파 전년에 즉위한 압바스 1세(재위 1587~1629년)에 의해 사파비조는 겨우 오랜 정체에서 벗어나 부강으로의 길을 걷기 시작했던 것이다. 세기 말에 영국에서 내조(來朝)한 안소니와 로버트 샬리 형제의 공헌으로 실현한 군정개혁 결과 이란군은 오스만조나 포르투갈에 대항할 수 있을 정도의 힘을 갖추었다.

해상에서는 페르시아만에서 포르투갈의 영향력을 일소하는 것이 최대의 목표였다. 1602년 바레인 탈환이 최초의 큰 전과였다. 만 안에서 작은 전투가 계속된 후 1616년에는 영국 배가 페르시아만에 입항하여 영국과 이란이 해상 루트를 통한 직접 교역이 가능해졌다. 그리고 1622년에는 결국 호르무즈의 포르투갈 수비대를 내쫓았다. 다만 이 전투의 주역은 영국 동인도회사의 해군으로 이란군은 조연이었던 것이 사실이다. 그렇지만 호르무즈를 점령한 압바스 황제는 이 섬의 항구나 요새로서의 기능을 완전히 파괴하였다. 그리고 그를 대신할 항구시장을 본토 측에 새롭게 건설하고 이를 자신의 이름을 붙여 반다레 압바스라 명명하였다. 이같은 경위로 영국은 이란과의 관계나 페르시아만에서의 활동으로 매우 유리한 입장을 획득하였다. 한편 호르무즈에서 쫓겨난 포르투갈은 이후 마스카트 수비를 굳히고 이 해역의 거점으로 만들었다.

육상에서도 사파비조 군은 공세로 나왔다. 그 결과 왕조의 옛 영토인 아제르바이잔을 오스만조로부터 빼앗았을 뿐 아니라 1620년대 전반에는 바그다드를 포함한 이라크를 점령하고, 압바스 황제 말년 경에는 건국 당초의 영토를 거의 회복하였다.


16세기 말에 스페인으로부터 실질적으로 독립한 네덜란드는 포르투갈이나 영국의 강력한 라이벌로 인도양에 등장한다. 1602년에 동인도회사가 설립되자 남아프리카로 농민들의 이주가 활발해져 개척이 진전되었다. 그리고 이후 그곳은 희망봉을 돌아 인도양으로 진출하는 네덜란드선의 식량보급기지로서 중요한 역할을 담당하게 된다.

네덜란드의 상업적 성공 가운데 가장 눈부신 것은 몰루카 제도 향료 교역의 독점일 것이다. 그곳에서 영국 세력을 구축한 암본사건은 너무나도 유명하다. 이란과의 거래에도 뛰어들어 유럽에서 페르시아 융단의 최대 수입업자가 되었다. 아라비아 연안에도 그들은 교역의 거점을 만들었는데 그중에서도 예멘의 홍해 연안 항구도시 모카의 상관(商館)이 중요하였다. 여기서 17세기가 되어 예멘의 중요 수출품이 된 커피 원두가 거래되었고 이에 대해서는 다시 나중에 언급하겠다.

이처럼 인도양 해역에는 포르투갈에 이어 17세기에 들어가면 영국이 새롭게 등장하고, 선행했던 포르투갈의 이권을 잠식하는 형태로 세력을 넓혔지만 이어서 바로 등장한 네덜란드가 포르투갈뿐 아니라 영국의 이권도 빼앗는 형태로 세력을 급성장시킨 결과, 아라비아 주변에서는 한참동안 이 삼국이 서로 경쟁하는 형세가 되었다. 한편 육상에서는 사파비조가 압바스 황제 밑에서 세력을 회복함으로써 아라비아에서도 반도 내외에 대한 오스만조의 영향력 행사를 견제하게 되었다. 그리고 그 같은 정세가 다음에 보듯이 반도 각지 재지세력의 자립과 독립의 기회를 주었던 것이다.

## 2 오만과 예멘의 신정권

### 오만의 이바드파 이맘 정권——야리바조

17세기 전반에 오만의 재지세력이 정치적으로 부활한 것은 만 연안 지역에서 포르투갈 세력이 후퇴한 직접적 결과라고 해도 좋을 것이다. 내륙의 루스타크에 세력을 갖고 있던 야르브가의 나쉬르 이븐 무르시드가 이바드파 이맘으로 선출되어(재위 1624~49년), 이후 약 1세기에 걸쳐 이 가문 출신자가 이맘으로 통치한 시대(야리바조)에 오만의 세력은 내외로 크게 발전하였다. 이맘들은 루스타크 외에 하즘과 자블린을 거점으로 하였다.

그러나 야리바조 및 그 이후 시대의 오만인들은 해외

7-3 20세기 중반의 마스카트. 앞에 곶으로 보이는
것은 16세기에 포르투갈이 세운 자라리 요새. (W.D.
Peyton, *Old Oman*, London, 1983, 2쪽)

에서 활발한 활동을 전개하였다. 우선 오만 해안에서 포
르투갈 세력을 일소하는 데 정력을 쏟은 결과 초대 이
맘 나쉬르가 세상을 떠나기까지 포르투갈은 마스카트
를 제외한 모든 거점을 잃게 되었다. 그 마스카트 요새
도 술탄 이븐 사이프(재위 1649~80년)가 이맘이 되고 얼마
안 된 1650년에는 함락되었고 신이맘은 해외원정이나
교역 등의 해양활동을 적극적으로 추진하였다. 1652년
에는 동아프리카로 원정하여 포르투갈에 빼앗겼던 잔지
바르섬을 되찾았다. 제4대 이맘인 사이프 이븐 술탄(재위
1692~1711년)은 더 적극적으로 1698년에 몸바사를 정복한

데 이어 펜바나 키르와 등 주변 섬들도 점령하여 지배영역을 넓혔다.

이처럼 오만의 인도양 진출은 포르투갈의 지배권을 빼앗는 형태로 이루어졌기 때문에 영국이나 네덜란드와의 이해충돌도 없어 오히려 환영받았다고 해도 좋을 정도이다. 그들이 동아프리카에서 인도양 주변 지역으로 가져온 다양한 상품 가운데 연구자들이 가장 주목하는 것은 역시 흑인노예일 것이다. 그러나 오만인에 의한 노예무역은 이 시대에 처음 시작된 것도 아니고 수백 년 또는 그 이상의 오랜 전통을 갖고 있다. 아라비아에서 인도에 걸친 넓은 지역에서 농업노예나 가내노예 혹은 병사로서 아프리카에서 데려오는 노예에 대한 수요는 늘 있었고 그 공급자 역할을 오만 상인들이 오랜 전부터 담당해왔던 것이다.

그것이 이 시대에 특히 주목받는 것은 유럽 나라들의 식민지에서 노동력으로 아프리카 노예에 대한 수요가 급증했기 때문이다. 신대륙으로의 노예 공급은 주로 서아프리카에서 이루어졌는데 그것만으로는 부족하여 동아프리카에서도 신대륙으로 노예가 보내어졌다. 그때 동아프리카 노예시장과 유럽의 노예상인의 중개를 오만 상인들이 맡았던 것이다.

다만 오만 상인들은 결코 노예교역에 특화되어 있었던 것은 아니었다. 그것이 유럽의 노예상인들과 다른 점이다. 오만 상인에게 노예는 어디까지나 상품의 하나에 지나지 않아, 상아와 기타 아프리카 특산품과 함께 전송이나 매매가 이루어졌다. 그것들은 유럽 상인이 취급하는 상품과 겹치지 않았고, 오히려 그들이 원하는 품목을 거래하기 위혜 오만 상인들은 그들과 내립하시 않고 공손하며 당시의 인도양 교역의 흐름을 잘 타서 큰 이익을 얻을 수 있었다.

그러나 이 야리바조도 이맘 자리를 둘러싼 동족 내 다툼으로 왕조 단절에 이르는 정해진 코스를 밟고 말았고 1720년경에 시작된 내전으로 멸망해버린다.

그런데 사이흐는 몸바사를 정복한 후 오만 출신의 마즈르이가의 인물을 이 곳의 왈리(총독)로 임명하고 있었는데, 오만 본국에서 야리바조가 멸망하자 그들은 몸바사에서 거의 독립정권으로서의 지위를 굳혔다. 그리고 본국에서 18세기 중엽에 새롭게 부사이드조가 성립된 뒤에도 몸바사에 대한 이 왕조의 지배권을 인정하지 않고 독립된 통치자로서의 지배를 계속하였기 때문에 후술하듯이 양자의 대립이 깊어지게 되었다.

　그리고 하싸 지방의 이라크를 둘러싼 사파비조와의 대립에서 오스만조의 지배력이 약화된 틈을 타 1663/4년에 바누 하리드족 수장인 후마이드가가 오스만의 파샤를 추방하고 실권을 장악하였다. 이 일족에 의한 하싸 지배는 18세기 말까지 이어지게 된다.


### 예멘의 자이드파 이맘 정권──카심조

　에티오피아 고원을 원산지로 하는 커피나무는 이후 홍해 건너편 예멘으로 이식되어 같은 서늘한 기후인 고원 지대에서 재배되었다. 음료로서의 커피는 처음엔 수피들이 근신 중에 졸음을 쫓기 위해 사용하고 있었지만 점차 일반 무슬림들도 즐기게 되어 예멘에서 널리 이슬람 세계로 음용 문화가 전해졌다. 그리고 17세기까지는 유럽에서도 인기 있는 음료가 된 결과 커피 원두 수출은 유통루트의 간선이 희망봉을 돌게 된 향료교역을 대신하여 예멘 경제를 지탱하게 되었다.

　영국이나 네덜란드 상인들은 상업 기회를 찾아 예멘

국내를 널리 탐방하여 사누아에서 오스만조의 파샤와 교섭을 한 데 그치지 않고 각지의 족장이나 유력자들과도 접촉을 거듭하였다. 그리고 커피 원두의 적출항으로 유명한 모카와 그 외 지역에 상관 건설 허가를 얻어냈다. 17세기 후반에는 덴마크가, 또 18세기 초에는 프랑스도 모카에 상관을 세우고 있다.

지중해 세계로의 커피 원두 수송은 주로 홍해 루트를 통했기 때문에 중계지인 짓다나 이집트도 관세수입으로 이 시기에 크게 풍요를 누렸다. 참고로 짓다항의 관세수입은 오스만 정부가 파견한 짓다현 지사와 메카의 아미르가 절반 나누는 규정이었다. 짓다 관세는 메카의 아미르에게는 오스만조 술탄이 매년 보내는 하사금과 함께 중요 수입원이었던 것이다.

한편 예멘에서는 자이드파 초대 이맘 가계 혈통이라고 칭하는 만스르 빗라 아르카심이 1597년에 신이맘이 되었다. 그리고 오스만조가 북방에서 사파비조와의 항쟁으로 바쁜 틈을 타 튀르키에 지배에 저항하는 활동을 시작하였다. 예멘 북부에 할거하는 자이드파 세력(사이드, 및 하씨드와 바킬의 양 부족 연합)이 군사 면에서 그를 지지하고 자본 면에서는 영국과 네덜란드의 원조가 있었던 것으로 생각된다.

1620년에 그가 사망하기까지는 그다지 큰 전과를 올리지 못했으나 그의 아들로 이맘을 이은 무아이야드 빗라 무함마드(재위 1620~44년) 치세에 튀르키에 세력 일소에 성공한다. 즉 1629년에 사누아, 이어 다잇즈를 점령하여 고원부를 오스만조 파샤 지배로부터 해방시킨 데 이어 홍해 연안부에 진출하여 자비드와 모카에 주류하고 있던 튀르키에군까지도 항복시켰다. 그리고 1636년 결국 오스만조 군대는 예멘에서 철수하였던 것이다.

튀르키에군의 철수와 함께 예멘 남부에서는 각지에서 유력자들이 할거하여 일시적으로 혼란스러운 상태에 빠졌으나 이맘군은 그들 재지세력을 진압하여 세기 중엽까지는 거의 예멘 전역을 지배하에 두기에 이르렀다. 사다를 중심으로 예멘 북부 산악지대를 근거지로 하는 자이드파 이맘 정권이 남부의, 그것도 해안지대에 이르는 지역까지 지배하는 것은 이것이 처음이었다. 사누아를 수도로 19세기 후반에 오스만조의 재정복을 당하기까지 존속한 이 정권은 카심정권이라 부르고 있다.

이 시기 예멘의 해항, 그중에서도 모카는 커피 원두의 수출로 크게 번성하였고 그로 얻은 세수는 이맘 지배를 지탱하는 큰 재원이었다. 그 외에도 이맘 정권이 장악·관리하는 주요항으로 루하이야, 호디다, 아덴 등이 있고, 그들 항으로 출입하는 상선이나 거래되는 상품에도 과세되는 세금 또한 이맘 정권의 귀중한 수입원이었다.


**카심조와 야리바조의 대립, 항쟁**

아버지 자리를 빼앗은 카심조 제3대 이맘이 된 무타왓킬(재위 1644~76년) 시대에는 하드라마우트 지방으로의 원정이 이루어졌다. 하드라마우트와 함께 일족의 출신지라 말해지는 즈파르 지방도 통치하고 있던 카쉬르가의 내분(1654~61년)에 개입하는 형태의 파병이었다. 지위를 조카에게 빼앗긴 당주 바드르 이븐 우마르가 무다왓킬에게 신종하고 있었기 때문에 그 구원요청에 응한다는 것이 표면상 이유였지만, 실제로는 당시 하드라마우트 교역항으로 가장 번성한 시프르나 하드라마우트 동쪽에 위치한 즈파르 지방의 지배권을 둘러싼 다툼이 얽혀 있었던 듯하다.

무타왓킬의 개입으로 하드라마우트의 지배권 반환에

는 응했지만 여전히 즈파르를 계속 점령하고 있는 역도들이 오만의 이맘에게 구원을 요청하였기 때문에 사태는 복잡해졌다. 원해 이 즈파르는 지리적으로 고립된 지역이다. 그렇지만 예로부터 유향의 산지로 유명하여 인도양 교역의 요충지였기 때문에 실은 이전부터 예멘과 오만 사이의 분쟁지역이 되어 있었다.

당시의 야리바조의 이맘은 앞서 서술한 눌단 이븐 사이프였기 때문에 이 구원요청을 즈파르로 진출할 호기로 받아들였음에 틀림없다. 한편 무다왓킬이나 사누아의 정권도 하드라마우트나 즈파르에 대한 거의 명목상의 지배를 이 기회에 확실한 것으로 만들고 시아르를 비롯한 아덴만에 면한 항구로부터 관세를 확보하겠다는 계획이 있었을 것이다. 교착상태에 빠져있던 사태를 해결하기 위한 파병은 1659년에 이루어졌다.

그러나 양 진영이 전투를 하기도 전에 오만 측이 철수하였기 때문에 즈파르의 역도들도 할 수 없이 항복하면서 이 소동은 종식되었고 이 방면에 대한 무타왓킬의 지배가 확립되었다고 한다. 사료에 의하면 이 때 인도 내지는 이란의 지배자들이 술탄에게 즈파르에서의 활동을 견제하겠다는 내용의 서간을 보냈던 듯하고, 이들이 그의 행동에 제동을 걸었던 것으로 보인다.

다음에 보듯이 해상에서의 오만 배들의 해적행위에 애를 먹고 있던 무타왓킬은 무갈 황제나 사파비조의 샤 사이에 사절을 교환하고 오만의 활동을 함께 규제하기 위한 외교적 노력을 하고 있었다. 그 성과가 여기서 나왔다고 볼 수 있지 않을까. 오만 선의 적극적인 해양활동은 인도나 이란 지배자들에게도 위험시되고 있었던 것이다.

즉 이 시대 오만 선은 예멘 해안의 항구나 바다를 항행하는 상선을 습격하여 약탈을 자행하며 포르투갈선이 무색할 정도의 해적행위를 거듭하고 있었다. 특히 인도의 바니야 상인(주로 구자라트 지방 출신의 자이나교도나 힌두교도 상인 카스트)이 자주 습격당한 것은 아마도 그들이 이교도이기 때문이 아닐까. 여하튼 외국으로부터의 배화물이나 상선이 내항하지 않는 것은 예멘의 이맘정권에게는 큰 타격이었고 자국 상선이 습격당하는 것은 인도나 이란 지배자들에게도 문제였다. 오만이 페르시아만 패권을 잡기 위해 바레인 점령을 시도하고 있는 것 같이 보이는 것도 사파비조 정권에는 걱정거리였다.

이에 대처하기 위해 무타왓킬이나 다음으로 이맘 자리에 오른 마프디(재위 1676~81년)는 항구 출입구에 요새를 구축하는 등 오만 배의 공격에 대한 항만 방비 태세는 강화되었지만, 해군을 정비할 자금까지는 불충분했기 때문에 해상에서의 해적행위 단속까지는 할 수 없었다고 한다.

## 카심조의 약체화

그러는 사이 커피 원두의 순조로운 수출로 지탱하던 예멘 경제에 그림자가 드리워졌다. 왜냐하면 유럽나라들이 각 식민지에서 커피나무를 이식하여 플랜테이션 재배를 시작한 결과 커피 산지로서의 예멘의 중요성을 잃게 되었기 때문이다. 즉 네덜란드는 일찌감치 1658년에 예멘에서 스리랑카로 커피나무를 이식하였고, 1696년 전에 지금도 양질의 커피원두 산지로 알려져 있는 자바섬에서 플랜테이션 재배를 시작하였다. 마찬가지로 프랑스도 1720년대까지 하이티나 마르티니크 등 카리브해 식민지에 커피 재배를 도입하였다. 동 시기에 브라질에서도 재배가 시작되어 18세기 말까지 자마이카, 쿠바, 코스타리카, 컬럼비아 등 커피 산지로 우리들에게 익숙한 중남미 나라들에 재배가 확대되었다.

커피원두의 수출로 얻는 수입의 감소는 왕조 권력의 약체화를 의미하여, 1730년대부터 순니파 주민이 많은 남부의 커피 재배지에서 자이드파 이맘 지배에 대한 반란이 다수 발생하게 되었다. 또한 이맘 정권을 떠받치는 하시드 부족연합과 바킬 부족연합이 이맘 자리를 두고 항쟁하게 된 것도 정권의 약체화에 더욱 박차를 가했다.

1728년에 아덴 북방에 위치하는 라히주의 압달리족 수장이 술탄을 자칭하였고 3년 후에 아넨을 점령한 것을 시작으로 각지의 세력이 차례차례 술탄을 자칭하며 독립한 결과 사누아의 이맘 정권 지배 영역은 눈에 띄게 축소되었다. 말할 것도 없이 하드라마우트도 독립하였고 즈파르는 다음에 살펴볼 오만의 부사이드조에 해안부를 점령당해버렸다.

**오만의 신정권——부사이드조**

오만이 야리바조 이맘 선출을 둘러싸고 혼란스러웠던 시기에 만 연안 지배를 두고 오만과 대립하는 이란에서도 큰 정변이 일어나고 있었다. 아프간인의 침략으로 사파비조가 붕괴한 뒤 이 아프간인을 내쫓고 권력을 잡은 나디르 샤(재위 1736~47년)에 의해 아프샤르조가 창시되었던 것이다. 1739년에는 무갈제국군을 물리치고 한때 델리를 점령하는 등 무장으로서 명실공히 최고인 이 영웅은 만 연안에서 오만 세력을 일소하기 위해 해군을 정비하는 데도 게을리 하지 않았다. 왜냐하면 야리바조 술탄 이븐 사이흐 2세(재위 1711~19년)가 1717년에 바레인이나 케심섬 등을 점령한 것을 보아도 페르시아만에서의 오만의 위협이 현실로 되고 있었음을 엿볼 수 있기 때문이다.

인도 원정에 앞서 1737~38년의 오만원정은 실패로 끝났지만 1742~43년의 원정에서는 마스카트를 점령하고 나아가 스하르를 항복시킬 수 있었다. 당시 스하르의 왈리였던 부사이드족의 아흐무드 이븐 사이드가 공납의 대가로 스하르에서의 지위를 보증한다는 조건으로 이란군에 투항하였던 것이다. 그러나 그러는 사이 1747년에 나디르 샤는 부하에게 암살당하였고 그 기회를 노린 아흐무드는 늦어도 1749년까지는 마스카트에서 페르시아인을 쫓아내고 실권을 장악하는 데 성공하였다. 그리고 야리바조 이맘의 지배도 종식시키고 자신들이 이맘으로 선출되는 길을 열었다. 이리하여 오만에 현재까지 이어지는 정권인 부사이드조가 탄생하였다. 처음에 수도는 전 정권과 같이 루스타크에 두었다.

그 후 1783년에 사망한 것으로 보이는 아흐무드에 이어 아들 사이드가 이맘으로 선출되었지만 인기가 없어 몇 년 못가 실권을 아들 하미드에게 물려주고 루스트크에 은거하였다. 그러나 이맘 칭호는 갖고 있던 상태였기 때문에 하미드는 이맘 자리에 오르지 못하고 세속적 지배자(사이드)로서 통치하게 되었다. 그 이후의 지배자도 이를 따라 이맘이 되지 못하고 사이드로서 통치하였고 19세기 말 이후는 술탄으로 불리게 되었다.

이는 수도가 내륙의 루스타크에서 해안가인 마스카트로 옮겨진 것도 있어 이 정권의 성격에 큰 변화를 가져왔다. 이맘이 아닌 지배자가 세속적 성격을 강화시킨 것은 당연하였고, 이바드파 부족이 강한 세력을 갖는 내륙 산악부인 루스타크, 하즘, 자블린 등으로부터 순니파 무슬림이나 인도인 인구가 많은 연안부로 정권의 중심이 옮겨진 것은 그때까지의 종교적 제약으로부터 지배자를 한층 자유롭게 해주었다. 이 부사이드조 아래에서, 이후 오만은 해양국가로서 더 한층 발전하게 되는데 그 이야기는 나중에 언급하겠다.

# 3 아라비아 중부와 동부의 새로운 정세

**무함마드 이븐 압둘 와하브에 의한 이슬람 개혁운동**

　무함마드 이븐 압둘 와하브에 의한 이슬람 개혁운동과 그와 연결된 사와드족에 의한 신왕조 수립으로 아라비아 사는 큰 전환점을 맞게 되었다. 무함마드는 1703년에 아라비아반도 중앙부인 나주드 지방(옛 이름은 야마마)의 왓디 하니파에 면한 우야이나라는 도시의 우라마 집안에서 태어났다. 성장과정에서 메디나, 바슬라, 나아가 이스파한 등에서 유학하여 한바르파(순니파 4대 교학파의 하나)의 이븐 타이미야의 사상의 영향을 가상 많이 받았다.

　그는 학문 편력을 거쳐 귀향하여 늦어도 1740년 전에는 코란과 순니(예언자 무함마드의 언행)에만 기초하여 비드아(이슬람적인 바른 길로부터의 일탈)를 배척하고 원초의 순수한 이슬람의 부흥을 지향하는 운동을 시작하였다. 당시의 이슬람 세계는 모두 본래의 타와히드(유일신에의 귀의)의 가르침에서 벗어나 다신 숭배에 빠져 있다고 비판하고 특히 수피즘(신비주의)의 민간신앙적 측면(성목, 성석숭배, 성자 묘소 참배 등) 및 시아파를 격렬히 비난하였다. 그 사상은 주창자의 이름을 붙여 와하브주의, 운동은 와하브운

동으로 많이 부르지만, 이는 타칭으로 자신은 무왓히둔
(일신교도들)이라 칭하였다.

먼저 우야이나 사람들에게 수용되어 지배자인 우스만
이븐 무앗마르도 이해를 보였지만, 당시 하싸 지방을 다
스리고 있던 바누 하리드족과 시아파 세력의 간섭으로
고향에서 쫓겨나게 되었다. 이에 무함마드는 보호를 청
하여 와디 하리파에서 20킬로미터 정도 하류로 우야이
나 남동에 위치하는 디르이야(다르이야)를 시배하고 있던
사우드가의 당주 무함마드를 찾아갔다.

## 사우드조(와하브 왕국)의 성립

계보적으로는 아나자족에 속하는 사우드가의 조상은
원래 하싸 지방의 카티프 근교에 있었지만 15세기 중반
에 디르이야 지방으로 이주했다고 한다. 무함마드 이븐
사우드는 이주 후 8대 가장이었다. 1744/5년에 무함마
드 이븐 압둘 와하브(샤이프라는 존칭으로 불린다)와 맺은 맹
약으로 와하브주의를 보호, 지원하는 대신 와하브주의로
부여된 종교적 정당성은 이후의 정복활동이나 지배의 큰

동인이 되었다.

샤이프의 딸에게 장가간 무함마드 이븐 사우드는 와하브파의 초대 이맘이 되었고, 일족은 샤이프가로 불리게 되었다. 두 명의 무함마드가 맹약을 맺어 이후 오늘에 이르기까지 종교적 권위를 맡은 샤이프가와 세속적 권위를 맡은 사우드가는 와하브주의에 의한 통치를 실현하기 위한 협력체제를 유지해오고 있다. 이렇게 1818년까지 계속된 제1차 사우드조(와하브 왕국)가 성립되었다.

원초의 이슬람 부흥을 위해서는 지하드가 필요하다는 교의에 기초하여 이후 아라비아 정복의 군사행동이 전개되었고, 그 진전과 함께 와하브주의의 사상이 반도를 식권하게 된다. 초대 이맘 무함마드(재위 1744/5~65년) 시대에는 나주드 고원 주변 부족들과의 투쟁에 몰두하고 있었지만 아들인 압둘 아지즈(재위 1765~1803년)로부터 손자인 사우드(재위 1803~14년) 시대에 걸쳐 왕국은 크게 발전하여 예멘과 오만 일부를 제외한 반도 대부분을 지배하기에 이르렀다.

즉 1773년에는 전후 28년의 투쟁 끝에 이후 왕국의 중심이 되는 리야드를 점령하였고 1788년까지 자파르, 샨마르 지방이 하이르를 포함한 나주드 고원 전역을 평정하고 반도 중앙부에서 큰 세력을 자랑하던 아나자족의 지지도 얻게 되었다. 1793년에는 그때까지 일진일퇴의 전투를 계속했던 바누바리드족이 지배하는 하싸를 정복하는 한편 먼 곳까지 나아가 시리아로 가는 루트 상의 요지 조우프의 오아시스(이전의 두마트 아르잔다르)를 점령하였다.

1801년 말부터 다음해에 걸쳐 사우드 왕자는 이라크 남부로 쳐들어가 시아파의 성지 칼바라를 공격하여 학살과 약탈에 더해 후세인의 무덤까지 파괴하였다. 게다가 사우드는 1803년에는 대군을 이끌고 히자즈로 원정하여 메카를 점령하고 와하브파의 입장에서 이단으로 생각되는 성자묘 등의 건축물을 모두 파괴하였다. 그리고 그 다음다음해에는 메디나도 그들 지배하로 들어가, 두 성지의 보호자로서의 오스만조 술탄의 권위가 근저에서 흔들리는 사태가 되었던 것이다.

사우드의 즉위는 1803년에 부왕이 암살되면서 갑자기 실현되었지만 그의 재위 중에 제1차 사우드조는 최전성기를 맞이하게 된다. 예멘이나 오만에도 와하브파의 위협이 밀어닥치고 있었다.

## 연안 북서부의 신세력──쿠웨이트, 바레인, 카타르

아라비아반도 중앙부에서 이같이 큰 변동이 나타났던 18세기부터 다음 세기에 걸쳐 반도 동부 페르시아만 연안 지대에서도 현재 이 지역에 할거하는 각 정권을 담당하는 부족과 그 수장 가문이 역사의 무대에 등장하는 새로운 움직임이 일어났다.

첫 발단은 예로부터 반도 내에서 계속해서 일어나고 있던 부족집단의 이동에서 시작된 듯하다. 나주드지방의 중앙부에 있던 아나자족이 대거 시리아나 이라크 방면으로 이동하기 시작하면서 그때까지 나주드 북부에 있던 오아시스 주민이나 유목민들이 그 압박에 내몰리는 형태로 페르시아만 북단의 쿠웨이트 주변으로 이주한 것이 변동의 시작이었다. 다른 집단이동의 경우도 그러하지만 아나자족이 북상한 정확한 이유는 잘 알려져 있지 않다. 북으로부터의 오스만조 압력이 약해진 틈을 탔다는 설명도 있지만, 반도 내부에 예를 들면 기후불순 같은 요인이 있었다고 추측하는 설도 있다.

이때 쿠웨이트로 이주한 사람들은 아라비아어로 '이동하다'를 의미하는 말에서 우투브족으로 불리게 되었다. 그들 자신은 아나자족에 속한다고 주장하고 있다. 그 후 일부는 연안을 따라 남하하여 카타르, 바레인 등을 점거하고 교역, 어업, 진주 채취, 해적업 등에 종사하게 되었다. 쿠웨이트에 정주한 일파는 1756년에 사바하 가문을 정치 지배자로 추대한 이후 그 치하에서 주변 세력을 막아내는 데 부심하며 현재에 이르고 있다.

남으로 이동한 우투브 중 하리파 가문은 처음에 카타르 반도 북서부의 즈발라에 살았지만 대안의 바레인을 당시의 지배자인 페르시아인들로부터 1782년에 빼앗아 그곳으로 이주하였다. 바레인은 풍요로운 오아시스인 데다 페르시아만에서의 인도교역의 중심이었다. 특히 이 시대는 진주 채취가 지배자들에게 큰 부를 가져다 주었다. 따라서 이 섬에 대해 이란이 영유권을 계속 주장했고 오만이나 사우드조 지배자들도 야심을 감추지 않았다. 그러나 하리파 가문이 가장 위험한 적으로 생각한 것은 라프마 이븐 자비르였다.

그가 속하는 자라비마 가문도 우투브의 일파로 라흐마의 아버지 대에 하리파가와 함께 즈발라로 이동해 왔다. 그러나 하리파가에 비해 작은 그룹이었기 때문에 장사 소득의 배분이나 진주채취에서 항상 불리한 입장에 놓여 있었다. 게다가 바레인 점령에 공을 세웠음에도 불구하고 그에 상응하는 처우를 받을 수 없었다. 이에 이후 이 일족은 해적업을 생업으로 하게 되었고 라흐마는 카타르 북서단의 호르 핫산(프와일)이나 하싸 단맘(단만), 때로는 이란의 브쉐프르를 거점으로 페르시아만을 항행하는 배를 닥치는대로 공격하였다. 단 조심성이 많아 영국 배만큼은 습격하지 않았다.

그러나 그는 단순한 해적은 아니었다. 아마 원한이 사무쳐서인지 하리파가와 적대하는 세력으로 보이면 어느 때는 사우드조와 결탁하여 바레인을 점령하고 또 어느 때는 부사이드조와 연계하여 바레인을 공격하는 등 평생 하리파 가문에 계속 도전하였다. 그리고 1826년 하리파 군과의 해전에서 적에게 공격당해 항거불능 상태가 되자 자폭하여 적과 아군, 배와 함께 장렬한 최후를 맞았던 것이다.

그 후에도 카타르의 특히 우브와 바레인 사이에는 항쟁이 끊이지 않았다. 하리파가가 즈발라에 대한 영유권을 계속 주장한 것도 원인 중 하나이다. 게다가 이에 부사이드조나 새롭게 아브다비도 얽혀 이 일대에는 불안정한 상태가 이어졌다.

## 연안 남동부의 신세력——연안수장국

이 시기 페르시아만에서 해적으로 두려움을 주던 것은 우투브만이 아니다. 카타르와 호르무즈 해협 사이의 연안(해적해안이라는 별명이 붙었다)에서는 샤르자와 라스 알하이마를 근거지로 하는 카와심족 해적이 출몰하고 있었다. 카와심은 페르시아만의 이란 측에 있던 아랍이 어느 시기에 아라비아 측으로 돌아왔던 것으로 보인다. 지금까지 카와심에 대해 말할 때는 바로 예멘에서 이주해 온 남아랍계 아즈드족이나 이바드파를 화제로 삼았지만 실은 오만에는 이와 대립하는 북아랍계 순니파 부족연합이 있었고 카와심도 그 일원이었다.

여하튼 남진하는 와하브주의를 수용함으로써 카와심의 이바드파에 대한 습격이 더 활발해졌다. 페르시아만 내에 그치지 않고 호르무즈 해협 밖에서도 오만 상선을 공격하거나 바티나 해안에서 약탈을 자행하게 되었다. 그들은 라흐마가 이끄는 잘라히마가 해적과 달리 영국을 비롯하여 유럽의 배도 무차별 공격하였다. 아마도 이교도에 대한 지하드라는 것이 그들의 명분일 것이다. 그러나 그 때문에 19세기에 들어 영국의 토벌을 받게 된다.

같은 무렵 연안 남동부에서 또 하나의 움직임이 일어

났다. 내륙 나주드 방면으로부터 연안에서 오만 산지로 이어지는 방면을 향해 베두인 부족집단의 이동이 18세기 중엽부터 시작된 것이다. 아마도 나주드족의 압력을 받았던 것으로 추측되고 있다. 그들은 이주 지역의 부족과 연계하여 바니야스라는 부족연합을 결성하였다. 그들은 카와심과 같은 순니파 무슬림이었지만 와하브교도는 되지 않았다. 한편으로 아나자족, 다른 한편으로는 카와심족이라는 모두 와하브교도인 강력한 이웃의 위협에 놓여 있던 그들은 자위를 위해 오히려 오만의 부사이드조와 제휴하는 길을 선택하였다. 그리고 세기말에 이르러 바니야스 일파 부파라흐족의 누하이얀가가 연안의 아브다비에 정착한 것이 오늘날의 아부다비 수장국의 시작이다. 1830년대에는 부파라사족의 막툼가가 그곳에서 갈라져 나와 두바이로 이주하여 오늘날의 두바이 수장국의 원조가 되었다.

## 4 19세기 아라비아──우위에 선 영국

1811년 봄이 되어 드디어 오스만조는 와하브교도 세력을 히자즈 지방에서 쫓아내기 위해 본격적인 공세로 나설 결의를 굳혔다. 원정 지휘를 맡게 된 이집트 총독 무함마드 알리(메흐멧 알리)는 1812년에는 메디나, 다음해에는 메카를 점령하여 두 성지의 보호자로서의 오스만조 술탄의 권위를 회복하는 데 성공하였다.

그 때문에 사우드조와 와하브파의 본거지인 나주드로의 진군에 애를 먹었지만 1816년 가을에 무함마드 알리는 아들인 이브라힘에게 대군을 주어 아라비아로 보냈다. 그리고 1818년 9월에 수도 딜루이야에 머물던 이집트군이 주위의 높은 언덕에서 포격을 퍼부었기 때문에 전력이 바닥난 압둘라 왕(재위 1814~18년)은 항복할 수밖에 없었다. 이리하여 제1차 사우드조는 멸망했던 것이다.

그러나 딜루이야를 파괴한 이브라힘이 수비대를 남기고 이집트로 돌아간 뒤 각지에 피난해 있던 사우드가 일족 사이에 부흥의 기운이 높아져 제1차 사우드조 3대 왕이었던 사우드의 사촌인 투르키(1824~34년)가 리야드를 새 수도로 하여 왕국을 재건할 수 있었다. 제2차 사우드

7-4 20세기 초두의 하이르 시 성벽.
(Facey, *Saudi Arabia*, 75쪽)

조의 시작이다.

투르키가 역도들에게 살해된 뒤 그 자리를 이은 아들 화이살(재위 1834~38년, 43~65년)은 1836년에는 자파르 샨마르 지방의 하이르를 정복하고 이곳 출신으로 심복인 압둘라 이븐 라시드에게 이 지방 지배를 맡겼다. 또한 제1차 사우드조 멸망을 틈타 바누 하리드족이 지배권을 다시 찾은 하싸 지방을 재정복하였다. 그러나 히자즈 지방은 여전히 오스만조의 지배하에 있었다.

화이살 사망 후 일족이 후계자 지위를 놓고 계속 다투면서 사우드조는 한꺼번에 쇠락의 길을 걷게 되었다.

1871년에는 그중 한명이 바드다드의 튀르키에 총독 미드하트 파샤에게 구원을 요청하였기 때문에 그 기회를 틈타 이라크 방면에서 진격해온 튀르키에군이 하싸 지방을 점령하고 그대로 눌러앉아 버렸다.

한편으로 하이르를 거점으로 자파르 샨마르 지방을 지배하던 라시드가는 착실히 세력을 키우고 있었다. 압둘라의 아들 타라르는 나주드 북부에서 조우프의 오아시스로 지배영역을 넓히며 영역 내 교역이나 농업 진흥에 진력하였다. 그가 뭔가 석연치 않게 사망(자살?)한 뒤 수장직을 놓고 일시 내분이 일어났으나 압둘라의 막내 아들인 무함마드가 5대 수장(재위 1869~97년)이 되면서 라시드가 세력은 사우드가를 능가할 정도가 되었다. 즉 무함마드는 오스만조의 명목적인 종주권을 인정함으로써 시리아 사막으로 세력 확대를 이른바 묵인받아 팔미라 근처까지 정치적 영향력을 확대시켰다. 그리고 사우드가 내분에 개입하는 형태로 남하하여 리야드를 지배하에 넣었다. 이렇게 권력을 상실한 사우드가의 당주 압둘라흐만은 결국 1891년 일족을 이끌고 쿠웨이트의 사바하가 쪽으로 망명하였고 이에 제2차 사우드조는 종언을 맞이했던 것이다. 다른 한편 라시드가의 지배는 무함마드로부

터 조카이자 후계자인 압둘아지즈(재위 1897~1906년) 시대
에 걸쳐 나주드 전역으로 미치게 되었다.


## 영국과 연안 수장국의 휴전조약

카와심이나 우투브의 해적의 창궐이 너무 심해 가장
피해가 막심했던 오만에서 여러 차례 토벌 요청이 있었
지만 영국은 쉽사리 움직이려 하지 않았다. 왜냐하면 이
전에 이란의 나쥐르 샤가 오만을 침략했을 때 영국과 네
덜란드가 이를 도왔다는 이유로 부사이드조가 영국과 적
대하는 프랑스의 편을 들어 마스카트를 해군 기지로 사
용하게 하고 있었기 때문이다.

다음 페이지에서 보듯이 18세기의 1780년대부터 90년
대에 걸쳐 이란의 정치적 불안을 틈타 이란 측의 양항(良
港)을 몇 개나 지배하에 둔 오만은 해양국가로 크게 발돋
움하고 있었다. 그러나 그 반면 내륙에서는 와하브파, 해
상에서는 그와 연결된 카와심의 공세를 받아 매우 힘든
상황에 처해 있었다. 그 곤경에서 벗어나려면 페르시아
만 내에서 우세한 영국의 힘을 빌릴 수밖에 없었다. 한편

영국도 나폴레옹이 이끄는 프랑스군이 1798년에 이집트로 진군하여 홍해를 통해 인도로 진출할 의욕을 노골적으로 보임에 따라 인도에서의 패권에 위협을 느끼고 있었다. 프랑스 해군이 마스카트를 기지로 사용하는 것을 어떻게 해서라도 막아낼 필요가 있었다.

양국 각각의 이러한 위기의식과 목적이 일치점을 본 것이 1798년에 부사이드조 4대 수장 술탄 이븐 아흐멧(재위 1792~1804년, 하미드의 숙부)와 영국 사이에 맺어진 상호원조협정이다. 이로써 오만은 그때까지의 프랑스와의 우호 관계를 파기하고 그들에게 마스카트 항만시설을 사용하지 못하게 할 것을 약속하였다. 한편 영국은 한동안 기회주의적 태도를 취하였다가 나폴레옹과의 전투에서 결말이 난 이후 드디어 구체적인 해적 대책을 세우기 시작하였다.

1816년에 영국 동인도회사 배가 카와심의 해적에게 습격당하여 많은 선원들이 살해된 사건은 영국으로 하여금 철저한 해적 퇴치를 결심시켰다. 1819년에 봄베이에서 파견된 군대는 해적의 본거지인 라스 알하이마를 비롯한 카와심의 도시와 요새를 포격하고 그들의 배를 불질렀다. 사태가 이쯤 되자 라스 알하이마와 샤르자의 카와심

및 그들을 따르는 아즈만, 움 알카이와인 및 두바이(막툼가 이주 전) 등의 수장들은 영국과 해적행위 금지를 내용으로 하는 일반평화조약을 맺을 수밖에 없게 되었다. 1820년의 일이다. 그 후 해적해안으로 불리던 일대는 휴전해안(투르 시알 코스트)이나 휴전 오만으로 불리게 되었다. 그에 대해 현재의 오만은 마스카트 오만으로 불렸다.

이로써 카와심이 영국이나 이와 동맹 관계에 있는 오만의 배를 습격하는 일은 없어졌지만 위의 협정은 카와심의 그 이외의 행동은 규제하지 않았기 때문에 그들은 누하이야가가 지배하는 아부다비나 막툼가가 이주한 후의 두바이 등 바니야스의 항구도시나 배들을 습격하게 되었다. 그에 궁지에 몰린 아부다비나 두바이의 지배자가 오만과 같이 영국의 비호를 구한 결과 1835년 영국이 중재하여 카와심과 파니야스 수장 사이에 최초의 휴전협정이 맺어졌다. 그러나 이것은 기간이 한정된 것이었기에 1853년에 다시 영구휴전조약이 체결되었다.

그 후 러시아나 프랑스가 페르시아만으로 진출할 것을 우려한 영국은 휴전해안의 수장들과의 사이에 1892년에 새로운 조약을 체결하였다. 이로써 수장들은 영국의 동의 없이 타국 정부와 교섭하는 것을 금지당한 한편 영국은 그들이 외적의 공격을 당했을 때 보호할 것을 약속하였다. 이렇게 현재의 아랍수장국연방을 구성하는 나라들은 영국의 보호국화되었던 것이다.

휴전해안의 북방에서 대립을 계속하던 바레인과 카타르는 1867년 드디어 본격적인 전투에 돌입하였다. 이에 여기에도 영국이 1868년에 개입하여 하리파가에 카타르에 대한 영유권 주장을 포기시키고 비다(현재의 도하)를 본거지로 하는 사니가를 카타르 수장으로 지명하여 혼란을 수습하였다. 한편 하리파가에는 그 대가로 그들이 바레인의 지배자임을 공식으로 인정하여 외부세력의 침략으로부터 영국이 무력으로 보호할 것을 약속하였다. 이리하여 바레인, 카타르 모두 휴전해안과 같은 경우, 즉 영국의 보호국화가 진전되었다. 이처럼 하여 페르시아만에서 투쟁을 계속하던 여러 세력의 상호 관계가 무력을 배경으로 한 영국의 동향을 따라 어느 시점부터 고정되었고 그곳에 세워진 질서가 제2차 세계대전 후 영국이 이 지역에서 손을 뗄 때까지 유지되었다.

## 오만 해상제국의 성쇠

한편으로 오만 상인은 인도 서안, 다른 한편으로는 아프리카 동안과의 해상교역으로 활발한 활동을 전개하고 있었다. 오만군이 대 인도 교역의 페르시아만에서 중심이고 우량한 진주 채취장이 있는 바레인에 야심을 품고 점령할 시도를 계속하고 있던 것은 지금까지 중간 중간 언급해 왔다.

18세기 말에 마크란 해안에서 현재는 이란과의 국경 근처의 파키스탄 남서단에 위치하는 구와달을 지배하에 두었다. 인도양 교통의 요충지의 획득이라는 의미 외에 배후지 부족민(바로치)을 아프리카 동안을 정복할 때 용병으로 쓸 수 있었던 의의도 적지 않다. 그리고 구와달이 오만의 멀리 있는 영토인 정황은, 1958년에 3백만 파운드로 파키스탄에 매각할 때까지 계속되었다. 또한 마찬가지로 18세기 말, 잔드조에서 카자르조로 이행기에 혼란스러운 이란 정세를 틈 탄 형태로 반다레 압바스와 주변 해안이나 케심도, 호르무즈섬 등을 조차하여 페르시아만의 패권 장악 의욕을 보였다.

그러나 앞서 말한 대로 페르시아만 안팎의 카와심이나 우투브의 해적 활동은 오만 단독으로는 대적할 수 없는 세력이어서 영국의 힘으로 겨우 진압한 후에는 그 영국에 의해 만 내의 질서가 고정화되어 오만의 바레인에 대한 야심이 실현될 가능성은 잃어버리게 되었다. 이같은 형세에 직면하여 사이드의 사이드 이븐 술탄(통칭 사이드 사이드, 재위 1806~56년)은 오만의 해상활동의 중점을 동아프리카로 옮길 것을 결의하였다.

당시 동아프리카에서는 잔지바르섬이야말로 부사이드조의 지배하에 있었으나 몸바사를 지배하는 마즈루이가는 그 정통성을 인정하지 않고 주변 연안이나 도서부도 지배하며 저항을 계속하였다. 이를 제압하고 동아프리카에서 패권을 확립하기 위해 특히 1820년대 중반부터 30년대에 걸쳐 사이드는 보유 함대 규모를 확대하였다. 함선(양식 범선)을 건조한 곳은 대부분이 봄베이나 코친 등 영국 동인도회사령이었고 함선의 대포 등도 이 회사를 통하여 영국으로부터 입수하였다. 즉 부사이드조의 동아프리카로의 진출은 당시 영국과의 우호 관계가 뒷받침이 되었던 셈이다. 1828년 사이드는 몸소 기함 리버럴호(봄베이에서 건조된 포문수 74개의 전열함)에 승선하여 동아프리카를 향해 마스카트를 출발하였다.

마즈루이가도 영국에 접근하기도 하며 통치의 지속을

꾀하였지만 결국 1837년에 멸망당하였고 몸바사 지배권은 부사이드조의 손으로 넘어갔다. 게다가 오만군은 아프리카 동안 일대 원정을 진행하여 사이드 치세 중에 북으로는 소말리아에서 남으로는 모잠비크 국경에 이르는 지역이 부사이드조의 지배로 들어갔다.

오만의 동아프리카령의 중심지 잔지바르는 아프리카 오지에서 실려 오는 노예나 상아, 금 등의 수출, 동서교역의 중계, 그리고 몰루카 제도에서 이식해 온 정향(클로브) 재배로 크게 번영하였다. 사이드는 이곳에 왕궁을 중심으로 한 시가지(스톤타운)를 건설하고 이곳에 옮겨와 살았기 때문에 부사이드조 수도는 이 시기 마스카트가 아닌 잔지바르로 옮겨지게 된다.

이같이 인도양 서해 지역에서 해상제국으로 불릴 정도로 번영을 구가했던 오만의 부사이드조였지만 실은 그 전성기라 할 수 있는 부사이드 치세 중에 쇠퇴의 징조가 나타났다. 가장 큰 문제는 영국 국내의 인도적 종교적 입장에서 나온 노예교역 폐지의 움직임이었다. 사이드의 시대부터 이미 유럽과 남북아메리카의 기독교도국을 상대로 한 노예무역은 폐지되었고 그가 잔지바르에서 정향 재배를 시작했던 것도 노예교역의 이익감소를 보충하기 위한 것이었다.

그리고 '노예선' 단속이 인도 해군에서 영국 해군의 손
으로 넘어가, 단속의 중심이 동아프리카 연안이 된 1860
년대 이후 이른바 '노예선 사냥'으로 오만 상선의 해상활
동은 심각한 피해를 입게 되었다.

이는 앞서 언급했듯이 오만 상선에 있어 노예는 상품
의 하나에 지나지 않았고 다른 상품과 혼재하여 해상수
송하고 있었기 때문에 배에 노예가 실려 있는지의 여부
는 겉으로 봐서는 판단할 수 없었다. 이에 단속하는 영국
배는 항행하는 다우선을 이 잡듯이 검사하여 노예를 신
지 않고 있어도 보장금을 받을 목적으로 이를 '노예선'으
로 인정하여 화물을 몰수하고 배를 파괴하는 만행도 종
종 저질렀기 때문이다.

그리고 1856년에 사이드가 사망하자 마스카트에 있던
아들이 마스카트와 잔지바르 양방의 지배권을 주장한 데
대해 잔지바르에 거주하고 있던 다른 아들은 마스카트로
부터의 분리·독립을 주장하여 굽히지 않아 결국 여기서
도 영국이 중재에 나서 1862년의 캐닝 재정에서 분리가
결정되었다. 잔지바르를 잃은 것은 마스카트·오만에 있
어 경제적으로 큰 타격이었다. 또한 1869년의 수에즈 운

하 개통이나 증기선의 등장은 인도양에서의 다우 선 교역에 타격을 주었다. 그리고 이들 요인에 더해 국내 정쟁이 이 나라의 쇠퇴에 한층 더 박차를 가했다.

실은 부사이드조 수장이 마스카트를 수도로 하여 이맘이 아닌 사이드로서 오만을 지배하게 된 이래 내륙 산악부에 세력을 키운 부족연합은 그 지배자로서의 정통성에 이의를 계속 제기하고 있었다. 그것이 카리스마적인 지배자 사이드의 사망과 캐닝 재정에 대한 반발을 계기로 한꺼번에 표면화되었던 것이다. 그 결과 19세기 말 이후의 오만에서는 마스카트를 거점으로 하는 부사이드조 정권과 내륙의 루스타크나 니즈와 등의 도시를 지배하는 이맘 정권이 병립하는 사태가 현재의 술탄 카부스(재위 1970년~) 즉위까지 이어지게 되었다. 마스카트 오만(정확히는 '마스카트와 오만')이라는 국명 자체가 이 나라의 권력의 이중성을 잘 표현해주고 있다.

이렇게 정체와 내전으로 경제가 피폐해진 오만은 결국 영국의 원조를 기대할 수밖에 없게 되어 20세기 초두에는 사실상 그 보호령이 되었던 것이다.

## 영국에 의한 아덴 점령

이집트를 점령한 나폴레옹이 인도로의 길을 모색하고 있는 것에 위기의식을 느낀 영국은 1799년에 홍해 출입구에 떠있는 페림섬을 점령한 데 이어 1802년에는 당시 아덴을 영유하고 있던 라히주의 술탄과 교섭하여 이 항을 특권적으로 사용할 허가를 얻었다. 사누아의 이맘정권으로부터의 독립유지를 부심하고 있던 술탄은 요구에 응함으로써 영국과의 관계를 깊게 할 길을 택했던 것이다.

프랑스군은 이집트에서 철수했지만 그 후 이집트의 실권을 장악하여 오스만조로부터 자립을 꾀하는 무함마드 알리의 움직임에 영국은 온 신경을 쓰고 있었다. 와하브군을 물리치고 사우드조를 멸망시켜 히자즈 지방을 지배하에 둔 무함마드 알리는 1820년부터는 수단으로 출병하여 이집트령으로 만들었다. 이러한 인도로의 길, 홍해에 대한 이집트의 영향력 확대에 영국이 위협을 느낀 것은 당시 이집트에 대해 열세였던 오스만조가 러시아로 접근할 것을 우려하여 지원한 것 때문에 이집트와의 관계가 악화되었기 때문이었다.

한편으로 증기선이 등장하면서 영국은 인도양 상에서 연료가 되는 석탄의 보급기지를 필요로 하고 있었다. 처음에 주목한 것은 지리적으로 보아 최적으로 생각된 소코트라섬으로 1835년에 점령하여 부대를 주둔시켰다. 그러나 그들을 기다리고 있던 것은 이전 포르투갈 수비대를 괴롭혔던 것과 같은 식량부족과 말라리아 모기의 습격이었다. 포르투갈처럼 영국도 얼마 못 가 이 섬에서 철수할 수밖에 없었다.

그 후 바로 1837년에 아덴 바다에서 난파한 영국 국기를 내건 인도선이 현지 주민의 습격을 받아 승객과 선원(대부분 인도인)가 약탈을 당한 사건이 일어났다. 영국은 그 배상과 아덴 조차를 요구하며 라히주 술탄과 교섭했지만 이뤄지지 않을 게 분명해 보이자 인도 해군 군함에 아덴항 봉쇄와 도시 포격을 명령하였다. 그리고 1839년 1월에는 이곳을 점령하여 직할식민지로 만들고 영국선에 대한 석탄, 식수의 보급기지로 만듦과 동시에 홍해에 출입하는 배들을 감시하고 있었던 것이다.


**오스만조와 영국에 의한 예멘의 분할 지배**

이와 거의 같은 무렵 북방에서 무함마드 알리는 큰 좌

7-5 사누아의 바브 아르야만(남문). 이 문과 주위의 시벽은 튀르키에 점령군에 의해 건설되었다. 이 사진에서의 앞 문 밖에 병영이 건설되었다고 한다. (필자 촬영)

절을 맛보고 있었다. 아들인 이브라힘을 보내고 시리아에 이어 아나톨리아를 튀르키에로부터 빼앗으려는 시도가 영국을 중심으로 하는 유럽 나라들의 압력으로 실패하고 이집트의 세습 지배를 인정받는 대신 그 이외의 점령지를 모두 방기해야만 했다. 이로써 시리아와 히자즈에 대한 오스만조의 직접 지배가 부활하였다.

오스만조의 입장에서 보아 예멘의 자이드파 이맘 정권은 역도에 불과하고 그 존재를 묵과할 수 없는 것이었다. 이에 히자즈 지배권을 다시 찾자 메카의 샤리프의 손도 빌려 남방공략을 진행시켜 1848년까지는 홍해 연안지대를 점령하였다.

이같은 사태의 진전에 이맘 정권의 본거지인 고지대는 혼란 상태에 빠졌다. 하산파 부족들이 이맘 지위를 놓고 서로 다투었고, 자이드파 부족들도 서로 반목하는 가운데 나줄란에 있던 이스마일파의 막람가 일족이 자이드파 지배영역으로 침입하기 시작하였다. 진퇴양난에 처한 이맘 무타왓킬 무함마드는 몸소 오스만조로 가서 튀르키에 정부의 힘을 빌려 질서를 회복하려 애썼지만 이에 대한 토착 자이드파 세력의 반발이 컸기 때문에 일단 사누아로 진주한 튀르키에 병사들은 철수할 수 밖에 없었고 무타왓킬 무함마드는 지역민들에게 살해당했다.

그 결과 혼란은 더욱 증폭되어 사분오열의 무정부 상태를 자신들의 손으로 원상복구하는 것은 더 이상 불가능하다고 생각한 유력자들은 호덴다(당시 모카를 대신하여 예멘의 홍해 연안 제일의 항구가 되어 있었다)에 주류하던 튀르키에군에 사누아로 진주하여 사태를 수습해달라고 요청하였다. 1872년의 일이다. 이로써 예멘은 다시 오스만조 영토가 되어 북부 자이드파 거주지역뿐 아니라 순니파 주민이 다수를 차지하는 남부 고원의 타잇즈 근처까지 지배력을 행사하였다.

이에 공황상태에 빠진 것은 더 남부에 분립하고 있던 순니파 부족의 수장들이었다. 그들은 사누아의 이맘 정권의 약체화를 틈타 각지에서 자립하여 술탄을 자칭하고 있었다. 오스만조 세력의 계속된 남진으로 지위가 불안해진 그들 대부분은 차선책으로 영국의 비호를 요청하는 길을 택하였다. 이리하여 1870년대 이후 아덴의 배후지인 예멘 남부에서 동으로 하드라마우트, 마라라와 즈파르와의 경계에 이르기까지의 아덴만 연안 지방이나 그 배후지에 거주하는 술탄이나 족장들은 영국과 개별적으로 협정을 맺고 그 보호령이 되었다(아덴 보호국). 이리하여 19세기 마지막 사반세기 이후 예멘은 튀르키에와 영국에 분할지배 당하게 되었다.

세기말에 이르러 예멘에서 보아 아라비아반도 대각에 위치하는 쿠웨이트에서도 사태는 급전개를 보였다. 1899년에 오스만조의 압둘하미드 2세가 이스탄불에서 바그다드, 바슬라를 거쳐 쿠웨이트에 이르는 바그다드 철도 부설권을 독일에 주었던 것이다. 쿠웨이트는 명목적으로는 오스만조의 바슬라주에 속해 있었으므로 튀르키에 정부의 지배가 강화될 것을 사바하가는 우려하였다. 한편 영국도 쿠웨이트까지 독일의 영향력이 미치는 것은 어떻게 해서라도 막고 싶었다. 이같은 양자의 위기의식과 목적이 일치하여 같은 1899년에 쿠웨이트는 영국과 협정을 맺어 그 보호령이 되었다.

이리하여 영국은 세기가 변하는 시점에 홍해 출입구인 바브 아르마데브 해협에서 페르시아만 끝의 쿠웨이트까지 아라비아 반도 남안과 동안에 있는 여러 지역 중 하싸 지방을 제외한 전역을 지배하에 두었던 것이다. 그 중 직할 식민지는 아덴뿐이고 그 외는 모두 보호령 내지 보호국의 형태의 지배이긴 했지만.

한편 히자즈에서 예멘에 이르는 아라비아 양안과 그 배후지 및 페르시아만에 임한 하싸 지방은 오스만조가 지배하였다. 또한 라시드가가 지배하는 반도 중앙부의 나주드 지방에 대해서도 명목적이지만 그 가문에 대한 종주의 입장에서 지배권을 주장하였다.

이 시점에서 오는 20세기에 아라비아를 덮치게 되는 격동을 예견할 수 있었던 사람은 아무도 없었을 것이다.

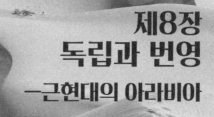

# 제8장
# 독립과 번영
## —근현대의 아라비아

# 1 제3차 사우드조의 성립

## 제3차 사우드조의 성립과 라시드가와의 전투

1891년에 아버지 압두라흐만과 함께 쿠웨이트로 망명한 사우드가의 압둘아지즈(통칭 이븐 사우드)는 1901년에는 20세가 넘은 늠름한 청년으로 성장하고 있었다. 신장이 2미터 가까이의 거구 남성으로 무인으로 뛰어날 뿐 아니라 그 후의 경력으로 보아 정치가로서도 매우 유능했음에 틀림없다. 사바드가의 비호하에 10년에 이르는 망명 생활에 지쳤는지 이 해 리야드를 라시드가 지배로부터 되찾기 위해 수십 명의 부하와 함께 나주드를 향해 출발하였다. 그리고 다음해인 1902년 1월 15일 새벽 소수의 병사만 데리고 리야드의 마스마크성을 급습하여 라시드가 총독을 죽이고 이 도시를 탈환하는 데 성공하였다. 이 사건은 바로 널리 알려져 압둘아지즈의 명성은 매우 높아졌다. 지도자에 어울리는 인물로 인정받은 결과 그 해 말까지 나주드 지방의 중부에서 남부에 걸쳐 많은 부족들이 그의 명령에 따르게 되었다.

리야드 탈환의 소식을 듣고 망명처에서 돌아온 압두라흐만은 왕위를 아들에게 물려주고 자신은 와하브파의 이

맘의 칭호만을 갖겠
다고 선언하였다. 일
반적으로 압둘아
지즈가 나주드의
아미르로서 정권
과 병권을 장악한
이 해를 현재까지
이어지는 제3차 사
우드조의 성립년으

8-1 장년기의 압둘아지즈

로 보고 있다. 압둘
아지즈의 재위기간은 1902~53년으로 길지만 지배영역
의 확대와 권력 강화와 함께 왕으로서의 칭호는 아미르,
술탄, 말리크로 바뀌었다.

　이 당시 앞장에서 보았듯이 쿠웨이트의 지배권 탈환
을 기도했지만 영국의 보호하로 들어간 이곳을 직접 공
격하기를 꺼린 튀르키에는 하이르의 라시드가를 선동하
여 쿠웨이트의 사바하가를 공격시켰고 압둘아지즈는 이
숙적과의 전투를 벌이게 된다. 그 라시드가는 당주인 압
둘아지즈가 1906년에 사우드가와 이름이 같은 당주와
의 전투에서 전사한 후 그 후계자 지위를 놓고 동족 내분

이 이어져 가운이 기울었다. 제2차 사우드조가 쇠한 것과 같은 이유이다. 장자상속이 일반적인 농경민들과 달리 상시 위험한 상태에 놓여 있는 유목민들은 가장 유능하고 실력 있는 자가 선대의 뒤를 잇는다는 관습이 강했기 때문에 동족 안에서 피를 피로 씻는 치열한 후계다툼이 일어나는 일이 많다.

그런데 1908년이 되면 다마스쿠스와 메디나를 잇는 히자즈 철도가 개통되었다. 메카로의 순례자들의 편의를 생각하여 부설한 철도였지만 오스만조 정부가 아라비아반도 안으로 병력을 보내는 데 도움이 되었던 것도 사실이다. 이 철도를 통해 사우드가와 싸우는 하이르의 라시드가를 지원하는 부대가 파견되었다.

8-2 근현대의 아라비아(필자 작성)

그러나 1911년~12년에 걸쳐 사태는 사우드가에 유리
한 방면으로 바뀌었다. 리비아의 지배를 둘러싼 이탈리
아와의 전투가 본격화되면서 튀르키에 정부가 아라비아
반도 안에 배치했던 병력을 리비아 전선으로 보내기 시

작했던 것이다. 이로써 당연한 일이지만 라시드가에 대한 지원이 약해졌다. 한편으로 시리아사막에서 유목하고 있던 르와라족이 남하하여 라시드가 영토로 침입하기 시작하여 1910년에는 조우프의 오아시스를 점령하기에 이르렀다. 그들은 자신들을 아나자족의 지족으로 생각하고 있었기 때문에 아나자 부족연합의 맹주를 자임하는 사우드족과 동맹 관계로 들어가는 것은 자연스러운 행보였다.

한편 같은 튀르키에군의 방비가 약해진 하싸 지방을 압둘아지즈는 바로 공격하여 1913년에 탈환하는 데 성공하였다.


**이흐완운동과 정복활동**

나주드 지배자가 되어 왕국의 기초다지기를 서두르던 압둘아지즈에게 영내에서 복종과 저항을 반복하는 베두인을 어떻게 통제할 것인가가 큰 문제였다. 사막에서 물과 초원을 쫓는 생활을 하는 그들을 종교의 힘으로 정주생활로 이행시키고 나아가 그들로부터 신뢰할 수 있는 정예병사를 모아 주변 세력과의 전투에 필요한 전사로 만들려 한 것이 1912년부터 30년까지 아라비아반도 중앙부에서 전개된 이흐완운동의 본질이다.

처음엔 와하브주의의 가르침을 학습하려 했던 유목민 50명 정도와 그 가족이 아르타위야라는 물가에 정주하여 이흐완(동포)으로 자칭하는 강고한 공동체를 형성하여 종교적인 둔전병 같은 생활을 시작한 바, 점차 이를 배우는 자들이 나타나 각지에서 많은 이흐완이 출현하였다. 압둘아지즈는 우라마의 지지를 배경으로 이 운동을 주도하였다. 희망하는 유목민을 적당한 우물이 있는 장소에 살게 하고 농업을 시작하는 데 필요한 도구나 종자를 지급하고 종교 지도자를 파견하고, 주택, 학교, 예배소 등도 지어주며 자위에 필요한 무기도 부여하였다. 중요한 것은 부족간 투쟁이나 대상의 습격, 약탈 등의 습관을 버리게 하고 부족의 유대를 이흐완의 조직으로 대신하게 한 점이다.

이 시도는 순조롭게 진전되어 드디어 아르타위야는 열렬한 신앙심을 가진 1만 시민이 사는 도시로 발전하였다. 히즈라로 불리는 유목민 정주지는 200곳 이상으로 증가하였고 이흐완에 합세한 사람들이 아르타위야에 최초 이주가 행해진 후 5년 후에는 5만 명에 달했다고 한다. 그리고 그곳에 모인 전사들은 주변 세력과의 전투에서 기대한 성과를 보여 사우디아라비아 왕국 건설에 크게 기여하였다.

8-3 이흐완 전사의 모습. 옷 길이가 짧은 것과 머리에 검은 원반(이카르)이 아닌 흰 면 두건을 두른 것이 특징. (Facey, *Saudi Arabia*, 94쪽)

그러나 후술하듯이 나중에 사우드가 지배가 히자즈나 야쉬르에 미치자 압둘아지즈는 와하브파에 속하지 않은 많은 순니파 무슬림을 다스릴 필요에 직면하였다. 또한 1차 세계대전 후에는 그때까지 이상으로 구미 제국과 접촉할 기회가 늘어나 전화나 자동차 등 이른바 문명기기가 국내로 유입되어 왔다. 정치가로서 현실주의자인 압둘아지즈는 확대된 영토와 다양한 주민을 안정적으로 지배하고 국가의 근대화를 도모하려면 종교상의 타협이 필요함을 충분히 알고 있었지만, 와하브주의자로서의 이흐완은 강고한 원리주의자였다. 그들에게는 전투도 무력에 의한 와하브주의의 전도에 다름 아니고 사우드가의 세력 확대를 위한 것은 아니었던 것이다.

이같이 압둘아지즈에 의한 신국가 건설의 최종단계에서 양자 사이에 생긴 깊은 간극은 메우기 힘들어졌고, 사우드가의 방침과 대립하여 반란의 움직임을 보인 이흐완은 1929년부터 1930년에 걸쳐 무력진압 당하고 이 운동은 종식되었다. 살아남은 이흐완은 지방의 오아시스 주변으로 흩어져 자치적인 생활로 돌아갔지만 압둘아지즈를 이어 2대 국왕이 된 사우드(재위 1953~64년)는 그들 가운데 왕가에 충성을 맹세하는 자를 모아 국가경비대를 조직하여 현재에 이르고 있다.

## 2 제1차 세계대전과 아랍의 반란

### 대전발발과 아라비아 반도

1914년에 제1차 세계대전이 발발하자 튀르키에는 동맹 관계에 있던 독일 측에 서서 참전했을 뿐 아니라 세계의 무슬림들에게 협상국(연합국)에 대한 지하드를 촉구하였다. 이는 국내 혹은 식민지나 보호국에 적지 않은 무슬림 인구를 두고 있는 영, 프, 러에는 큰 위협이었다.

그런데 실은 대전 발발에 앞서 영국의 석유채굴업자가 이란에서 유전을 발견하여 바슬라 남쪽 아바단 섬에서 제유소를 막 개설한 참이었다. 또한 영국해군은 이미 연료를 석탄에서 석유로 바꾸고 있었다. 따라서 이들 시설과 페르시아만의 석유수송 루트를 튀르키에의 공격으로부터 지키고 원유의 매장이 확실시 되고 있던 이라크에서 독일이 채굴을 시작하는 것을 저지하는 것이 영국에게는 초미의 과제가 되었다. 이에 인도에서 부대를 급파시켜 바슬라를 점령함과 동시에 이라크의 정복전을 시작하였다. 또한 쿠웨이트는 바로 튀르키에로부터의 독립을 선언하고 정식으로 영국의 보호국이 되었다. 동시에 바레인, 휴전해안 게다가 오만에 대한 영국의 지배가 강화되었다. 이리하여 그때까지 명목적이나마 남아 있던 아라비아 동부에 대한 오스만조의 종주권이 이 시점에서 소멸되었다.

내륙부에서는 친튀르키에의 라시드가에 대한 오스만조와 독일로부터의 지원이 강화된 결과 이에 대항하는 사우드가는 영국의 원조에 기댈 수밖에 없는 상황에 놓였다. 메소포타미아 파견군의 주임 정무관인 퍼시 콕스와 압둘아지즈 사이에 1915년 말에 맺어진 우호협정으로 사우드가는 영국의 보호와 경제적 군사적 원조를 받는 대신 연안 방면의 영국 보호하에 있는 수장국을 공격하지 않을 것을 약속하였다.

오스만조가 세력을 갖는 홍해 연안의 아라비아 서부는 페르시아만 연안 못지않게 영국이 신경을 쓰고 있던 지역이다. 인도로 가는 길의 생명선인 수에즈운하를 튀르키에와 독일의 공격으로부터 막는 것은 영국에 있어 지상명령이었다. 한편 시나이반도 반대편에 위치하여 튀르키에의 지배하에 있는 아카바만은 독일 해군의 출격 거점이 될 우려가 있었다. 게다가 히자즈에서 남으로 바브아르마데브 해협까지의 연안 항구들이 독일 해군의 특히 U보트(잠수함)기지가 되는 것을 영국은 염려하고 있었다.

히자즈 철도로 튀르키에 병사들이나 독일인 부대, 거기에 군수물자가 남방으로 수송되고 있었기 때문이다.

히자즈에서는 메카의 샤리프가 지하드 호소에 어떻게 반응할지가 문제였다. 덧붙여 당시는 오랫동안 이스탄불에서 반 연금상태에 있었던 하심가(하산계)의 후세인 이븐 알리가 1908년에 메카의 아미르로 임명되었다. 튀르키에는 이 후세인을 이용하여 아라비아를 제압할 생각이었던 듯하나 그 자신은 튀르키에인의 아랍지배에 대한 강한 반감을 마음 속에 품고 있었다. 처음엔 튀르키에 정부의 지시에 따르는 시늉을 했으나 점차 이에 반항하여 이빨을 드러내게 되었다.

히자즈 남쪽에 위치하는 아쉬르 지방은 이 당시 이드리스조의 무함마드 이븐 알리(재위 1908~22/23년)가 이맘으로 통치하고 있었다. 그는 모로코 출신으로 이곳으로 이주해온 이슬람 개혁주의자 아흐멧 이븐 이드리스의 증손이다. 1908년에 튀르키에인 지배에 대한 반란을 성공으로 이끌고 이드리스조를 창시하였다. 그러나 오스만조는 메카의 샤리프의 지원을 받아 1911년에는 이 왕조의 수도 아브하를 점령하였다. 그에 대해 무함마드는 처음엔 리비아 지배를 둘러싸고 오스만조와 대립하는 이탈리아(아쉬르 대안의 엘리토리아를 식민지로 삼고 있었다)의, 그리고 대전 발발 후에는 영국의 지원을 받아 대튀르키에전을 계속하였다. 영국에 있어서 히자즈와 예멘에 주둔하는 튀르키에군을 분단하여 후자를 고립시킬 수 있는 이 지방의 반튀르키에 세력은 귀중한 존재였다. 1915년에 맺어진 협정으로 무함마드의 아쉬르에서의 지위는 적어도 대전중에는 보장되었다.

예멘에서는 1890년에 새롭게 이맘으로 선출된 무함마드 이븐 야흐야가 시작한 오스만조 지배에 대한 반란이 아들인 야흐야(재위 1904~48년) 아래에서 계속되고 있었다. 이맘에 선출된 야흐야는 무타왓킬 빗라로 칭하였다. 앞서 언급했듯이 리비아 전선으로 보내기 위해 아라비아에서 병사를 일부 줄일 수밖에 없었던 튀르키에 정부는 이맘 정권과의 전투를 계속할 수 없어 1911년에 휴전협정을 맺었다. 이로써 사이드파의 근거지인 북부 산악지대에서 순니파가 다수를 점하는 다잇즈 주변까지의 지역에서 주로 종교, 사법상의 자치가 인정되었다.

그러나 그 한편으로 예멘 주둔 튀르키에군은 영국이 지배하는 아덴보호령으로 침입하여 라히주를 점령하는 사건을 일으켰다. 영국에게는 튀르키에군과 독일 연합군이 남아라비아까지 진출해오는 것은 악몽이었다. 그것을 방해하기 위해서는 아쉬르만이 아닌 히자즈, 나아가 가능하다면 시리아 방면의 아랍까지 반튀르키에의 독립운동을 일으켜주는 것이 바람직했다.


### 아랍의 반란

1908년에 오스만제국에서 일어난 청년튀르키에인혁명은 아랍민족주의 운동에도 큰 전기를 가져다주었다. 이는 오스만제국의 근대화를 중앙집권화 정책으로 실현하려는 신정부가 국정의 튀르키에화를 강력하게 추진하려 했기 때문에 아랍 주민 사이에서 반발이 강해졌던 것이다. 제국의 입헌체제 아래서의 자치나 아라비아어의 공용어화를 요구하는 단체가 형성되는 한편 시리아와 이라크를 중심으로 아랍의 정치적 독립을 지향하는 비밀결사가 결성되었다. 제1차 세계대전이 한창일 때 일어난 이른바 '아랍의 반란'은 이러한 아랍민족주의의 고양과 영국의 중동전략이 결합되면서 발생한 것이다.

대전이 시작되고 바로 영국은 중동에서의 전황을 유리

하게 만들기 위해 카이로 주재 고등변무관인 맥마흔을 통해 메타이 아미르 후세인에게 협상국 측에 서서 오스만조 지배에 대한 반란을 일으키도록 종용하였다. 1915년부터 다음해에 걸쳐 후세인과 맥마흔 사이에 각 5통의 서간이 왕래되어 이로써 후세인은 참전의 대가로 팔레스타인을 포함한 동부 아랍 세계(마슈리크) 전역을 포함하는 아랍제국 건국을 인정받았다고 믿었다. 영국으로부터는 무기와 자금을 제공받았다.

이리하여 1916년 6월 후세인은 오스만조에 반기를 들고 아랍 세계의 독립을 선언하였다. 4명의 아들들의 활약이나 해상으로부터의 영국군의 지원도 있어 이 해 안에 히자즈 지방의 주요 도시 대부분을 수중에 넣었다. 단 강력한 튀르키에인 부대가 주둔하는 히자즈 철도 종점 메디나만큼은 쉽게 함락되지 않았다. 후세인은 아랍지역 전체의 왕으로 자칭하였으나 건국 당초에 실효지배할 수 있었던 것은 히자즈 지방에 지나지 않았고, 그의 예상에 반하여 영국은 아랍 지역 전체를 통일하는 아랍국가의 건설 따위는 바라지 않았다. 따라서 실제로는 튀르키에 지배하의 히자즈가 독립하여 왕국으로 칭한 데 지나지 않았으므로 그의 왕국은 일반적으로 히자즈 왕국, 그 자신은 히자즈 왕으로 불리고 있다.

여하튼 이 반란을 선동한 영국의 카이로국은 그 후의 아랍군의 행동과 영국군의 전력을 조정하기 위해 한 명의 고고학자 출신의 정보장교를 후세인 쪽으로 보냈다. '아라비아의 로렌스'라는 통칭으로 알려져 있는 T.E. 로렌스 대위이다. 1916년 말에는 후세인의 3남 파이사르 사령부 소속 연락장교에 임명되어 이후 그의 부대와 함께 튀르키에군 상대로 게릴라진을 펼치게 된다. 그들은 튀르키에군과의 정면충돌은 피하면서 히자즈 철도 공격과 파괴를 계속하는 전술을 취했다. 이리하여 튀르키에군을 아라비아에 계속 잡아두면 이집트 주재 영국군이 수에즈운하 방위나 팔레스타인 진군에 도움이 된다는 것이 영국의 속내였다.

생각대로 튀르키에군을 철도연선으로 붙잡아두는 데 성공한 아랍군은 북상하여 1917년 7월에는 아카바의 튀르키에군 요새를 급습하여 이를 점령하였다. 이 전략상 요지를 점령당함으로써 히자즈의 튀르키에군의 저항은 그치고 아랍군이나 영국군이 시리아 방면으로 진군하는 것이 쉬워졌다. 드디어 아렌비 장군이 이끄는 이집트로부터의 원정군과 파이사르의 아랍군이 서로 호응하여 팔레스타인과 시리아로 진격하여 1918년 10월에 결국 다마스쿠스로 입성하였다.

'아랍의 반란'은 확실히 아랍인의 반란임에는 틀림없지만 아라비아반도 주민이 모두 일어난 것이 아니고 실태는 메카의 후세인 일족을 중심으로 하는 히자즈민의 봉기이고 반란군에 합세한 것은 일부 사막의 부족뿐이었다. 광범한 사회의 지지를 얻은 진정한 의미의 아랍혁명은 되지 못했다. 그 후의 정치 상황을 보면 반란을 선동하고 자금과 무기를 제공한 영국의 작전의 일부였다는 신랄한 평가도 가능하다.

**대전 후의 아라비아 정세**

1919년 7월에 파이사르는 아랍민족주의자들을 규합하여 다마스쿠스에서 전 시리아 회의를 개최하고 시리아 왕국의 수립을 선언, 다음 1920년 3월에는 시리아 왕으로 추대되었다. 한편 이라크 민족주의자들은 파이사르의 형 압둘라를 이라크 왕으로 선출하였다.

그러나 잘 알려져 있듯이 대전 중의 영국의 약속은 공

수표에 지나지 않았다. 즉 영·프·러 삼국은 후세인과 맥마혼이 서간을 주고받던 같은 시기에 대전 후의 오스만 제국의 분할을 협의하고 1916년 5월에 체결한 사이크스 비고 협정에서 시리아와 이라크는 영프가 분할 지배하고 팔레스타인은 국제관리지로 할 것을 정하고 있었다. 그런데 한편으로 전쟁 수행으로 유대인의 재정원조를 기대한 영국 정부는 1917년 11월에 외상 밸푸어가 발표한 선언 가운데 그들에 대해 팔레스타인에서의 내셔널 홈의 건설을 약속하고 있었던 것이다.

1920년에 이탈리아의 산 레모에서 열린 회의는 이 같은 영국의 세 갈래 외교를 이른바 청산하는 장이 되었으나 결국은 사이크스 비고 협정 선을 따른 형태로 결착되었다. 즉 역사적 시리아의 북부의 반, 즉 현재의 레바논과 시리아는 프랑스로, 역사적 시리아의 남부 반, 즉 팔레스타인(현재의 이스라엘)과 트랜스 요르단(현재의 요르단), 그에 더하여 이라크는 영국의 위임통치하에 두어지게 되었다. 이 결과를 받아들여 같은 해 7월에는 프랑스군이 다마스쿠스로 진공하였고 파이사르의 시리아국은 불과 4개월에 와해되어버렸다. 이리하여 아랍국가 건설이라는 아랍 민족주의자들의 꿈은 대국의 이해 앞에서 허망하게 깨져버렸던 것이다.

그렇기는 하나 영국은 위임통치령이 된 이라크(영국위임통치령 메소포타미아)에 1921년 파이사르를 받아들여 이라크 국왕으로 하였다. 또한 이라크 국왕이 될 터였던 형 압둘라는 1923년에 영국위임통치령 팔레스타인 동부를 할양하여 만든 트랜스요르단 왕국의 국왕 자리에 앉았다. 즉 맥마흔 서간에 의한 약속은 지키지 못했지만 자신의 위임통치령 내에 두 개의 왕국을 만듦으로써 하심가의 체면은 세워주었다는 것이리라.

그렇다면 이 시기 아라비아 반도 내의 정세는 어떠하였을까. 우선 제1차 세계대전에 독일 측에 서서 참전한 튀르키에가 뼈아픈 패배를 맛봄으로써 배후세력을 완전히 잃은 라시드가는 쇠망의 일로를 걸어 1921년 결국 사우드가에게 패배하였다. 이로써 사우드가는 나주드 지방의 북부까지도 지배하에 둘 수 있게 되었다. 그리고 이 하이르 토벌 직전에 압둘아지즈는 각 부족의 장로나 종교계 요인을 모은 회의를 열어 거기서 종래의 '아미르'라는 칭호를 대신하여 '나주드와 그 속령의 술탄'이라 부를 것을 정하고 있다.

한편 히자즈의 후세인은 1920년의 세브르조약으로 히

8-4 히자즈 왕 후세인.

자즈 왕국의 독립은 인정되었지만 아랍제국을 건설하여 그 왕이 되려던 꿈은 물거품이 되었다. 또한 오스만조의 위협이 사라져 하심가의 존재의의가 저하된 결과 영국으로부터의 재정원조가 끊어져버린 것은 큰 타격이었다. 왜냐하면 지금까지 여러 번 언급하였듯이 아랍 수장의 권위는 부하들에게 얼마나 많은 부를 분배할 수 있는가 하는 능력에 달려있었기 때문이다. 후세인이 사막 부족의 지지를 받아 부족원들을 전사로 동원할 수 있었던 것도 영국으로부터 제공된 군자금에 의한 바가 컸다. 그것이 끊기자 친척을 제외하고 그를 위해 목숨을 바칠 자는 더 이상 없었던 것이다.

북예멘은 오스만조 패배의 수혜를 입은 지역의 하나이다. 1918년 튀르키에군 철수 후의 사누아로 입성한 이맘 야흐야는 무타왓킬 왕국을 건설하고 그 국왕이 되었다. 왕국명은 그가 이맘 취임 때 칭했던 칭호에서 유래한다. 한편으로 남예멘을 지배하에 둔 영국과 무타왓킬 왕국 사이에는 그 후 긴장 관계가 이어졌다. 오스만조 주둔군 은 철수했지만 튀르키에 정부의 관리 일부는 여전히 한 참동안 고문으로 예멘에 남아 이맘 야흐야를 보좌한 것 은 영국의 위협에 대항하기 위함이었다. 또한 외국세력 의 간섭을 가능한 한 배제하기 위해 엄중한 쇄국정책을 취하였다.

## 3 사우디아라비아의 패권 확립

### 사우드가에 의한 히자즈 정복

1924년 3월 케말 파샤(아타튀르크)가 이끄는 튀르키에 공화국 정부에 의해 칼리파였던 압둘메지트 2세가 폐위 되어 칼리파 제도 자체가 폐지되자 그 며칠 후에 히자즈 왕 후세인은 자신이 칼리파로 즉위할 것을 선언하였다.

그러나 그를 추대한 것은 히자즈, 팔레스타인, 시리아, 이라크 등 일부 무슬림에 불과했고 이슬람 세계 대부분의 신도들은 이에 반대하였다. 게다가 그가 칼리파의 권한을 방패로 상인들에게 중세를 부과했기 때문에 히자즈의 재지세력으로부터도 외면당해 버렸다.

특히 나주드의 와하브교도들이 분노를 표출하였다. 그때까지 영국의 조정으로 겨우 정면충돌을 피하고 있던 후세인과 압둘아지즈였지만 영국도 모든 사태를 수습하는 것은 불가능했다. 침공의 대의명분을 얻은 이흐완 전사들은 하심가의 왕국이 있는 히자즈와 트랜스요르단으로 몰려들었다. 영국군의 지원을 받은 트랜스요르단 왕압둘라는 겨우 이를 막아낼 수는 있었지만 히자즈는 그럴 힘이 없었다. 9월 초 이흐완군은 타이프로 침입하여 주민들을 학살하였다. 이 도시를 지키고 있던 후세인의 큰아들 알리는 부하들과 함께 일단 메카로 철수했지만 그곳에서는 이흐완군의 공격을 견딜 수 없다고 보아 짓다까지 퇴각하였다.

후세인은 여전히 메카 사수를 주장하며 주변 부족들에게 도움을 요청하였다. 그러나 그에 응하는 자가 없어 고립무원 상태가 되었다. 그리고 이흐완군의 공격을 두려

위한 주변의 압박을 받아 결국 퇴위를 결정하였고, 메카를 탈출하여 짓다로 도망갔다가 거기서 바닷길로 아카바로 피난하였다. 그러나 이흐완군의 공격을 꺼린 영국에 의해 더 먼 키프로스섬으로 망명할 수밖에 없게 되었다. 그곳에서 불우한 말년을 보내다 1930년에 병으로 쓰러지자 드디어 압둘라 치하의 암맘으로의 이주를 허락받아 그곳에서 다음해인 1931년에 사망하였다.

한편 아버지의 뒤를 이어 히자즈 왕이 된 알리는 영국의 무력간섭을 요청하였지만 이루지 못하여 메카를 버리고 짓타에서 농성하였다. 이리하여 왕이 없어진 메카로 1924년 12월 초 압둘아지즈가 입성하였다. 1813년에 무함마드 알리가 이끄는 이집트군에 의해 이곳을 쫓겨난 사우드가와 와하브 교도가 백여 년 만에 다시 성도의 주인이 되었던 것이다.

다음해 1925년에는 와하브교도군에 의한 짓타와 메디나 공격이 시작되었다. 그 결과 메디나는 같은 해 12월 5일에 항복하였고, 짓타를 지키던 알리도 영국에 조정을 의뢰하고 같은 달 18일에 동생 파이사르가 통치하는 이라크로 떠났다. 이리하여 하심가의 히자즈 왕국은 불과 9년 만에 멸망하고 다음해 1926년 1월에는 압둘아지즈가 '히자즈의 왕'으로 즉위하는 선언을 발표하면서 자리가 바뀌었다. 그 후 한참동안 압둘아지즈가 '히자즈의 말리크로서 나주드와 그 속령의 술탄'으로 자칭한 것처럼 그가 군림한 것은 리야드를 수도로 하는 나주드와 메카를 수도로 하는 히자즈의 이중국가였다. 이 두 왕국이 통합되어 사우디아라비아로 국명을 바꾸어 그가 왕이 된 것은 1932년 9월부터이다.


## 아쉬르 정복

제1차 세계대전 후 이드리스가의 무함마드는 튀르키에군에 점령당하고 있던 아브하를 중심으로 하는 아쉬르 고지대의 반환을 바랐으나 이루지 못하고 이 지역은 사우드가로 귀속이 결정되었다. 그렇지만 홍해 연안의 오디다에 이르기까지의 저지대는 무함마드의 지배하에 있었다. 대전 후 영국이 관리하에 둔 오디다의 반환을, 거의 폐항이 되다시피 한 모카 이외에는 홍해로의 출입구를 갖지 못한 예멘의 야흐야 정권이 강하게 요구하였으나 그의 노골적인 반영 행보를 싫어한 영국이 황당하게

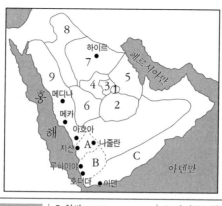

8-5 사우드조의 영토 확대(1902~1934년). (필자작성)

| ● 범례 | 5. 하싸(1913년) | A. 타이프조약(1934년)에 |
| 1. 리야드(1902년) | 6. 오다이바(1919~20년) | 의해 사우디아라비아 |
| 2. 아흐라지(1906년) | 7. 잔바르 샨마르(1921년) | 의 실효지배가 안정된 |
| 3. 리야드 북부지역 | 8. 루와라(1922년) | 남부 아쉬르와 나줄란 |
| (1908년) | 9. 히자즈 및 북부 아쉬르 | B. 예멘(무타왓킬 왕국) |
| 4. 카심(1910~12년) | (1924~25년) | C. 영국의 보호령 |

도 이 땅을 아쉬르의 무함마드에게 줘버렸던 것이다.

그러나 얼마 못가 사태는 완전히 달라졌다. 1920년대 전반에 권력을 잡은 이탈리아의 무솔리니 정권이 다시 에티오피아에 대한 야심을 노골적으로 드러내면서 반영 감정이 강한 예멘뿐 아니라 이전에 지원한 적이 있는 아쉬르에도 접근하는 것을 본 영국은 이드리스조에 대한 지원을 끊어버린다. 그런데 바로 이 시기 이드리스조는 매우 어려운 상황에 처해있었다. 1922/3년에 무함마드가 사망한 후 그 후계자 지위를 놓고 아들과 동생이 다투면서 그 내분에 끼어든 사우드가의 압둘아지즈에 의해 1925년에 보호령이 되었던 것이다. 더 이상 영국의 개입은 기대할 수 없었다. 게다가 사우드가 지배에 대한 아쉬르 부족민들의 반란이 1932년에 일어나자 이를 진압한 압둘아지즈는 다음해 이 지방을 신생 사우디아라비아 왕국으로 병합하였다.

한편 이같은 아쉬르의 혼란을 틈타 예멘은 1925년에 호디다와 주변 해안지대를 되찾고 있다.

### 예멘과의 전쟁

북예멘의 야흐야 정권은 북방세력과 영토문제를 안고 있었다. 사우드가의 점령하에 있는 나줄란과 이드리스가의 지배하에 놓인 홍해 연안의 양항 지잔의 영유권을 주장하였던 것이다. 고대부터의 역사를 보면 모두 예멘과 관련이 깊은 장소임은 틀림없다. 1932년에 압둘아지즈가 통일 사우디아라비아 왕국의 탄생을 선언하자 이에 반발하는 예멘군이 같은 해 겨울에 나줄란 지방으로 침입했지만 다음해 봄에 사우디아라비아군에 의해 격퇴 당하는 사건이 발생하였다. 한편으로 1933년에 아쉬르가 사우디아라비아로 병합되자 그 전년의 부족반란을 선동한 이드리스가 사람들이 이맘 야흐야의 도움을 구해 예멘으로 망명해 왔다.

이런 정세 속에서 1934년 4월 결국 사우디아라비아군은 예멘 영내로 공격해 왔다. 아쉬르로부터 해안을 따라 남하한 부대는 특히 순조롭게 진군하여 곧장 루하이야, 호디다 등의 요지를 차례차례 점령하고 영국의 아덴 보호령과의 국경 가까이까지 밀어닥쳤다.

그러나 이때 영, 프, 이 등의 군함이 호디다 앞바다에 등장하여 압력을 가한 것이 효과가 있어 휴전이 성립되었고, 5월에 다른 아랍 국가들의 대표자로 구성된 조정위원단의 입회하에 타이프 조약이 체결되었다. 이로써 사우디아라비아군은 루하이야나 호디다에서 철수하는 한편 예멘은 나줄란과 지잔에 대한 영유권 주장을 취소하고 덧붙여 10만 파운드의 배상금을 지불하였다. 요컨대 사우디아라비아 남서 방향으로의 영토확장은 국제적으로 인정받은 반면 예멘은 아무것도 얻지 못했던 것이다.

# 4 제2차 세계대전 후의 각국 정세

**사우디아라비아**

제2차 세계대전 전부터 시작되고 있던 국내 유전의 발견과 개발이 대전 후에 본격화되면서 원유산출량은 천정부지로 올라갔고 국왕 압둘아지즈의 품에는 다 쓰지 못할 정도의 돈이 유입되었다. 그로써 전쟁 전부터 전쟁 중에 걸쳐 줄곧 그를 괴롭혔던 경세문제는 일거에 해결되고 남아도는 부를 국내 유력 부족의 족장들에게 넉넉히 분배하면서 그들의 사우드가에 대한 지지를 확보하는 데 성공하였다. 또한 국가의 부유화와 석유를 무기로 한 국제전략으로 국제사회에서의 영향력도 확대되었다. 전시 때부터 석유 이권의 부여나 군사적 협력을 통해 그때까지의 영국을 대신하여 깊어진 미국과의 관계는 전후 더욱 긴밀해져 현재에 이르고 있다.

1953년에 압둘아지즈가 사망한 뒤를 이어 그의 아들들(이른바 제2세대)이 차례차례로 왕위에 올라 현재의 사르만 왕이 6명째(왕으로는 7대째)가 된다. 지금까지도 왕위를 둘러싼 일족 내 분쟁이 없었던 것은 아니지만 제3세대로의 왕위계승이 될 사르만 왕의 다음 왕위를 둘러싼 소동이 일어나 이 나라의 체제가 위태로운 것은 아닌가 하는 우려를 자아내고 있다. 왜냐하면 사르만이 상당히 강압적으로 황태자로 만든 아들 무함마드가 1985년생으로 아직 젊은 데다 몸이 불편한 아버지를 대신하여 독단전횡적인 정책을 취하면서 왕족 사이에 불만이 고조되고 있기 때문이다. 지금까지도 보아왔듯이 일족 내의 왕위계승을 둘러싼 다툼이 왕조 쇠퇴나 멸망의 원인이 된 것이 아라비아에서는 드문 일이 아니다.

구조적으로 보다 심각한 문제는 제2차 세계대전 후 유전이 개발된 덕에 풍요로워진 다른 아랍 국가들도 그렇지만 너무나도 갑자기 부자가 되었기 때문에 겉으로는 화려한 경제적 번영과 여전히 중세적인 정치나 사회 사이의 큰 괴리, 모순이 쉽게 해결될 것 같지 않다는 것이다.


**아랍수장국연방**

아시아 각지에 군대를 주둔시키는 경비를 견디기 힘들어진 영국의 윌슨 노동당 내각은 1968년에 1971년까지 수에즈 이동 지역에서의 철병을 선언하였다. 이는 19세기 이래 영국의 보호하에 있어 왔던 페르시아 연안 수장국에게는 큰 충격이었다. 왜냐하면 대부분이 독립해서는 존속이 어려운 소규모 수장국이었기 때문이었다.

이에 당시 아부다비 수장이었던 자이드 이븐 술탄을 중심으로 수장국연방 결성의 기운이 높아졌다. 처음엔 카타르나 바레인도 들어간 9개 수장국으로 구성된 연방이 결성을 지향했으나 이미 석유 수입으로 경제적 자립의 가능성이 있었던 두 나라는 단독 독립의 길을 택하였다. 한편 가장 유력한 수장국인 아부다비와 두바이가 합의한 것을 보고 다른 수장국들도 연방 결성에 동의하여 1971년에 아부다비, 두바이, 샤르자, 아즈만, 움프 알카이와인, 후자일라의 6수장국이 연합하여 아랍수장국연방이 성립되었고, 다음해에는 라스 알하이마도 가입하여 현재의 7수장국 체제가 확립되었다.

국가원수인 대통령과 수상을 겸임하는 부대통령은 연방최고평의회에서 선출되는 규정이지만 실제로는 대통령은 스하이얀 가문의 아부다비 수장, 부대통령은 막툼가의 두바이 수장이 맡는 것이 관례가 되어 있다. 그도 그럴 것이 연방 내에서 이 양국의 경제력이 현저하게 크기 때문이다. 연방예산은 8할이 아부다비, 1할이 두바이,

나머지 1할이 연방정부의 조세수입으로 충당하고 다른 5수장국의 부담액은 제로이다. 즉 사실상 아부다비가 이들 수장국을 지원하고 있는 것이다.

수장국 가운데 가장 일찍 근대화로 노선을 정한 곳은 두바이였다. 1959년에 쿠웨이트에서의 차관을 바탕으로 두바이 항의 준설공사를 실시하고 중계 교역항으로서의 기초를 갖추었다. 그후 1966년에 두바이 앞바다의 해저 유전이 발견되면서 경제발전에 더욱 박차가 가해졌다. 그렇지만 정부는 경제의 원유의존도를 가능한 한 낮추고 산업의 다각화에 의한 경제발전을 지향하고 있다. 그 결과 현재의 두바이는 중동에서의 무역, 상업, 금융의 중심지로 중동 제일의 번영을 구가하고 있다 해도 과언이 아닐 것이다.

이에 비해 아부다비에서는 1958년에 유전이 발견되었으나 당시 수장은 석유 수입 운용에 의한 경제발전에 소극적이었다. 이에 불만을 품은 동생 자이드가 궁정쿠데타로 정권을 빼앗은 이후 급속도로 개발을 진행시켰다. 연방 영토와 석유자원의 대부분을 소유하는 수장국이며 수도이기도 한 두바이가 연방 경제의 중심인데 비해 아부다비는 정치의 중심이 되어 있다.

아랍수장국연방은 국민들로부터 징수하는 세금에 의하지 않고 천연자원인 석유 수입으로 국가재정이 이루어지는 이른바 분배국가이다. 석유개발이나 급격한 경제발전에 필요한 노동력의 대부분은 남아시아 나라들에서 오는 노동자들이 맡고 있다.

## 바레인

1920년대에 아랍 국가들 중에서는 처음으로 석유가 발견되어 1931년부터 본격적인 채굴이 시작되었다. 석유 수입으로 경제적 자립이 충분히 가능해졌기 때문에 앞서 언급했듯이 아랍수장국연방에는 들어가지 않고 1971년에 단독으로 독립하는 길을 선택하였다.

수장인 하리파가는 우투브 일파이지만 사우드가와 같이 아나자족에 속한다고 생각하고 있고 대외적인 방위와 국내의 치안유지를 자력으로 처리할 수 없는 사정으로 이웃나라인 사우디아라비아에 대한 의존도가 매우 높아, 거의 보호국과 같은 입장에 있다. 왜냐하면 역사적으로 이란의 영향력이 강한 국내에서는 시아파 주민의 비율이 높기 때문에 외래민족으로 순니파인 지배층은 항상 이란에 대한 경계심을 늘 갖고 있기 때문이다.

1990년대에 시아파 주민을 중심으로 일어난 민주화 요구의 반정부운동으로 2002년에 절대군주제에서 입헌군주제로 이행하였고 군주의 칭호도 아미르에서 말리크로 바뀌었다. 따라서 현재의 국명은 바레인 왕국이다. 아라비아에서는 비교적 민주화가 진행되어 있지만 그래도 2011년에 '아랍의 봄' 일환으로 다시 시아파 주민을 중심으로 반정부 데모가 일어나 대규모 소란으로까지 발전하였다. 이때는 바레인 당국만으로 대처할 수 없어 사우디아라비아군이나 아랍수장국연방이 파견한 경찰의 힘을 빌려 겨우 진압할 수 있었다.

아랍 국가들 중 가장 먼저 채굴을 시작한 석유의 고갈이 현실화되기 시작하고 있기 때문에 금융, 무역, 관광 등의 진흥에 힘쓰고 있다.


**카타르**

1940년에 석유가, 게다가 그 후 세계 굴지의 천연가스가 발견되면서 풍요로운 분배국가 반열에 올랐다. 그 결과 바레인과 같이 아랍수장국연방에는 가입하지 않고 1971년에 단독으로 독립하였다. 앞장에서 보았듯이 수장 자리는 1868년에 영국이 카타르와 바레인의 분쟁에 개입했을 때 지명한 이래 사니가가 독점하고 있다. 1972년에 당시 수장이 외유 중에 사촌동생인 할리파가 무혈쿠데타로 정권을 탈취했지만, 1995년에 이번에는 할리파가 외유 중에 아들 하마드가 무혈쿠데타를 일으켜 수장 자리에 앉았다. 현재의 수장 타밈은 하마드의 넷째아들로 2013년에 아버지로부터 자리를 물려받았다.

하마드는 천연자원에만 의존하는 경제체제를 바꾸기 위해 관광산업의 육성 등에도 힘을 쏟은 결과 수도 도하는 다른 아랍 국가의 수도만큼이나 번성함을 보이기에 이르렀다. 또한 정치의 민주화나 언론의 자유 등도 추진하여 사재를 털어 위성 TV국인 알자지라를 설립하였다. 그러나 '아랍의 봄' 때 석유와 천연가스에서 얻어지는 막대한 수입을 바탕으로 중동 각국 정치에 개입하였기 때문에 다른 아랍 국가들과 마찰이 생겼다. 그 결과 2014년에는 사우디아라비아, 바레인, 아랍수장연방이 내정간섭을 이유로 주카타르 대사를 소환하였고 나아가 2017

년에는 이 삼국에 더해 이집트, 예멘, 몰디브, 모리타니아 등의 이슬람 국가들이 무슬림동포단에 대한 지원이나 이란과의 과도한 접촉을 비난하여 카타르와의 국교를 단절하였다.


**쿠웨이트**

1938년에는 현재 세계 제2의 유전인 부르간 유전이 발견되어 1946년부터 채굴이 시작된 결과 고생하지 않고 부유국의 일원이 되었다. 영국의 보호령이었던 상태에서 1961년에 독립하였다. 수장에는 18세기 이래 우투브의 사바하가의 가장이 오르고 있다.

오스만조 시대에는 바슬라주의 일부였던 역사가 있어 이라크는 쿠웨이트에 대한 영유권을 계속 주장하였고 1990년 8월에 당시 대통령 사담 후세인은 군대를 쿠웨이트로 침공시켜 제압하고 이라크로 합병하였다. 이에 대해 다음해 1991년 1월에 미국을 중심으로 하는 다국적군이 파견되어 이라크 사이에 이른마 걸프전이 발발하였다. 전쟁은 1월 좀 넘어 단기간에 승부가 났고 같은 해 2

월 말에 쿠웨이트는 이라크의 점령에서 해방되었다.

쿠웨이트는 경제개발에 필요한 노동력으로 처음엔 말이 통하는 아랍인, 그중에서도 팔레스타인 사람을 많이 받아들였다. 그 결과 아라비아어를 통하여 급진적인 사상이 유입되어 같은 무슬림이면서도 쿠웨이트 사람과 비쿠웨이트인 사이의 큰 격차에 따른 알력이 발생하는 문제가 일어났다. 또한 사우디아라비아, 이라크, 이란 같은 대국 사이에서 잘 처신해야 하는 외교적 과제를 안고 있다.


## 오만

부사이드조 술탄과 니즈와를 중심으로 내륙에 세력을 갖는 이바드파 이맘 사이에 1920년에 쉬브조약이 맺어져 양자의 대립은 일시적으로 완화되었으나 이맘의 세력권에서 유전이 발견되면서 분쟁이 재연되었다. 즉 술탄인 사이드 이븐 타이물이 유전을 획득하기 위해 이맘령을 침범한 데 대해 사우디아라비아의 지지를 받은 이맘 갈리브 이븐 알리가 1954년에 반란을 일으킨 것이다. 이맘군이 점거한 아흐달 산지 이름을 따서 제베르 아흐달 전쟁으로 불리는 이 전쟁은 1959년에 영국군의 지원으로 술탄군이 승리하여 이맘이 사우디아라비아로 망명할 때까지 이어졌다.

1960년대에 석유 수출이 시작되어 수입이 증가했음에도 불구하고 보수적인 사이드가 내정개혁에 전혀 의욕을 보이지 않는 데 불만을 품은 아들 카브스가 1970년대에 궁정 내 쿠데타를 일으켜 자신이 술탄으로 즉위하였고 나라 이름도 마스카트 오만 술탄의 나라에서 오만 술탄국으로 바꾸었다. 이후 석유 수입을 바탕으로 술탄 주도로 근대화정책을 강력하게 추진하고 있다.

1971년에 독립한 후는 구 종주국인 영국을 비롯한 서방 나라들과의 동맹 관계를 외교의 기조로 삼고 있고 특히 미국과는 방위협정을 체결하여 국내에 공군기지 설치를 인정하고 있다. 그 한편으로 다른 아랍 국가들과 달리 이란과도 우호적인 관계를 유지하고 있다.

아버지 시대에 시작된 공산주의 조직에 의한 즈파르의 반란(1962~76년)은 온건파에 대한 특사에 의한 조직의 무력화나 이란이나 영국으로부터의 재정적, 군사적 지원으로 진압되었다. 또한 '아랍의 봄'의 영향을 받은 2011년

8-6 쿠데타 직후에 석유개발회사를 방문한 술탄 카
브스. (Peyton, *Old Oman*, 39쪽)

의 반정부 데모에 대해서는 각료의 파면이나 정부기구의
개혁 등을 통해 국민의 생활개선으로 이어지는 정책들을
실시함으로써 진정시키는 데 성공하였다.

　이같이 술탄 카브스가 아라비아의 수장들 중에서도 균
형감각이 뛰어난 것은 많은 국민들이 인정하고 있는 바
이다. 걱정되는 것은 아들이 없어 후계자가 미정인 것과
사우디아라비아와 같이 수장 자리의 계승을 얼마나 매끄
럽게 진행할지에 나라의 장래가 걸려 있다는 점이다.

**예멘**

북예멘을 제2차 세계대전 전부터 지배하는 무타왓킬국은 1962년에 육군이 일으킨 쿠데타에서 붕괴하여 사누아를 수도로 하는 예멘아랍공화국이 성립하였다. 그러나 왕제파가 사우디아라비아에 망명정부를 수립했기 때문에 공화국 정부와의 사이에 1970년까지 내전이 계속되었다.

한편 영국의 보호령이 되어 있었던 남예멘은 1967년에 아덴을 수도로 하는 예멘인민공화국(나중에 예멘인민민주공화국으로 개칭)으로 독립하였다. 예멘사회당의 일당독재에 의한 아랍세계 최초의 사회주의국으로 소련이나 중동, 인도양 진출의 발판이 되었다. 그러나 경제위기에 빠진 소련으로부터의 원조가 급감하여 경제적 난국에 처한 결과 예멘아랍공화국과 합병하는 길을 선택하여 1990년에 남북 예멘을 통합한 예멘공화국이 성립하였다.

그러나 북부 우위의 체제에 대한 남부의 불만은 계속 쌓여 1994년에는 구 남부세력이 재독립을 요구하며 내전이 발발하였다(약 2달 뒤 진압). 또한 사회주의 정권 시대부터 반미세력도 명맥을 유지하여 2000년에는 아덴만에서 알카에다에 의한 미함정 습격사건이 일어났다. 알카에다 지도자 오사마 빈 라덴의 아버지가 하드라마우트 출신인 것은 잘 알려진 사실이다.

2011년에 튀니지에서의 자스민혁명이나 이집트의 민중혁명의 영향을 받아 예멘에서도 시민들의 반정부 데모가 발생하였다. 그 결과 오랫동안 권력을 잡아 온 살레하 대통령이 퇴진하고 부대통령인 하디에게 권력이 이양되었다. 하디는 다음 해 선거를 거쳐 대통령에 취임하였다. 이 일련의 예멘의 소란은 '아랍의 봄'의 일환으로 꼽히고 있다.

이럭저럭하는 사이 금세기 처음부터 예멘군과 단속적으로 전투를 계속하던 자이드파의 무장조직 훈파가 예멘 소란을 틈타 세력을 키워 2014년에 수도 사누아를 침공하였다. 그리고 다음해인 2015년에 하디 대통령이 사의를 표명한 것을 받아 정부의 실권을 장악하여 사실상 쿠데타를 완성시켰다. 그리고 그 후 남으로 세력을 확대하여 한때는 아덴으로까지 쳐들어갔다. 훈파의 세력 확대에는 전 대통령인 살레하와 이란의 지원이 있었다고 말해진다.

그에 대해 사의를 철회한 하디는 사우디아라비아와 아랍수장국연합의 군사지원을 받아 반격에 나섰다. 특히 사우디아라비아군의 공습이 효과를 본 듯하여 아덴만을 포함한 남부나 하드라마우트를 비롯한 동부에서 상당한 실지회복을 달성하고 있다. 이 내전은 자이드파인 훈파를 이란이 지원하고 샤피파인 대통령파를 사우디아라비아나 아랍수장국연합이 지원한 것으로, 시아파 대 순니파의 구도가 된 한편으로 살레하가 북부 출신임에 대해 하디는 남부 출신인 것처럼 남북 대립의 요소도 있어 예멘의 긴 역사에 뿌리를 둔 분쟁이라고 볼 수 있다.

그러나 2017년 말에는 이 살레하가 훈파에 살해당함으로써 사태는 더욱 진흙탕이 되어 해결의 실마리가 전혀 보이지 않고 있다. 그야말로 지금까지 몇 번이나 일어났던 일이 다시 반복되고 있는 것이다.

# 후기

아라비아의 약 3천 년에 걸친 역사를 통관해왔지만 큰 분기가 되는 이슬람의 발흥은 그 반을 조금 지난 시점에서 일어나고 있다. 우리나라에서는 그 이전의 아라비아사에 대해 개설한 책이 없는 정황을 참작하여 그 시대에 대해 보다 상세하게 서술하였다. 이슬람 시대에 대해서는 시대별, 지역별 기술은 각각의 전문가들이 하고 있지만 아라비아 전체를 부감한 저작은 특히 최근에 찾아보기 어렵다는 생각이 든다. 아랍·이슬람사 전문가는 있어도 아라비아사 본연의 전문가는 없다 해도 좋지 않을까.

이렇게 말하는 나는 선이슬람기의 아라비아, 그것도 남아라비아 역사가 전문이다. 그중에서도 힘야르가 등장한 이후의 시대를 중심으로 연구를 해왔기 때문에 그 시대에 대해서는 사료도 제대로 읽고 있어 자신이 있지만 그 이전 시대는 주로 다른 연구자들의 견해를 비교 대조하며 가장 타당하다고 생각되는 설을 따라 기술하였다. 이슬람시대에 대해서는, 이슬람 발흥 요인에 관해서는 내 자신의 연구를 바탕으로 독자적인 가설을 제시할 수 있었지만 그 이외의 문제는 대체로 선행연구에 의거하였기 때문에 기술은 통설의 범위를 벗어나지 않는다.

선이슬람기의 기술이 남아라비아 중심이 된 것은 오로지 사료의 편재 때문이다. 동 시대에 아라비아의 다른 지역에서도 당연히 각각의 역사가 전개, 진행되고 있었지만 그 실태를 우리들에게 알려줄 확실한 사료가 적다. 따라서 그들 지역에서 기술할만한 사건이 있는 경우에도 왜 그것이 일어났는가를 시사하는 사료가 부족하여 사실만을 쓰고 인과관계 설명은 없거나 있어도 억측의 범위를 벗어나지 못하는 경우가 많아졌다.

또한 광대한 사막으로 가로막혀 산재하는 여러 지역에서 계속 일어난 사건들을 서로 관련지어 정합적으로 이해하는 것은 어렵다. 아라비아는 삼면이 바다로 둘러싸여 있어 얼핏 보면 지리적으로는 하나의 세계를 이루고 있는 듯이 보이지만 역사적으로는 꼭 그렇지만도 않다. 오히려 연안지방은 페르시아만 대안의 이란과, 예멘은 홍해 건너의 현재의 엘리트리아나 에티오피아 북부와 역사적으로 깊은 관계를 맺어왔다고 볼 수 있는 것이다.

중동사에 한하지 않고 세계사적으로 보아도 이슬람의 발흥이 역사의 큰 획기가 된 것은 틀림없다. 아라비아사에서도 그것은 자명한 이치임을 의심하는 자는 거의 없을 듯하다. 다만 조금 자세히 보면 아라비아사의 경우에는 지역이나 분야에 따라 이슬람화의 영향에 짙고 옅음이 있음을 알게 된다.

종교나 문화면에서 이슬람의 발흥이 큰 혁명이었음은 논쟁이 필요 없으리라. 그 이전부터 유대교나 기독교의 보급으로 아라비아 주민들의 일신교화가 진행되고 있었던 것은 확실하지만 그래도 '아랍을 위한 일신교'로서의 이슬람의 탄생은 획기적이었다.

정치의 무대에서도 이 이후의 개혁운동이나 반체제운동은 명실상부 모두 이슬람의 옷을 입고 행해지고 있다.

한편으로 아라비아 사회나 경제가 이슬람화로 얼마나 변화되었는지는 그리 간단히 판단할 수 없다. 가축의 유목을 생활기반으로 하는 베두인의 생활이 이슬람화로 어떻게 변했는가 하면 거의 변화가 없었다고 말할 수 있지 않을까. 교역활동의 성쇠도 반도 주변의 정치 상황이나 교역 루트의 변동에 좌우되는 것에 이슬람화 전과 후로 다른 것은 없었다. 농업도 이슬람력이 아닌 계절의 추이에 따른 전통적인 농사력을 따르며 행해지고 있다.

이 또한 이미 언급했지만 이슬람 탄생의 무대가 되었고 한때는 신시대가 도래했다고 생각되었던 아라비아반도는 대정복의 진전으로 유용인구의 대부분이 북으로 유출되어 공동화 되면서 다시금 인구 과소의 시골로 돌아가 버렸다. 메카와 메디나가 위치하는 히자즈 지방만은 이슬람화의 수혜를 받아 순례자의 증가나 이슬람 정권의 보호로 그 나름대로 윤택해졌지만 그 이외 지역의 경제나 사회는 이슬람화 후에도 그 이전과 거의 다름없는 상황이 계속되었다. 즉 아라비아반도에 한해서 말하면 이슬람 발흥과 보급으로도 주민의 생활이나 사회의 체제에 그다지 본질적인 변화는 일어나지 않은 것은 아닐까 하는 것이 이 책의 원고를 쓰면서 강하게 받은 인상이다.

그런 면에서는 제2차 세계대전 이후 아라비아반도 동부 각지에서 유전이 발견되면서 일어난 변화가 훨씬 큰 것은 아닐까. 그때까지 해외와의 교역을 빼면 유목이나 대추야자 재배를 주로 하는 농업, 어업, 그에 도적업 등으로 소소하게 생계를 꾸리던 것이 갑자기 하루아침에 일하지 않고 부유해지며 사막에 초현대적인 도시가 출현한 것이다. 그야말로 알라의 은총이라고 밖에 할 말이 없고 역사적으로 전후 맥락 없이 일어난 이러한 사태를 마주하면 역사를 연구하는 자로서는 무력감에 빠지지 않을 수 없다.

현재 석유산출량이 매우 적은 예멘을 제외한 아랍 국가들은 역사상 유례가 없는 번영을 구가하고 있는 듯이 보인다. 그러나 이른바 분배국가의 이러한 번영이 앞으로 백년 이백년 계속되리라고는 생각되지 않는다. 화석연료는 언젠가는 고갈되거나 채굴에 채산이 맞지 않으면 정지될 것이다. 석유 수입의 감소로 부의 분배가 어려워지면 수장은 바로 부하 족장들의 지지를 잃고 부족연합적인 국가는 해체 위기에 처할 것이다. 지금까지 보아왔듯이 그것이 아라비아사에서 늘 있던 일이다. 또한 현재는 석유 수입을 물쓰듯 퍼부어 유지하고 있는 도시나 농업 인프라는 바로 마비되어 버릴 것이다,

다음 세기의 아라비아 반도는 예멘이나 오만의 고지대를 빼면 달나라와 같은 사막에 도시의 폐허가 펼쳐지는 근미래영화에 나올법한 광경을 보여줄지 모른다. 여하튼 나중에 돌이켜 생각해보면 이 또한 장구한 아라비아 역사의 한 에피소드에 지나지 않을 것은 틀림없는 일이리라.

## 역자 후기

  중동, 서아시아, 아랍, 아라비아 등으로 불리는 지역은
지리적으로도 역사적으로도 우리에겐 아주 익숙한 존재
는 아니다. 또 막연한 만큼 편견도 많이 갖고 있음을 부
정할 수 없다. 낙타로 사막을 다니며 교역하던 대상들의
나라가 하루아침에 산유국으로 일반 국가들과는 다른 모
습을 보여주는 신기한 지역이기도 하다.

  이 책은 오랫동안 아라비아사에 천착해 온 저자가 전
문 연구서가 아닌 일반 독자를 대상으로 펴낸 문고판 서
적이다. 시토미 유조 선생은 오리엔트사 연구의 대가로
연구자들이 많지 않은 연구 영역을 개척한 선구적 연구
자라 할 수 있다,

  남아라비아사 전공자인 저자는 아랍이나 이슬람사가
아닌 본연의 아라비아사 서술에 충실하여 아라비아 반
도 지역의 역사를 정합적으로 서술하고 있다. 역사연구
자로서 역사 현상의 인과관계를 규명하는 물음을 던지는
데 게으름이 없고 성실히 그 원인을 밝히고자 애쓰는 자

세가 입체적인 아라비아사 통사 서술로 이어졌다고 생각
한다.

특히 이슬람혁명이라 부를 만한 아랍지역의 이슬람 탄
생과 변화를 네이티비스트 혁명으로 세계사의 혁명 가운
데 위치매김하고 평가하고 있는 부분은 매우 인상적이
다.

여러 강대국 사이에서 험난한 역사과정을 겪어 온 부
분이 한국의 역사와도 비슷하여 옮기면서 공감되는 부분
도 매우 많았다. 생소한 인명, 지명이 쏟아져 나와 쉽게
읽히지는 않겠지만 기존의 중동 관련 서적과는 결이 다
른 역사책이므로 아라비아 세계를 탐험하는 기분으로 읽
어나갔으면 하는 바람이다.

역자는 아주 어린 시절 늘 전기불이 환했던 친척의 큰
저택에 갑자기 불이 꺼지고 보일러를 틀지 못하게 된 것
에 깜짝 놀랐던 적이 있는데 커서 보니 70년대 오일쇼크
였다. 어린 마음에도 뭔지 모르는 존재에 의해 생활이 엉
망이 될 수 있음에 두려운 마음을 가졌드랬는데 그 에너
지와 관련된 곳이 바로 아라비아 지역이었던 것이다. 또
한 중동의 건설붐으로 사우디나 쿠웨이트의 건설현장에
많은 한국인 근로자들이 구슬땀을 흘린 곳이기도 하다.

그때 다녀오신 분들을 통해 생소한 그곳의 이야기를 귀동냥하며 불같이 뜨거운 사막을 그려보곤 했다.

현재도 중동 관련 뉴스는 석유 아니면 전쟁에 치우쳐 있어 그 지역 본연의 역사나 문화에 대한 차분한 정보는 매우 제한적이다. 앞으로도 수없이 연결되고 관계를 맺어갈 지역과 깊이 있는 소통과 대화를 위해서도 그들의 살아 온 과정과 모색을 이해할 필요가 있을 것이다. 이 역서가 한국 독자들의 편견 없는 아라비아 이해에 조금이나마 도움이 된다면 더할 나위 없는 기쁨이 아닐까 한다.

옮긴이 정애영

# 참고문헌

- Bowersock, G,W., *Roman Arabia*, Cambridge, Mass.& London,1983.
- Bowersock, G,W., *Empires in colision in late antiquity*, Waltham, 2012.
- Bowersock, G,W., *The crucible of Islam*, Cambridge, Mass.& London, 2017.
- Bulliet, Richard W., *The Camel and the Wheel*, Cambridge, Mass. 1975.
- Crone, Patricia, *Meccan trade and the rise of Islam*, Oxford, 1987.
- Daum, Werner, *Yemen 3000 Years of Art and Civilisation in Arabia Felix*, Innsbruck & Frankfurt/Main, 1987.
- Dijkstra, Jitse H. F. & Fisher, Greg(eds), *Inside and Out: Interactions between Rome and the Peoples on the Arabian and Egyption Frontiers in Late Antiquity*, Leuven, 2014.
- Dresch, Paul, *A History of Modern Yemen*, Cambridge, 2000.
- *Encyclopaedia of Islam*, New edition, 12 vols., Leiden, 1960-2004.
- Fisher, Greg (ed), *Arabs and Empires before Islam*, Oxford, 2015.
- Genequand, Denis & Robin, Christian Julien (eds), *Les Jafnides; Des rois arabes au service de Byzance (VIᵉ siècle de l'ère chrétienne)*, Paris, 2015.
- al-Ghabban, Ali Ibrahim *et al.*(eds), *Routes d'Arabie. Aechéologie et histoire du royaume d'Arabie Saoudite*, Paris, 2000.
- Hoyland, Robert G., *In God's Path; The Arab Conquests and the Creation of an Islamic Empire*, Oxford, 2015.
- Hunter, Captain F. M., *An Account of the British Settlement of Aden in Arabia*, London, 1968(1st ed., 1877)
- Ibn Ruzayq, *History of the Imâms and Seyyids of 'Omân by Salil-ibn-Razîk, from A.D. 661-1856*, tr. by George Percy Badger, London, 1986(1st ed., 1871)
- al-Mad'aj, 'Abd al-Muhsin Mad'aj M.,*The Yemen in early Islam, 9-*

*233/630-847: a political history*, London, 1988.
- Potts, D.T.,*The Arabian Gulf in antiquity*, 2 vols., Oxford,1990.
- al-Rawas, Islam, *Oman in Early Islamic History*, Reading, 2000.
- Retsö,Jan, The Arabs in Antiquity: *Their history from the Assyrians to the Umayyads*, London, 2003.
- Risso, Patricia, Oman&Muscat: *an early modern history*, Beckenham, Kent,1986.
- Salibi, Kamal,*A history of Arabia*, Delmar, N,Y., 1980.
- Serjeant, R.B.,*The Portuguese off the South Arabian Coast, Beirut*, 1974.
- Wenner, Manfred W.,*Modern Yemen*: 1918-1966, Baltimore, 1967.
- Wikinson, John C.,*The Imamate tradition of Oman*, Cambridge, 1987.
- 이오 히데유키(医王秀行)『예언자 무함마드와 아랍사회(予言者ムハンマドとアラブ社会)』후쿠무라출판(福村出版), 2012년.
- 이븐 이스하크 저, 이븐 히샴 편주『예언자 무함마드전(予言者ムハンマド伝)』전4권, 고토 아키라(後藤明)·이오 히데유키(医王秀行)·다카다 고이치(高田康一)·고노 다이스케(高野太輔)역, 이와나미쇼텐(岩波書店), 2010-2012년
- 오츠카 야스오(大塚和夫) 외(편)『이와나미 이슬람 사전(岩波イスラーム辞典)』이와나미쇼텐(岩波書店), 2002년.
- 오카쿠라 데츠시(岡倉徹志)『사우디아라비아 현대사(サウジアラビア現代史)』문예춘추(文藝春秋), 2000년.
- 구리야마 야스유키(栗山保之)『바다와 함께한 역사——예멘 해상교류사 연구(海と共にある歴史——イエメン海上交流史の研究)』주오대학출판부(中央大学出版部), 2012년.
- 고노 다이스케(高野太輔)『아랍계보 체계의 탄생과 발전(アラブ系譜体系の誕生と発展)』야마카와출판사(山川出版社), 2008년.
- 고토 아키라(後藤晃)『무함마드와 아랍(ムハンマドとアラブ)』도쿄신문출판국(東京新聞出版局), 1980년.
- 고토 아키라(後藤明)『메카——이슬람의 도시사회(メッカ——イスラームの都市社会)』주오코론사(中央公論社), 1991년.
- 고토 아키라(後藤明)『이슬람 역사이야기(イスラーム歴史物語)』고단샤(講談社), 2001년.

- 고토 다케시(後藤健)『메소포타미아와 인더스 사이──알려지지 않은 해양의 고대문명(メソポタミアとインダスのあいだ──知られざる海洋の古代文明)』지쿠마쇼보(筑摩書房), 2015년.

- 사토 쓰기타카(佐藤次高) 편『서아시아사I(西アジア史I)』(신판 세계각국사 8), 야마카와출판사(山川出版社), 2002년.

- 시토미 유조(蔀勇造)「아드리스 기공비문의 신해석(アドゥーリス紀功碑文の新解釈)」『동서해상교류사연구(東西海上交流史研究)』제3호(1994년) 73-114쪽.

- 시토미 유조(蔀勇造)「힘야르 왕국 투바조의 실체에 관한 한 가설──후대에서 본 3~6세기의 남아라비아·에티오피아 관계(ヒムヤル王国トゥッバァ朝の実体に関する一仮説──後世から見た3〜6世紀の南アラビア・エチオピア関係)」『동양학보(東洋學報)』제86권 제4호(2005년 3월), 1-29쪽.

- 시토미 유조(蔀勇造) 역주『엘류트라해 안내기(エリュトラー海案内記)』전2권, 헤이본사(平凡社), 2016년.

- 도쿠나가 리사(徳永里砂)『이슬람 성립 전의 제 종교(イスラーム成立前の諸宗教)』고쿠쇼간행회(国書刊行会), 2012년.

- 도나 프레드·M『이슬람의 탄생──신앙자에서 무슬림으로(イスラームの誕生──信仰者からムスリムへ)』고토 아키라(後藤明) 감역, 게이오의숙대학출판회(慶應義塾大学出版会), 2014년.

- 알라 즈리『제국 정복사(諸国征服史)』, 전3권, 하나다 나리아키(花田宇秋) 역, 이와나미쇼텐(岩波書店), 2012-2014년.

- 후지모토 가츠지 책임편집『코란(コーラン)』(세계의 명저 17), 후지모토 가츠지(藤本勝次)·반 고사이(伴康哉)·이케다 오사무(池田修) 역, 주오코론사(中央公論社), 1979년.

- 마에시마 신지(前嶋信次)『아라비아사(アラビア史)』슈도사(修道社), 1958년.

- 마츠오 마사키(松尾昌樹)『오만 국사의 탄생──오만인과 영국 식민지 관료에 의한 오만사 표상(オマーンの国史の誕生──オマーン人と英植民地官僚によるオマーン史表象)』오차노미즈쇼보(御茶の水書房), 2013년.

- 이에지마 히코이치(家島彦一)『바다가 만든 문명(海が創る文明)』아사히신문사(朝日新聞社), 1993년.

- 이에지마 히코이치(家島彦一)『해역에서 본 역사(海域から見た歴史)』나고야대학출판회(名古屋大学出版会), 2006년.

# 선이슬람기의 아라비아사 연표

| 세기 | 지중해연안, 아프리카 | 아라비아 | 메소포타미아, 이란 |
|---|---|---|---|
| 기원전 12 | '바다 사람들' 내습 | 낙타를 사용한 대상교역로 시작됨.<br>남셈계 알파벳의 전파 | |
| 10 | 솔로몬 치세 | | 신 앗시리아 시대 |
| 9 | | 앗시리아 비문에 '아랍' 첫 등장(853) | |
| 8 | | 남아라비아 왕국들 성립<br>사바 왕 이사아말과 칼리빌의 원정전=<br>앗시리아 사료의 이타아말(716/5)와 칼리빌(685) | |
| 7 | | 히자즈 북부에 데단 왕국 | 신바빌로니아 왕국 |
| 6 | | 상업국가 마인의 번영<br>나보니드스의 카이마 체재 | 아케메네스조 |
| 5 | | 히자즈 북부에 리프얀 왕국 | |
| 4 | 알렉산드로스 대왕 동정<br>프톨레마이오스조 | | 셀레우코스조 |
| 3 | | 아라비아반도 각지에 새로운 교역거점 출현 | 파르티아(알사케스조) |
| 2 | | 힘야르 왕국 성립(110경) | |
| 1 | 로마에 의한 정복<br>로마군의 남아라비아 원정(25~24) | | |
| 기원후 1 | 『엘류트라해 안내기』 | 사바 힘야르 연합왕국 | |
| 2 | 나바테아 왕국, 로마로 병합(106)<br>바르 코크바의 난<br>디아스포라로 인해 아라비아로 유대인의 유입 시작됨<br>악숨의 남아라비아로의 침입 시작됨 | | |

| | | | |
|---|---|---|---|
| 3 | 로마, 군인황제시대<br>악숨의 세력확대 | | 사산조<br>하트라 멸망(240/1) |
| | | 아드리스기공비(3세기 중엽 지나)<br>라흠족의 나스르조 성립<br>팔미라 멸망(272)<br>힘야르 왕 샨마르, 악숨 왕에 신종? | |
| | | 힘야르 왕 샨마르,<br>남아라비아 통일 | |
| 4 | 이무르루카이스의 아라비아원정(나마라 비문:328)<br>콘스탄티노플 천도(330) | 샤푸르2세의 아라비아 원정 | |
| | | 남아라비아의 일신교화진전 | |
| 5 | 에페스 공의회(431)<br>칼케돈공의회(451) | 힘야르 왕 아비칼리브 부자의<br>중앙아라비아 원정<br>킨다족의 후즈르조 성립 | 네스토리우스파의 포교<br>진전 |
| | 갓산족 북상 | | |
| 6 | | 힘야르에서 기독교도 박해<br>(517/8) | |
| | 악숨군의 남아라비아 원정(518) | | 문디르 3세 아래에서 나스르조 최성기 |
| | 『기독교세계지리』 | 힘야르에서 다시 기독교도 박해<br>(523) | |
| | 악숨 왕 엣라 아스베하의 남아라비아 원정(525) | | |
| | | 후즈르조 하리스 알마리크, 문디르 3세에 공격<br>당함(527/8). 이후 후즈르조 쇠퇴 | |
| | 유스티니아누스황제, 하리스 이븐 자바라를<br>등용하여 갓산족의 자프나조 성립(528/9)<br>유스티니아누스황제, 율리아누스를 악숨과<br>힘야르에 파견 | | |
| | | 아브라하에 의한 힘야르 왕위 찬<br>탈<br>아브라하 쪽으로 사방에서 사절<br>도래(547)<br>아브라하, 중앙아라비아로 4번<br>째 원정(552) | |
| | | 문디르 3세, 자프나조의 하리스에 정벌당함(554) | |
| | | 메카에서 무함마드 탄생<br>(570년경) | 사산조에 의한 힘야르 정복 |
| | 자프나조 멸망(6세기 말)(570/575) | | |
| 7 | | | 나스르조 멸망(602경) |

# 이슬람기의 아라비아사 연표

| 세기 | 세계사 | 아라비아사 |
|---|---|---|
| 7 | 페르시아군, 예루살렘 점령(614쪽)<br>페르시아군 패배, 호슬로 2세 사망(628)<br>헤라클레이오스 황제의 예루살렘 입성(630) | 무함마드, 포교 시작(614)<br>에티오피아로의 히즈라(615경)<br>야스립으로의 히즈라(622)=이슬람력 원년<br>무함마드 메카 정복. 후나인 전투에서 승리하여 아라비아의 패자로(630)<br>무함마드 사망하고 아브 바크르가 초대 칼리파로(632) |
| | 야르무크 강변 전투에서 비잔틴군을 격파하다(636)<br>카디쉬야 전투(636/7), 니하반드 전(642)에서 페르시아군에 승리 | |
| | 사산조 멸망(651) | 제1차 내란(656~661) |
| | 우마이야조 성립(661) | 제2차 내란(683~692) |
| 8 | 압바스조 성립(750) | 오만에 이바드파 초대 이맘(750경) |
| 9 | 이스마일파의 활동 활발해짐 | |
| | | 하싸 칼마트파, 포교 시작(894경)<br>예멘에 자이드파 초대 이맘(897) |
| 10 | 파티마조 성립(909) | 칼마트파의 메카 공격(930) |
| 12 | 아유브조 성립(1171) | 예멘, 아유브조 성립(1173) |
| 13 | | 카타다 이븐 이드리스가 메카의 아미르로(1200/1)<br>예멘, 라술조의 성립(1228/9) |
| | 맘룩조 성립(1250) | |
| 15 | 바스코 다 가마의 인도 항로 발견(1498) | |
| 16 | 포르투갈인, 오만만과 페르시아만의 여러 항구 점령<br>오만군, 맘룩조를 멸망시킴(1517)<br>오스만군, 예멘을 정복(1538) | |
| 17 | 영국동인도회사 설립(1600)<br>네덜란드동인도회사 설립(1602) | 오만에 야리브조 성립(1624), 마스카트 탈환(1650)<br>예멘에 카심조 성립, 튀르키에군 철수(1636) |
| 18 | | 무함마드 이븐 압둘 와하브, 이슬람 개혁운동 시작(1740경)<br>제1차 사우드조(1744/5~1818)<br>오만에 부사이드조 성립(1749경)<br>페르시아만 연안 지역에 민족이동: 우트브, 카와심, 바니야스 |

| | | |
|---|---|---|
| 19 | 이집트에 무함마드 알리 조 성립(1805) | |
| | 무함마드 알리, 메카와 메디나를 와하브파로부터 탈환(1811~12) | |
| | 영국, 페르시아만 연안 해역을 퇴치하고 수장들과 일반평화조약 체결(1820) | |
| | 제2차 사우드조(1824~91) | |
| | 부사이드조의 사이이드 사이드의 동아프리카 원정(1828), | |
| | 잔지바르를 수도로 영국, 아덴을 직할 식민지로(1839) | |
| | 수에즈 운하 개통(1869) | |
| | 오스만조, 예멘 북부 재영유(1872) | |
| | 만연안 수장국의 영국보호령화 진척, 예멘 남부도 영국 보호령으로(19세기 말) | |
| | 독일, 바그다드 철도부설권 획득(1899) | 쿠웨이트, 영국 보호령으로(1899) |
| 20 | | 제3차 사우드조(1902~) |
| | 히자즈 철도 개통(1908) | |
| | 제1차 세계대전(1914~18) | 메카의 아미르 후세인의 반란(1916), 히자즈 왕이 되다. |
| | 산레모회의에서 중동분할 결정(1920) | 튀르키에군 예멘으로부터 탈환하고 무타왓킬 왕국 성립(1918) |
| | 영국, 파이살을 이라크 국왕으로(1921), 압둘라를 트랜스요르단 국왕으로 즉위시킴(1923). | |
| | | 하이르의 라시드가, 사우드가에 항복(1921) |
| | | 하심가의 히자즈 왕국 멸망(1925) |
| | | 사우디아라비아 왕국 성립(1932) |
| | 제2차 세계대전(1939~45) | 예멘 아랍공화국 성립(1962) |
| | | 남예멘 독립하여 예멘인민공화국으로(1967) |
| | | 아랍수장국연방, 바레인, 카타르 독립(1971) |
| | | 남북예멘 통합하여 예멘공화국으로(1990) |
| | 이라크군 쿠웨이트 침공(1990), 걸프전쟁(1991) | |
| 21 | 아랍의 봄(2010~12) | |
| | | 예멘 내전(2014~) |

# 색인

# AK 인문 시리즈

# 아라비아 역사

-중동의 3천년 역사를 이해한다-

초판 1쇄 인쇄 2024년 8월 10일
초판 1쇄 발행 2024년 8월 15일

저자 : 시토미 유조
번역 : 정애영

펴낸이 : 이동섭
편집 : 이민규
디자인 : 조세연
영업·마케팅 : 송정환, 조정훈, 김려홍
e-BOOK : 홍인표, 최정수, 서찬웅, 김은혜, 정희철, 김유빈
관리 : 이윤미

㈜에이케이커뮤니케이션즈
등록 1996년 7월 9일(제302-1996-00026호)
주소 : 08513 서울특별시 금천구 디지털로 178, B동 1805호
TEL : 02-702-7963~5 FAX : 0303-3440-2024
http://www.amusementkorea.co.kr

ISBN 979-11-274-7869-8 04910
ISBN 979-11-7024-600-8 04080 (세트)

MONOGATARI ARABIA NO REKISHI :
SHIRAREZARU 3000NEN NO KOBO
by Yuzo Shitomi
copyright © Yuzo Shitomi, 2018
All rights reserved.
First published in Japan by CHUOKORON-SHINSHA, INC.

This Korean edition published
by arrangement with CHUOKORON-SHINSHA, INC., Tokyo
in care of Tuttle-Mori Agency, Inc., Tokyo.